AI 시대 우리에게 필요한 단 하나의 힘

독학력

일러두기

- 맞춤법은 국립국어원 표기를, 외국 인명 등은 외래어표기법을 따르되 병기해두었다.
- 단행본 및 잡지 제목은『』로 시, 소설 및 작품 제목은「」, 보고서, 곡 및 영화, 미술품명은 <>로 묶었다.
- 외서 중 국내에 출간된 도서는 번역된 제목을 따랐고, 국내에 출간되지 않은 도서나 보고서의 경우 원서 제목을 적고 저자의 번역을 덧붙였다.
- 인공지능, AI는 일상에서 같은 의미로 쓰이나 원고에는 상황에 따라 맞는 단어를 선택해 사용되었다.

AI 시대 우리에게 필요한 단 하나의 힘

독학력

고요엘 지음

amStory

목차

Open AI의 'ChatGPT(이하 챗GPT)'가 보여주고 있는 인공지능AI의 힘에 전 세계가 들썩이고 있다. 노벨상을 수상한 노동 경제학자인 런던경제대학교London School of Economics의 크리스토퍼 피사리데스Christopher Pissarides 교수는 2023년 4월 영국 글래스고에서 열린 한 콘퍼런스에서 챗GPT 혁명이 다양한 일자리에 생산성을 획기적으로 향상시킴으로써 주4일 근무의 문을 열어줄 것이라고 아주 환상적인 전망을 내놓았다.[1]

하지만 이것은 실현 가능성이 없다고 생각한다. 자동화가 우리에게 더 많

---

1 TOM REES, "AI Could Enable Humans to Work 4 Days a Week, Says Nobel Prize-Winning Economist", 『TIME』, April 5.

은 여유시간을 주었다면, 우리는 이미 오래전부터 주4일 근무제를 했어야 했다. 인공지능이 선사할 생산성 혁명이 우리에게 더 많은 여가시간을 주지는 않을 것이다.(물론 당장의 내 직업이 없어질 수는 있다) 그보다는 더 많은 직업을 가져야 하는 상황을 만들어줄 가능성이 훨씬 높다. 어쩌면 미래에는 한 직장에서 주4일을 일하고 나머지 3일은 다른 직업을 가지고 일을 하게 될 것이다. 이런 현상은 이미 주변에서 쉽게 관찰할 수 있다. 한 경영 연구소의 조사[2]에 따르면, 1인 가구 10명 가운데 4명 이상은 2가지 이상의 직업을 가진 이른 바 'N잡러'로 조사되었다. 그리고 부업을 한다고 밝힌 사람들 중 86.2%는 '앱테크(스마트폰 애플리케이션을 활용한 재테크)'나 배달, 소셜 크리에이터, 블로거 등 최근 들어 생겨난 새로운 종류의 부업을 한다고 답했다. 구인·구직 플랫폼에서도 '투잡 가능'이라는 문구가 홍보용으로 자주 쓰인다. 이런 현상은 여유·비상 자금 마련, 생활비 부족 등의 경제 여건 악화 때문이기도 하고 다양하고 유연한 소득 활동에 대한 젊은층의 욕구 증가와 주어진 시간적 여유, 앱테크의 발전 등 구조적 요인이 작동하고 있다. 즉, 우리가 더 많은 여가시간을 갖느냐의 문제는 단순히 업무 자동화의 문제가 아니라 거시 경제, 트렌드, 개인의 욕구 등이 복합적으로 작용하는 문제인 것이다.

---

2 KB금융지주 경영연구소(2022), <2022년 1인 가구 보고서>.

앞으로 다가올 다음 차수의 혁명들은 더 짧은 기간에 일어나 우리 살아생전에 6차 아니 10차 산업혁명을 볼 수 있을지도 모른다. 실제로 지난 산업혁명의 유지 기간은 차수가 지날 때마다 더 짧아지고 있다. 각 산업혁명들의 기간을 어떻게 잡느냐는 학자들마다 이견이 있지만, 대체적으로 1차 산업혁명은 1750년에서 1850년까지 약 100여 년, 2차 산업혁명은 1850년에서 1930년까지 약 80여 년, 3차 산업혁명은 1930년부터 2000년까지 약 70여 년, 4차 산업혁명은 2000년부터 2020년까지 약 20여 년 정도 유지됐다. (여러 데이터들을 통해 얻은 개인적인 생각은 2024년인 현재도 아직 4차 산업혁명의 구현 기간이라고 생각하고, 이 기간은 앞으로도 10년은 더 지속될 것 같다) 산업혁명의 차수가 변화될 때마다 매번 '새로운 것을 시도하지 않으면 도태될 것처럼' 호들갑을 떤다면 인생이 너무 피곤하지 않을까 싶다. 그렇다면 우리는 어떻게, 무엇을 준비해야 이런 변화에 두려워하지 않을 수 있을까?

마이크로소프트Microsoft의 창업주인 빌 게이츠Bill Gates는 하버드대학교 학부를 중퇴, 메타META (구 페이스북)의 설립자인 마크 주커버그Mark Zuckerberg도 하버드 학부 중퇴, 애플Apple의 스티브 잡스Steve Jobs는 리드 칼리지 학부 중퇴, 델Dell의 마이클 델Michael Dell은 텍사스대학교 오스틴 캠퍼스 학부 중퇴라는 사실에 대해 우리는 여러 가지 해석을 내놓으며 각기 다른 판단을 한다. 어떤 해석에 귀를 기울이기 이전에 한 가지 분명한 사실은 이들 모두 미국 최상위권 대학들을 입학할만한 학습 능력이 있었다는 사실이다. 그리고 가장 학위가 필요할 것 같은 첨단 테크놀로지 분야의 기업을 이끌고 성장시켜 갈만한 자신만의 학습 능력 또한 있었다는 것이다. 나는 이들의 학습 능력, 즉 스스로 배워서 성장할 수 있는 힘인 독학력이 불안한 미래를 헤쳐나갈 열쇠라고 생각한다.

뒤에 조금 더 자세히 적겠지만 인공지능 관련 전공자도 아닌 내가 독학을 통해 싱가포르와 영국의 대학에서 인공지능 관련 강의를 하면서 혼자 공부하는 능력이야말로 우리 자신뿐만 아니라 우리 자녀 세대들에게도 반드시 훈련시켜 놓아야 하는 미래 경쟁력이 될 것임을 다시 한 번 뼈저리게 느꼈다. 독학을 통해 새로운 분야에 강의를 하게 된 나의 경험은 공부에 대한 수많은 경험담 중 아주 작은 에피소드일 것이다. 그럼에도 공부를 주제로 책을 쓰기 시작한 것은 공부에 별다른 재주가 없었던 내가 이러한 경험을 통해 깨달음을 얻으면서다. 누구든 방법을 알면 공부가 갖는 포괄성, 연결성, 잠재성을 우리들의 삶 속에서 충분히 구현할 수 있을 것이다. 그리고 단순히 좀 더 좋은 점수를 얻기 위한 공부가 아니라 현재 자신의 공부가 어떤 모습인지를 돌아보게 하는 작은 파동을 일으키고 싶다.

우리가 어떤 분야의 전문가라고 할 때, 우리는 그 사람이 어느 대학에서 무엇을 공부하고 무슨 석사 학위나 무슨 박사 학위를 받았는지 눈여겨보게 된다. 그런데 위의 예시는 물론이고 학위의 내용이 정작 본인의 현재 전문성과 얼마나 관련이 있는지 따져본다면 사실 큰 관련성이 없는 경우가 많다. 교수들의 경우 학위를 받은 뒤 교수 발령을 받고 가르칠 분야가 정해지면 그때 다시 공부해서 가르치는 경우가 다반사이다. 가령, 화학으로 박사 학위를 받았다 하더라도 대학에서 계속 화학 과목만 가르치진 않는다. 화학이나 물리에 필요한 수학 등의 별도의 과목을 강의해달라는 요청을 추가로 받기도 하는데 이럴 때에는 교수가 해당 과목을 기관에서 공부한 뒤에 가르치는 것이 아니라 혼자 공부해서 가르친다.

박사 학위를 받는다는 것은 특정 분야에 대해 더 많이 배운다는 것보다 논문을 제대로 읽고 쓰는 힘을 길러 그 분야에 대해 스스로 깊이 공부했다고 보는 것이 타당하다. 미국이나 영국 등 서구권 대학들의 박사 과정에서 교수들이 학생들에게 주는 인풋Input은 특정 분야에 대한 지식이라기보다는 교수와 학생이 함께 공부하면서 교수가 학생에게 공부의 방향성을 '가이드' 해주는 것에 더 가깝다. 우리가 초등학교, 중학교, 고등학교를 거쳐서 대학에서 학사, 석사, 박사 학위를 받는 과정은 특정 분야에 전문성을 키워가는 것도 있겠지만 그보다 더욱 큰 부분은 접하게 되는 정보, 지식, 주장들에 대한 이해력과 분별력을 키워가는 과정인 것이다.

'독학獨學'이라는 말의 사전적 정의를 보면, '선생이 없이 혹은 학교에 다니지 않고 스스로 공부하는 능력'을 말한다. 모든 것이 연결되고, 협력과 연대의 가치가 더욱 강조되면서 인스타그램Instagram 등 SNS나 커뮤니티 활동이 너무나 중요해진 시대에 '독학'이라는 말은 사실 어울리지 않는다. 막스 피카르트Max Picard의 『침묵의 세계』를 보면서, '침묵'이라는 말이 '소음'과 '다변多弁'의 시대를 살고 있는 우리에게 어울리지 않는다는 느낌을 받았는데 그와 유사한 느낌을 '독학'이라는 말에서도 받는다. '독학'이라는 말은 왠지 모르게 무겁고 고독하지만, 이제는 독학의 의미가 재정의되어야 하며, 현대적 정의와 범주는 단어적, 사전적 의미보다 훨씬 크다고 생각한다. 이제 현대 세계에서는 선생의 유무, 학교 등록의 유무가 독학을 정의하는 데 필수적인 요소가 아니다.

나는 독학력이라는 것을 '스스로 공부의 목적을 명확화하고 수단과 방법을 총동원해서 목적 달성에 필요한 지식을 주도적으로 습득하는 성실의 능력'이라고 정의하고 싶다. 즉, 공부의 목적이 명확히 정립된 후 선생이 필요하면 선생을 구하면 되고, 학교에 다니는 것이 필요하면 학교에 등록을 하면 되는 것이다. 선생이나 학교는 공부의 수단이지 목적이 아닐뿐더러 사실 당신의 목적 달성을 보증해주지 않는다. 그럼에도 불구하고, 우리의 노력은 더 나은 선생, 더 나은 학교, 더 나은 환경을 얻어내는 데 총력을 다하고 있는지도 모른다. 한국 사회에서 공부는 곧 입시이기에 늘 학교라는 '기관'이 우리 공부의 중심에 있었다. 이러한 현상에 이어 학벌 또한 과도하게 중요해지면서 '기관'이 필요 이상으로 우리의 공부에 대해서 많은 것을 대변하고 상징하게 된 것뿐이다. 사실 진짜 공부는 대부분 독학으로 하는 것임도 불구하고 말이다.

'공부'라는 단어를 들었을 때 마음이 무거워지는 이들이 많다고 생각한다. 공부는 분명 누군가에게 삶을 바꾼 희망이기도 하겠지만 대다수의 사람들에게는 분명 스트레스로 여겨지는 요인이다. 하지만 뭐든 시작하려면 공부를 해야 한다. 공부 없이 얻어지는 것은 별로 없는 세상이다. 공부를 하지 않는다는 것의 반대는 '행운'에만 의지한다는 것이다.

본 책은 크게 세 부분으로 구성되어 있다. 첫 번째 장은 오늘날 우리에게 '독학력'이 왜 가장 중요한 능력이 되어가고 있는지에 대해 논한다. 두 번째 장은 현대적 의미에서 진정한 '독학력'이 무엇인지에 대해 논할 것이다. 마지막 장에는 우리가 어떻게 '독학력'을 극대화하고, 실제로 효과적으로 '독학'을 해나갈 수 있는지에 대해 다룰 예정이다.

WHY

PART 1

왜 독학력인가

20년 전 공부보다 최근 3년의 공부가 중요하다

수년 전 싱가포르에서 테크관련 스타트업에 투자를 하는 벤처 캐피털리스트로 일을 하고 있을 때였다. 싱가포르 한 유수 대학의 아카데믹 프로그램 디렉터가 찾아와 인공지능 수업을 맡아줄 수 있는지를 물었다. 내가 경영학을 전공한 것을 알고 있는지를 물었더니 알고 있다고 답하길래, 경영학이 주 전공자인 나에게 인공지능 프로그램을 맡기는 이유를 다시 물었다. 그의 대답은 "당신이 인공지능 전공은 아니지만, 매년 수십, 수백 개의 인공지능이나 테크 스타트업들을 투자하기 위해 검토하는데 누구보다 산업과 기술의 트렌드는 잘 알고 있지 않습니까? 그 경험을 녹여서 강의를 해주면 더없이 좋겠습니다."였다.

이 일로 나는 인공지능을 기본부터 공부하기 시작했다. 쿨하게 강의를 하겠다고 했지만, '인공지능'이라는 큰 주제를 가지고 강의를 시작하려니 어디서부터 손을 대야 할지 막막했다. 나의 과거를 생각해보니, 공부를 뛰어나게 잘했다거나 공부를 좋아했던 적도 없었다. 또 그동안 해왔던 대부분의 공부들이 뚜렷하게 결실을 맺은 경우도 별로 없었다. 특히나 외무, 행정, 사법고시 등과 같이 점수를 내야 하는 공부는 해낼 자신이 없기에 진로를 고민할 때도 아예 이런 분야는 처음부터 고려하지도 않았다. 최근의 공부가 대학원에서였지만 벌써 수 년이 흐른 시점이었고, 그 당시의 전공 역시 인공지능과는 전혀 관계 없는 경영학이었다.

강의를 준비하기 위해 가장 먼저 한 일은 인공지능 분야에서 유명한 구루Guru의 수업을 독학하는 일이었다. 스탠퍼드대학교의 교수이자 구글 브레인Google Brain 프로젝트의 책임자인 앤드류 응Andrew Ng을 나의 첫 구루로 삼았다. 그의 강의와 교재는 유튜브 등 여러 매체에서 어렵지 않게 구할 수 있었다. 필요한 자료는 쉽게 구할 수 있었지만, 문제는 시간을 관리하고 쪼개서 구해놓은 모든 자료를 스스로 섭렵하는 일이었다. 대학 시절에도 어려웠던 코딩 공부를 오랜만에 다시 하면서 이 내용을 학생들에게 가르쳐야 한다고 생각하니 허투루 공부할 수 없었다. 공부를 하면서도 제대로 이해했는지를 스스로에게 끊임없이 되물으며 강의 준비 과정을 혹독하게 치뤘다. 단순한 호기심으로 혹은 자기계발 측면이나 업무에 활용할 목적으로 인공지능을 공부하는 것과 학생들에게 가르치기 위해 공부하는 것은 생각보다 큰 차이가 있었다. 나의 호기심이나 업무 활용을 위한 것이라면 그 책임의 범위는 나로 국한되지만 학생들을 가르치기 위함이라면 그 책임의 범위는 나를 넘어서는 일이었다. 내 수업을 듣는 사람들의 시간, 지식, 커리어 등에 큰 영향을 미칠 것이 자명했기에 공부를 하면서도 책임감과 두려움이 커져갔다.

오늘날 가장 인기 있는 교육은 '실용', '현장', '실무' 같은 단어들이 들어가는 과정이다. 이론은 지겨운 것처럼 느껴지고, 진부하고 필요가 없는 것처럼 보일 때가 있다. 내가 배우는 사람의 입장이었다면 실용적인 측면만 배워도 되지만 가르치는 사람의 입장이 되니 그 '실용'이 가능하도록 한 이론적 배경을 반드시 이해해야 했다. 누군가를 가르치게 된 일이 나에게 이론과 실용에 대한 폭넓은 이해를 가능하게 해주었다.

이때 인공지능에 대한 최신 논문 100여 편을 읽었는데, 한 분야에 대해 100편 정도의 논문을 추려서라도 읽으면, 전문가가 될 수밖에 없다는 소중한 경험을 했다. 그외에도 파이썬Python[3], 구글 텐서플로TensorFlow[4] 등 코딩과

---

3 소프트웨어 엔지니어 귀도 반 로섬Guido van Rossum이 만든 인터프리터 프로그래밍 언어이다. 풍부한 라이브러리를 바탕으로 강력한 생태계를 가지고 있고 직관적이고 쉬워 다양한 분야에 사용되고 있다.

4 구글 리서치 산하의 딥러닝 팀인 구글브레인 팀이 오픈 소스로 공개한 머신러닝 라이브러리. 머신러닝 분야를 일반인들도 사용하기 쉽도록 다양한 기능들을 제공한다.

관련된 공부도 학생들에게 가르치기 위해 공부해야 했다. 여기에 당시 홍콩과학기술대학교의 김성훈 교수님이 운영하던 유튜브Youtube에 인공지능 강의까지 추가해 관련한 콘텐츠들 모두를 섭렵했다. 공부하는 중에 내가 디자인한 과정에는 어떤 식으로 적용해서 가르쳐야 할지를 고민하며, 공학만의 시각이 아니라 경영의 시각이 추가될 수 있도록 애를 썼다. 이렇게 준비되어 진행된 인공지능 수업은 감사하게도 우수한 피드백을 받았고, 학생들뿐만 아니라 Google, Facebook, Salesforce 등 50여 군데 이상의 글로벌 기업 및 정부 기관들의 관리자들도 인기리에 수강하는 프로그램이 되었다. 특히 홍콩상하이은행HSBC, 스탠다드차타드은행Standard Chartered Bank에서 실시했던 AI Lab 프로그램은, 필드에서 발생하는 여러 이슈를 인공지능을 통해 해결책을 찾는 실습과 강의를 통해 참가자들로부터 최우수 피드백을 받았다.

이 경험을 통해 깨닫게 된 것들이 있다. 첫째는, 시대가 이제 내가 20년 전에 무엇을 공부했었는지 보다는 최근 3년에 무엇을 공부하고 있으며, 무엇을 할 수 있는 능력이 있는지를 중요하게 생각하고 있다는 것이다. 가장 보수적이라고 여겨지는 대학도 교수를 채용하면서, 과거 전공에 매이기보다는 최근에 무엇을 하고 있는지의 비중을 높여 체크하고 있다. 둘째는, 가르치기 위해 하는 공부는 다른 어떤 목적의 공부보다 큰 집중력과 이해력을 가져다 준다는 것이다. 무엇인가를 제대로 배우고 싶다면, 공부한 것을 가르쳐보는 기회를 만드는 것이 학습에 있어 큰 효과를 가져다 줄 수 있다. 공부를 하는 것과 공부한 것을 가르치는 일 사이에는 학습 측면에서 큰 차이가 있다. 그 사이에는 학습한 지식을 재가공하고, 알기 쉬운 말로 표현하고, 이해한 것이 맞는지를 스스로 여러 질문으로 확인하는 과정들이 들어가게 되는데 이런 과정들은 학습 대상에 대한 풍성한 이해를 가져온다. 마지막으로, 자신의 한계를 정하고 울타리를 만들어 온 것은 타인이나 환경 이전에 본인 자신이라는 사실이다. 미국의 저명한 자기계발 전문가인 웨인 다이어Wayne Dyer는 "자신이 가진 유일한 한계들은 자신이 스스로 믿고 있는 한계들이다."라고 했다. 미래를 꿈꾸고 계획을 대충이라도 그려보던 어린 시절에 내가 인공지능을 가르치는 교수로서 일을 하게 될 것이라고 한 번도 생각해본 적이 없다. 그 당시 공부하던 분야와 관련이 없었을 뿐더러 교수라는 직업을 가질거라 생각조차 하지 않았다. 즉, 스스로 나의 영역이 아니라고 배제시켜놓았던 것이다. 이렇듯 우리는 자신의 울타리를 스스로 정한 뒤 그 안에 본인을 가두려는 경향이 있다. 하지만 당신이 그토록 의식하는 외부 환경은 사실 우리에게 별 관심이 없다. 잠깐 관심있는 척 할 수는 있겠지만, 그것도 정말로 잠시 뿐이다. 따라서 우리는 외부 환경을 무시할 수 있는 자세를 가지고 스스로를 어떻게 한계짓고 있는지 곰곰히 생각해보아야 한다. 그리고 당신 스스로 세운 그 울타리를 하나씩 걷어내야 한다. 대부분의 것이 당신 스스로 세운 것이기 때문에 당신 스스로 걷어내면 된다.

1 우리 주변에 함정이 많다

전문가의 함정 - 전문가도 사실 잘 모른다

우리 시대는 '전문가'라 불리는 사람들이 많다. 특히 방송이나 언론에서 '전문가'라고 한번 언급되거나 출연하게 되면, 사실 여부와 상관없이 그냥 '전문가'가 된다. 당연히 사실 여부와 그 전문성의 깊이를 따져봐야 할 것 같은데, 세상의 흐름이 그렇지가 않다. '전문가라고 불려짐'이 전문가가 되게 만든다. 이 '불려짐'이 사실은 자신의 브랜드나 아이덴티티 포지셔닝에 굉장히 중요한 요소이다.

전문가의 의견과 조언이 필요하다고 생각되는 대부분의 영역들에 있어서 전문가들이 전해주는 내용들을 들여다보면, 사실 결국 그냥 내가 '잘' 선택하고 '잘'하는 것이 결론일 때가 많다. 주식 투자 전문가들이 권하는대로 투자해서 돈을 버는 개미들을 찾기 힘든 이유이다. 대부분의 경우 전문가는 자신들의 의견이 가져오는 결과에 대해 책임지지 않는다. 그래서 '독학'의 중요성은 더 커진다. 앞으로 무수히 많은 전문가들이 새롭게 나타나더라도 우리 스스로 공부한 내용을 바탕으로 그 위에 전문가의 의견과 지식을 더해서 결정을 해야 한다. 얻을 수 있는 정보와 지식의 격차가 줄어든 현 시대에 당신과 전문가의 차이는 생각보다 크지 않을뿐더러 내리는 결론에 있어서도 큰 차이가 없을 가능성이 많다. 그렇기에 전문가를 무작정 인정하고 받아들이기보다는 전문가의 주장을 비판적으로 수용하는 자세가 필요하다. 또한 항상 원점에서 본인 스스로 공부하고 생각해봐야 한다. 이런 과정을 지속적으로 거치면 해당 분야에서 전문가라고 불리는 사람들 중 진정한 전문가가 누구인지 알 수 있게 되고 그 분야에 대한 자신의 지식도 빠른 속도로 늘어나게 될 것이다.

최근에 메타버스Metaverse, 블록체인Blockchain, NFT 같은 것들이 유행하면서 메타버스 전문가, NFT 전문가라는 사람들이 나타났다. 이 사람들 중에서 사실 2~3년 전에 이렇게 불렸던 사람들은 없다. 왜냐하면 기존에는 없었던 새로운 분야이기 때문이다. 이들 중 자신도 잘 모르는 분야라고 서두를 깔고 자신의 의견을 나누기 시작하는 사람들도 있다. 실제로 정확히 모르기 때문이다. 관련 업계에 발 담그고 있었거나, 해외에서 나오는 정리된 보고서나 기사들을 조금 더 보고 공부해서 책을 출간하는 등 스스로의 노력으로 전문가가 되어가는 것이다. 특히 위와 같은 분야에서 전문가들은 여러 시도를 통해 당신보다 조금 더 많은 정보를 아는 것이지 대단한 소스를 가지고 있거나 자격증이 있다거나 관련 전공을 이수한 것도 아니다.

2016년 3월, 구글의 딥마인드DeepMind가 개발한 알파고AlphaGo가 이세돌 바둑 기사와 대결을 하면서 인공지능이 산업계에서 뜨겁게 주목을 받았다. 이후 학교에서 인공지능을 전공하지 않았더라도 시대의 흐름을 읽은 대학 교수들은 자신들의 커리어에 인공지능과 관련된 것들을 무조건 추가하기 시작했다. 기존 컴퓨터 공학자들, 수학자들, 통계학자들, 뇌과학자들은 물론이고 경영학쪽에서는 경영정보시스템, 산업공학학자들도 인공지능 전문가로 포지셔닝하기 시작했다.(현재 미디어에서 인공지능 전문가로 나오는 교수들의 반절 이상은 박사 학위 주제가 인공지능이 아닐 가능성이 많다) 심지어 철학, 사회학, 역사학 등 인문학을 전공한 교수들도 어떻게든 인공지능과 자신의 분야를 연결했다. 나의 경우는, 경영학 전공으로 벤처 캐피털에 근무하며 매년 200~300개의 테크 스타트업들의 기술 검토를 한다는 트랙 레코드로 대학에서 인공지능을 가르치기 시작했다. 이 과정에서 프로그래밍 언어를 스스로 공부하고, 인공지능에 관한 아카데믹 논문 100여 편과 관련 콘텐츠들을 공부하다 보니 강의 평가에서도 높은 만족도를 줄 수 있는, 즉 잘 가르칠 수 있는 수준으로 성장하는 것을 경험했다.

현대에 새롭게 출현하는 분야에 전문가라고 불리는 사람들은 관련 분야에 있어 학위나 깊이있는 지식을 가진 사람들이라기보다는 그냥 부지런하고 성실한 사람들일 가능성이 많다. 트렌드가 어떻게 변화하는지 늘 주시하고, 본인이 현재 몸담고 있는 분야와 어떻게 연결지을 수 있는지 고민하고, 멀지 않은 미래에 뜨는 분야일 것에 대한 확신이 서면 주저없이 행동하는 사람들이다. 그러므로 새롭게 출현하는 분야에 대해 당신이 전문가로 불리게 되는 일도 당신의 노력 여하에 따라 언제든 열려 있다. 이렇게 미래에는 전문가가 많아지지만 아이러니하게도 전문가에 대한 의존도를 많이 낮추고 그들의 주장이나 의견에 비판적으로 판단을 해야 하는 개인의 시대가 열리며 '독학력'은 이제 우리의 생존과 성장을 위한 핵심 중의 핵심 역량이 될 것이다.

전통의 함정 - 오래된 것일수록 다시 봐야 한다

오래됐거나 전통이 담긴 것이라고 하면 우리는 대부분 긍정적으로 평가하는 경향이 있다. 한국 사람들과 일을 하다가 대학 동기, 고등학교 동창이라며 누군가를 소개받는 경우가 있다. 이럴 때 졸업 이후에 얼마나 자주 만나며 교류를 했었는지를 슬쩍 물어보는데 그러면 놀랍게도 이번 일을 통해 수년 만에 만난 경우가 많았다.

한국식 인연이라는 것이 이런 것일까. 졸업하고 그 사이 교류가 없었는데도 일로 다시 연결되어 타인보다 서로를 신뢰할 수 있다고 생각하는 것이 놀라웠다. 오래전에 알고 지냈던 사이라고 해도 왕래하지 않은 시간이 더 길어 신뢰할 수 있을 것 같지는 않은데 '알고 있었던' 이 시간의 길이가 종종 우리를 착각하게 만든다. 오히려 시간의 길이보다 중요한 것은 그 시간 속에서 얼마나 많은 실제적 교류를 통해 서로에 대한 이해가 높아졌는지일 것이다. 우리는 왜 오래된 것 혹은 전통이 있는 것들에 신뢰를 부여하는 것일까? 전통이 오랫동안 유지되었다는 것은 유산으로써 가치가 있거나, 시간의 테스트를 통해 질이나 기술적으로 증명되었기 때문이 아닐까 싶다.

오래간만에 한국에 방문했는데, 3대째 내려오는 식당이 숙소 근처에 있었다. 큰 기대감으로 방문했으나 어떤 전통이 느껴지는 것도 아니었고 단순히 '후손'이 이어받아서 하는 게 아닌가 싶을 정도로 맛이 평이했다. '3대'라는 기준이 선택에 큰 비중을 차지했는데도 말이다. 그뿐인가. 한번은 중국의 유명 쇼핑몰에서 파는 상품을 구매해본 적이 있었는데, 후기를 보아하니 판매한 기간이 꽤 오래되었고, 후기들도 나쁘지 않았기에 안심하고 여러 개를 구매했다. 오랜 기다림을 거쳐 받아본 제품 중 몇 개는 쓸 수가 없을 정도의 제품이어서 크게 실망한 후 다시는 구매하지 않겠다고 결심했다. 오래간만에 그 쇼핑몰에 로그인해 해당 제품을 살펴봤더니 여전히 판매는 잘 되고 있었고, 후기들도 나쁘지 않았다. 이처럼 우리 주변에는 필요는 하지만 삶에 그리 중요하지 않은 것은 시간이 지나도 실험되지 않고 오랫동안 그대로 써오는 방식들이 많이 있다. 모든 영역에서 혁신이 일어나는 것은 아니다. 혁신이 일어나는 영역은 대부분 다수의 대중들에 의해서 '필요'가 축적될 때이다.

나는 이 '오래됨', '전통'이라는 것에 엄청난 함정이 있다고 생각한다. 전통도 늘 실험하고 검증해야 한다. 사실 오늘날 전통을 지키거나 접근하는 방식이 예전과는 달라졌다. 보존, 유지, 보수를 통해 오래된 것을 그대로 보여주는 것만으로는 전통을 지킬 수 없다. 시대의 요구와 트렌드에 맞게 전통을 끊임없이 재해석하고, 이 재해석된 내용이 시공간을 넘어 현재의 세대가 공유할 수 있게 하는 것이 지금 우리가 전통을 지키는 방법이다.

유럽 대부분이 그렇지만 영국 에든버러의 건물들은 보통 수백 년이 되었다. 도시 자체, 건물 자체가 유네스코 문화재이기 때문에 건물 소유주라 하더라도 정부에서 정해준 가이드라인에 따라서만 고칠 수 있는 것과 아닌 것이 엄격하게 관리된다. 대체로 건물의 외관은 창문틀 하나도 제대로 바꾸지 못한다. 바꾼다 하더라도 정해진 가이드라인을 준수하면서 수백 년 동안 쌓아온 헤리티지를 보존하는 방향으로만 개선을 할 수 있다. 반면, 건물 안은 상대적으로 자유롭기에 자신의 취향을 담아 인테리어를 할 수 있다. 이렇게 함에도 불구하고 막상 들어가서 살아보면 사실 불편하기 짝이 없다. 엘리베이터도 없고, 계단도 좁고, 겨울에는 외풍이 심해서 난방비도 많이 나온다. 오래되었기 때문에 집 어딘가에는 쥐가 살고 있는 경우도 있다. 그렇다고 해서 이런 건물들의 가격은 새로 지은 건물들보다 결코 싸지 않다. 오히려 이런 수백 년 된 건물에 부동산 시장은 더 높은 가격을 매긴다. 바로 지킬 것은 지키고 재해석해서 바꿀 것은 바꿔가면서 헤리티지가 손상되지 않도록 지켜오는 것에 대한 가치를 인정하는 셈이다. 재해석에 실패하고 단순히 시간의 오래됨만을 전면에 내새우는 전통은 매력이 없고 진부한 것이 된다. 특히 오늘날과 같이 트렌드가 빨리 변할 때는 10년 전에는 맞지만, 지금은 아닌 경우가 많아졌다. 아니 시간의 속도를 감안한다면 '어제는 맞지만, 오늘은 틀리다' 정도로 말해야 할지도 모른다. 그리고 역으로 과거에는 틀렸지만 오늘은 맞는 것들도 많다.

기술 분야에서 신기술 혹은 혁신이라 불리는 것들은 기본적으로 과거부터 현재까지 이어져 오는 것들의 문제점들을 인식하고 바꾸려는 것에서부터 시작한다. 스티브 잡스의 아이폰은 다수의 대중에 의해 혁신에 대한 '욕구'가 축적되면서 일어났고, 일론 머스크Elon Musk의 재사용이 가능한 팰컨9 로켓은 기존의 비효율적이고 낭비적인 방식을 획기적으로 개선해야 하는 '필요'로 부터 출발했고, 비트코인Bitcoin 같은 블록체인 기술은 오랫동안 해오던 패러다임에 대한 강한 '부정'에서 시작되었다. 10년 전만 하더라도 자동차를 살 때 전기차를 사는 옵션은 그리 비중있는 고려 대상이 아니었다. 하지만 이제는 전통적인 화석 연료로 가는 자동차들보다 전기차를 우선순위에 놓고 검토하는 세상이 되었다. 이처럼 우리는 선택에 있어서 전통적인 것을 볼 때 이것이 현재에도 충분히 유효한 가치인지 고민해야 한다. 또한 재해석된 새로움과 독창성으로 우리에게 다가오고 있는지 면밀하게 살펴봐야할 필요가 있다. 본인 스스로 학습 능력을 잃고, 전통 혹은 오래됨에만 의존해서 쉬운 판단을 내리면, 오늘 틀릴 가능성이 높기 때문이다.

다수의 함정 - 바보들의 합의면 어쩌지

> 세상의 길잡이는 유행이며 그 신은 사람들의 존경이다. 하지만 용감한 사람들은 두 허깨비를 비웃는다. 무엇을 해야 할지 알기 위해 주변 세상을 두리번거릴 때가 얼마나 많은가. 우리는 전반적인 시류를 보고 그 위에 편승한다. 세상의 바람을 연구해서 그 바람에 돛을 맡긴다. 우리는 이렇게 말한다. "무엇이 유행하는가? 바로 그것을 해야 한다." 유행은 다수의 법칙이다. 하지만 그래 봐야 바보들의 합의에 불과하다.
>
> \- 찰스 스펄전[5] -

이전 글들에서 언급했던 전문가의 함정, 전통의 함정 등 여러 함정들 중에서 가장 분별이 어려운 것이 '다수의 함정'이 아닐까 싶다. 사실 인정하기

---

5 영국 빅토리아 시대에 활동한 침례교 목사. 별명이 '설교의 황태자'로 불릴 정도로 언변에 능했다고 한다.

싫을 수도 있지만 스필전의 말처럼 바보들의 합의는 우리들의 일상이다. 유행은 다수의 법칙인 것에도 이견이 없고, 이 유행들 중에 상당수가 바보들의 합의일 가능성이 있다는 것도 이견이 없다. 그런데 문제는 이것이 바보들의 합의인지 아닌지조차 분별이 쉽지 않다는 점이다. 우리의 이런 모습을 이용하기 위해 미디어들은 소위 '대세' 싸움을 한다. 사실과 진실 여부에 상관없이 어떤 '이익'을 위해 관점을 살짝 바꾸거나, 여러 세부 정보들 중 특정 정보들에 앵글Angle을 확대하거나 축소해가면서 입맛에 맞게 재해석된 정보들을 마구 뿌린다. 우리가 사는 세상에서 이런 행위들은 소위 '전략'이라고 불린다. 때로 그 성과가 너무 좋으면 '지혜'라고도 불리는 영예를 누리기도 한다.

어떤 제품이나 서비스가 출시될 때, 혹은 어떤 스타트업이 시작할 때 역시 마찬가지다. 대세를 만들기 위해 가장 먼저 해야 하는 일은 잠재 고객 커뮤니티를 키워우는 것이다. 인스타그램, 페이스북, 트위터 등 팔로워를 만들어내는 일이 중요할 뿐만 아니라 요즘은 디스코드Discord[6], 슬랙Slack[7] 등에서의 활동도 중요하다. 사실 이 모든 것들이 유행의 가능성을 보는 일이다.

---

6 음성, 채팅, 영상 공유, 화상 통화 등을 지원하는 인스턴트 메신저이다. 한국에서는 주로 온라인 게임을 즐기는 사람들이 많이 이용하는 편이다.

7 클라우드 컴퓨팅 기반으로 업무 관련 메신저 및 프로젝트 관리용 협업 툴을 말한다.

— 유망한 주식이라고 어떤 전문가가 이야기하는 것을 듣고, 너도 나도 그 주식을 산다. 그리고 주식 가격이 급락한다.

— 주변 사람들이 다 가본 식당이라고 해서 가봤지만 별로 맛이 없다. 왜 유명한지 잘 이해가 안된다.

— 친구들이 '크립토 코인 프로젝트'가 수익이 보장된 제품이라고 투자하기에 따라 투자했지만, 프로젝트가 망했다.

우리 모두는 군중 심리로부터 자유로울 수 없다. 우리는 '대세'에 약하다. 절대 아닌 것 같다고 주장하다가도 누군지도 모르는 남들도 그렇게 생각한다는 말에 슬며시 꼬리를 내리는 일은 다반사다. 어떤 선택을 하기 전에 이미 많은 사람들이 같은 선택을 했다는 것은 큰 위안이자 의사결정의 근거가 된다. 영국에서 가장 많이 사용되는 이커머스 플랫폼인 '아마존'에서 물건을 구입할 때 가장 많이 확인하는 것은 내가 구입할 물건을 그동안 얼마나 많은 사람들이 샀으며, 얼마나 많은 리뷰가 달려있는지다. 얼마 전에 진공청소기 하나를 사는데, A 제품은 제품 출시년도가 2010년인데 리뷰가 35,000개가 달려있고, 평점이 5점 만점에 4.1이다. B 제품은 출시년도가 2020년인데 리뷰가 500개 정도 달려있고, 평점이 4.6이다. 당신은 어떤 제품을 선택하겠는가. 출시년도에 있어서 10년 정도의 차이가 나고, 그 10년 사이에 더 좋은 기술들이 개발되어서 적용이 되었을텐데도, B 제품을 선택하는 게 쉽지 않았다. 35,000명과 500명의 차이 때문이다. 이런 다수의 법칙이 가져오는 힘은 중력과 같다.

이런 상황 속에서 좋은 선택들을 해나가기 위해서는 '독학력'이 필요하다. '독학력'은 머리와 가슴을 동시에 차갑게 하는 과정이다. 누군가는 가슴은 뜨겁게 머리는 차갑게라고 했지만, 나는 최선의 선택을 위해서는 머리와 가슴 둘 다 차가워야 한다고 생각한다. 다수가 선택했다는 이유에 휩쓸리지 않고, 선택 옵션들을 분석한 뒤 차갑게 선택하는 것이다. 그럼에도 불구하고 우리는 지혜로운 선택을 못할지도 모른다. 그래도 괜찮다. 나는 이 세상 대부분의 게임은 '바보'와 '지혜자'의 게임이 아니라 '바보'와 '덜 바보'의 게임일 때가 많다고 생각한다.

편향의 함정 - 인간은 늘 치우친다

뉴욕에 기반을 둔 미디어인 <비즈니스 인사이더Business Insider>는 2015년에 "당신의 의사 결정을 망치는 20가지 인지 편향"[8]이라는 기사를 통해 우리가 의사 결정을 할 때 가장 많이 범하는 인지 편향 20개를 선정해 이에 대한 기사를 내보냈다. 그리고 5년이 지난 2020년에는 "우리가 하는 모든

8 Shana Lebowitz and Samantha Lee, "20 cognitive biases that screw up your decisions", <Business Insider>, Aug 27, 2015.

것을 망치는 61가지 인지 편향"[9]이라는 제목으로 61개의 인지 편향 목록을 정해서 발표했다. 우리가 인지 과정에서 갖는 편향의 수가 20개도 많은 것처럼 보이는데, 실제적으로 더 정리해보면 60개가 넘는다고 하니 이쯤 되면, 인간은 '편향Bias'의 동물이 아닐까. 첫 번째 기사에서 언급한 20개만 정리해보면 다음과 같다.

1	**기준점 편향** Anchoring Bias	사람들은 처음 접하는 정보에 지나치게 좌우되는 경향이 있다. 연봉 협상을 할 때, 첫 번째로 제안하는 금액에 따라 각자의 머릿속에는 그 제안 금액의 범위 내에서 사고가 이루어지게 된다.
2	**가용성 휴리스틱** Availability Heuristic	사람들은 그들이 미리 알고 있는 정보의 중요성을 과대평가하는 경향이 있다. 가령, 흡연을 하는 사람이 하루에 담배 세 갑씩 피면서 100세까지 산 사람을 안다고 말하며 담배는 몸에 해롭지 않다고 주장하는 경우가 있다.
3	**편승 효과** Bandwagon Effect	어떤 사람이 특정한 신념을 받아들일 가능성은 그 신념을 따르는 사람들의 수가 증가할수록 높아진다. 이것은 집단 사고의 강력한 형태이며, 회의들이 생산적이지 못한 원인 가운데 하나이다.
4	**맹점 편향** Blind-spot Bias	스스로의 인지적 오류를 깨닫지 못하는 것은 그 자체로 오류이다. 사람들은 자기 자신보다 타인의 인지적, 동기적 오류들을 쉽게 눈치채는 경향이 있다.
5	**선택 지지 편향** Choice-supportive Bias	사람이 어떤 의사결정을 내리는 순간, 그 사람은 그 결정을 긍정적으로 바라보게 된다. 그래서 실제로 그 결정에 결함이 있더라도 한 번 내린 결정을 밀고 나가는 경우가 많다.

9 Shana Lebowitz, Allana Akhtar, and Marguerite Ward, "61 cognitive biases that screw up everything we do", <Business Insider>, May 6, 2020.

6	**클러스터 착각** Clustering Illusion	무작위로 일어나는 사건에 대해 어떤 패턴을 발견하는 경향성이다. 이는 사람들이 도박을 하거나 복권 번호를 고를 때 범하기 쉬운 오류이다.
7	**확증 편향** Confirmation Bias	사람들은 자기가 기존에 가지고 있던 생각을 강화시켜주는 정보만 듣는 경향이 있다. 이는 우리가 기후 변화와 같은 다양한 주제들에 대해 심도있고 지적인 대화를 하기 힘든 이유이기도 하다.
8	**보수주의 편향** Conservatism Bias	사람들은 기존의 증거들을 새로운 증거나 갓 밝혀진 정보보다 선호한다. 지구가 둥글다는 주장을 사람들이 받아들이는 데 시간이 오래 걸린 것도 기존에 지구가 평평하다는 믿음을 계속 지키는 것이 더 편했기 때문이다.
9	**정보 오류** Information Bias	정보를 추가로 얻을 필요가 없는데도 정보를 더 얻으려고 노력하는 경향을 뜻한다. 많은 정보가 늘 좋은 것은 아니다. 적은 정보로도 오히려 더 정확한 예측을 할 수 있는 경우들도 있다.
10	**타조 효과** Ostrich Effect	타조가 위험에 닥쳤을 때 땅에 머리를 파묻는 것과 같이 위험하거나 부정적인 정보를 무시하는 오류이다. 연구에 따르면, 투자자들은 시장이 안 좋을 때, 자신이 보유한 주식의 가격을 덜 확인한다.
11	**결과 오류** Outcome Bias	결정을 그 결정이 이루어진 원인보다는 결과에 비추어 평가하는 오류이다. 어떤 사람이 라스베이거스에서 돈을 많이 땄다고 해서, 돈을 도박에 투자한 것이 잘한 결정은 아니다.
12	**과신 오류** Overconfidence	어떤 이들은 자기 자신의 능력에 대한 자신감이 지나쳐서 이로 인해 일상 생활에서 더 위험한 결정을 하게 된다. 각 분야의 전문가들이 이 오류에 자주 빠지곤 하는데, 이는 그들이 자신의 결정이 맞다고 더 확신하는 경향이 있기 때문이다.
13	**플라시보 효과** Placebo Effect	단순히 어떤 결정이 자기 자신에게 효과가 있을 것이라고 생각하는 것만으로도 실제 그 믿음과 유사한 효과가 나타나는 것이다. 의학에서 가짜 약을 진짜 약이라고 속이고 환자에게 줄 경우, 종종 진짜 약을 먹은 사람과 동일한 반응이 일어나는 것을 확인할 수 있다.
14	**친혁신 편향** Pro-innovation Bias	혁신을 지지하는 사람이 혁신의 중요성을 과대평가하고 반대로 단점은 과소평가하는 경향이다. 실리콘밸리에서 흔히 볼 수 있는 모습이다.

15	**최신 편향** Recency	과거 자료보다 최신 정보를 무조건 높게 평가하는 경향을 말한다. 이로 인해 투자자들이 오늘의 시장 정보에 의해서 미래의 시장을 판단하기 때문에 현명하지 못한 결정을 내리곤 한다.
16	**특징 효과** Salience	어떤 사람이나 개념을 접할 때, 가장 부각되기 쉬운 특징에만 집중하는 것이다. 가령, 우리가 죽음에 대해서 생각을 할 때, 보다 확률적으로 가능성이 높은 자동차 사고 대신 사자에게 물려서 죽는 것을 걱정하는 것과 같은 것이다.
17	**선택적 인식** Selective Perception	사람들의 기대는 세상을 바라보는 방식에 영향을 준다. 미식 축구 경기를 볼 때, 사람들은 자신이 응원하는 팀보다 상대팀이 더 많은 반칙을 저지른 것으로 생각을 하는 경향이 있다.
18	**고정 관념** Stereotyping	특정 집단이나 사람에 대한 실질적인 정보 없이 그 사람이 어떠한 특징들을 가지고 있을 것이라 기대하는 경향이다. 이는 우리가 낯선 사람을 친구인지 적인지 쉽게 구분하는 데 도움을 주기도 하지만, 사람들은 이를 남용하는 경우가 많다.
19	**생존자 편향** Survivorship Bias	특정한 상황에서 무사히 살아남은 사람에만 집중함으로써, 그 상황을 잘못 판단하게 하는 경향이다. 가령 우리 눈에는 회사를 경영하면서 실패한 사람보다는 성공한 사람이 주로 눈에 띄기 때문에, 우리는 회사를 경영하는 것이 쉬운 일이라고 착각할 수 있다.
20	**제로 리스크 편향** Zero-risk Bias	사회학자들은 사람들이 그것이 비생산적일지언정 확실한 것을 매우 좋아한다는 것을 알게 되었다. 여기서 리스크를 없앤다는 것은 피해가 발생할 가능성이 전혀 없도록 한다는 뜻이다.

의사결정을 망치는 20가지 인지 편향

이 수많은 편향 속에서 우리가 편향을 완벽하게 피하는 것은 불가능해 보인다. 그만큼 편향은 대기 속의 산소만큼이나 보편적이다. 그렇기에 우리가 공부하며 발견해야 하는 것은 인간이 편향이라는 취약성을 가지고 산다는 점을 깨닫는 것이다.

이익의 함정 - '돈' 앞에 장사없다

어떤 진실을 진실로서 받아들이는 데 방해가 되는 가장 큰 적은 '거짓'일까? 개인적으로 '진실'에 대한 가장 큰 저항마는 바로 '이익' 혹은 '돈'이라고 생각한다. 어떤 신념을 버리게 되거나, 왜곡하거나 또는 신념과 다른 행동을 하게 만드는 것은 그 신념에 반하는 다른 신념이 아니라 바로 '이익' 때문이다.

어떤 데이터나 정보는 중립적으로 어떤 사실로서 존재하지만 우리가 이를 해석하고 판단하면서 그 중립은 희미해진다. 이 단계에서 해석과 판단을 조정하고 왜곡시키는 것이 바로 '이익'이다. 이익으로부터 우리의 판단은 자유로울 수 없다. 이성적으로 아닌 것 같더라도 돈이 될 것 같으면 그 이성적 판단을 의도적으로 합리화할 수 있는 것이 인간의 욕망의 힘이고 그에 따른 '뇌'의 순응이다. 그리고 우리 주변 환경은 '이익'을 대변하기 위해 생산된 정보들과 콘텐츠들로 가득 차 있다. 예를 들면, 나는 아직도 선크림을 바르는 것이 피부를 보호하는 데 도움이 되는 것인지 아닌지 확실히 잘 모르겠다. 많은 '인플루언서influencer'들이나 피부과 의사들이 선크림을 항상 바르는 것이 피부 건강에 필수적인 것처럼 이야기하지만 소수의 그룹들은 오히려 선크림의 성분이 피부에 악영향을 줄 수 있음을 경고하고 있으며 이를 뒷받침하는 논문들도 만만치 않다. 선크림을 지지하는 그룹들 중에는 대놓고 특정 제품을 홍보하는 모습들도 많이 있기 때문에 이런 것들은 화장품 회사의 '이익'을 대변하고 있다고 볼 수 있다. '이익'을 대변하는 콘텐츠들이 압도적으로 많다면 우리 개인들은 사실상 해석과 판단의 단계에서 자유로울 수가 없다. 혹, 선크림이 의학적으로 피부에 좋지 않다는 것이 명명백백히 밝혀졌다 하더라도 내가 만약 선크림 제품을 만드는 화장품 회사에 다니고 있거나 경영을 하고 있다면, '이익'이 걸려있는 문제기 때문에 선크림을 사용하지 말라고 말할 수 없는 것이다.

인공지능의 함정 - 인간보다 거짓말 잘하는 인공지능

인공지능이 해내고 있는 결과들을 보면서 감탄을 자아낸 지는 꽤 오래되었다. 2016년에 영국 딥마인드사의 알파고와 한국의 프로 기사인 이세돌 9단과의 바둑 대국을 통해 인공지능의 능력을 보여준 이후 2022년 챗GPT에 이르기까지 최소 분기에 한 번은 여기저기서 인공지능의 능력을 과시하는 이벤트들이 일어나고 있다. 이로 인해 우리들 대부분은 인공지능에 대해 상당한 신뢰도를 가지고 있는 것도 사실이다. 어떤 기업의 서비스가 인공지능 기술을 활용했다고 하면 왠지 모르게 철저히 분석되고 준비된 듯한 느낌을 받는데 실제로 인공지능이란 키워드는 그 기업의 기업가치를 올리는 데도 상당한 도움이 된다. 하지만 인공지능은 우리의 생각과는 다르게 교묘한 구석이 있다. 최근에 '챗GPT'로 인해 도래한 새롭고 가장 위협적인 함정, 바로 '거짓 정보'이다. 검증되지 않은 통계적 데이터를 살짝살짝 바꾸면서 천연

덕스럽게 답변을 만들어내는 챗GPT를 보면, 챗GPT 아니 인공지능이 분명 우리 인간보다 거짓말을 굉장히 잘할 가능성이 농후하다는 것이다.

2021년 5월에 영국정부는 <자동화된 결정에 대한 윤리, 투명성, 책임성 체계Ethics, Transparency and Accountability Framework for Automated Decision-Making>[10] 라는 제목의 가이드라인을 발간했다. 이 보고서는 2018년 6월에 발간된「데이터 윤리 체계Data Ethics Framework」[11] 가이드라인의 연장선상에 있는 추가 보고서로 사실상, AI의 윤리문제를 다루고 대비하기 위한 가이드라인 보고서들이다. 한국이 AI의 경제적, 시장적 가치에만 화두가 매몰되어 있는 사이에 영국 등 유럽은 이미 수년 전부터 경제적 가치만큼 윤리적 문제에 대한 화두도 매우 심도있게 논의해왔으며 각국 정부들은 이에 따라 AI의 윤리적 문제에 대한 가이드라인을 앞다투어 발표했다. 오래전부터 영국이나 유럽에서 AI 윤리에 대한 포럼이나 세미나들이 열리는 것을 볼 때면, '모든 기술에는 윤리적 문제가 다 있는데 왜 저렇게 호들갑을 떨까' 생각하며 심각하게 생각하지 않았는데 챗GPT가 우리 일상에 들어오고 산업 등 모든 영역에 급격하게 영향력이 확대되는 것을 보면서 내 생각이 짧았다는 걸 알게 됐다.

---

10 https://www.gov.uk/government/publications/ethics-transparency-and-accountability-framework-for-automated-decision-making

11 https://www.gov.uk/government/publications/data-ethics-framework

테슬라Tesla 최고경영자 일론 머스크가 생성형 AI 챗GPT의 대항마로 'TruthGPT' 개발을 선언했다. 챗GPT 열풍을 일으킨 '오픈 AI'에 맞서 최근 'X.AI'를 설립한 머스크는 폭스 뉴스Fox News의 한 방송 프로그램에 출연해 "나는 TruthGPT로 세상의 본질을 이해하려 노력하고, 최고의 진실을 추구하는 AI를 시작하겠다."고 말했다. 머스크는 오픈 AI의 명백한 편향성을 염두하며 자신은 진실만 추구하겠다는 의미로 개발하는 AI 이름에 진실을 넣은 것으로 보인다. 인공지능이 발전한다고 해서 우리의 공부가 쓸모없어지거나 대체되지 않는다. 심지어 우리가 해야 하는 공부의 양 또한 줄여주지 못한다. 현재 진행되고 있는 흐름을 보아서는 오히려 우리의 공부량을 늘릴 가능성이 더 많다. 챗GPT가 발표되고 나서 이것과 관련된 유튜브 동영상들이 얼마나 많이 올라왔는지를 생각해보자. 당신이 문과 출신이든 이과 출신이든 관계없이 다 공부하면서 알아 두어야 할 것들이다. 여기에 인간들의 거짓말들에도 지쳐있는 우리에게 이제 '질적으로 더욱 교묘하고 양적으로 더욱 많은' 인공지능의 거짓말도 등장했다. 사실과 교묘하게 엮인 인공지능의 거짓말은 우리에게 아주 치명적일 수 있다. 따라서 우리는 독학을 통해 인공지능의 거짓말을 스스로 판별할 수 있을 정도로 우리 수준을 끌어올려야 한다. 이 싸움은 이미 시작되었다.

2 지식 시대에 지각변동이 일어나고 있다

챗GPT - 1억 명 사용자가 의미하는 것

1억 명 사용자를 달성하는 데 넷플릭스Netflix가 10년, 인스타그램이 3년 정도 걸렸다. 그런데 챗GPT는 두 달 만에 1억 명의 사용자를 달성하며 혜성처럼 모든 기록을 깼다. 인공지능의 약진이다. 넷플릭스처럼 재미를 위한 것도 아니고, 페이스북이나 인스타그램처럼 커뮤니케이션을 위한 것도 아닌데 이렇게 빠른 시간 안에 많은 이들의 관심을 받을 수 있었던 이유는 무엇일까. 사람들이 자신의 옆에 둘 '또 다른 지능'을 갖고 싶은 강력한 욕망 때문이지 않을까 싶다. 그동안 인공지능의 질적 수준이 이 욕망을 충족시켜주지 못했지만, 이번 챗GPT부터는 이 정도면 나의 '세컨드 브레인'이 될 수도 있다는 것을 느끼기 시작한 것이다. 현재 챗GPT에 오류가 없는 것은 아니지만 혁신을 위한 과정으로서 충분히 받아들여 질만한 수준으로 일반 사용자들에게 인식된 것 같다.

챗GPT의 가장 큰 성과는 인공지능 애플리케이션의 대중화이다. 이 대중화는 방대한 양의 데이터들이 모여들게 만들어 앞으로 인공지능의 정확성 향상에 크게 기여할 것이다. 챗GPT는 유료 버전을 출시했는데, 2024년에는 1조 2천억 원 수준의 매출을 목표로 하고 있다고 한다. 일반 사용자들을 대상으로 한 구독 비즈니스 모델로 1조 원 이상의 매출을 일으킬 목표를 세울 수 있다는 것은 이제 사용자들이 그만큼 인공지능에 익숙해졌다는 뜻이다. 이제는 우리 생활의 일부가 될 인공지능이 우리의 일상을 어떻게 바꾸어갈지 기대가 된다.

눈만 뜨면 새로운 기술과 트렌드

테크 스타트업들을 만나고, 기술을 분석하고, 투자 결정을 하는 일을 주업으로 해온 내게도 여기저기서 쏟아져 나오는 새로운 기술들과 트렌드들을 소화하는 일은 쉽지가 않다. 새롭게 나오는 기술과 트렌드가 양적으로 너무 많기 때문에 맛만 보기에도 쉽지 않은 게 현실이다. 챗GPT는 유행하는 최신의 신기술들 중 하나일 뿐이다. 메타버스, NFT, 블록체인, 가상현실, 로봇, 전기 자동차, 2차 전지, 유전자 공학 등 날마다 쏟아져 나오는 새로운 기술, 신제품, 서비스들은 우리의 마음을 가볍게 하기보다는 더없이 무겁게 한다. 모르거나 따라가지 못하면 도태될 것만 같기 때문이다.

미국의 건축가이자 발명가로 유명한 버크민스터 풀러Buckminster Fuller는 1982년에 그의 책 『Critical Path(필수적 경로)』에서 '지식의 2배 증가 곡선Knowledge Doubling Curve'이라는 것을 소개했다. 이 이론은 새로운 지식의 양이 두 배가 되는데 1900년까지는 100~400년이 걸렸고, 그 이후에는 이 증가 속도가 기하급수적으로 빨라져서 현재는 1~2년 정도가 걸린다는 것이다. 이 이론의 연장선상에서 IBM은 2020년에 IoTInternet of Things 기술의 발전으로 인해 새로운 지식이 이제는 12시간마다 두 배가 될 것이라는 충격적인 예측을 하기도 했다. 그리고 이것은 곧 실제가 될 것이다.

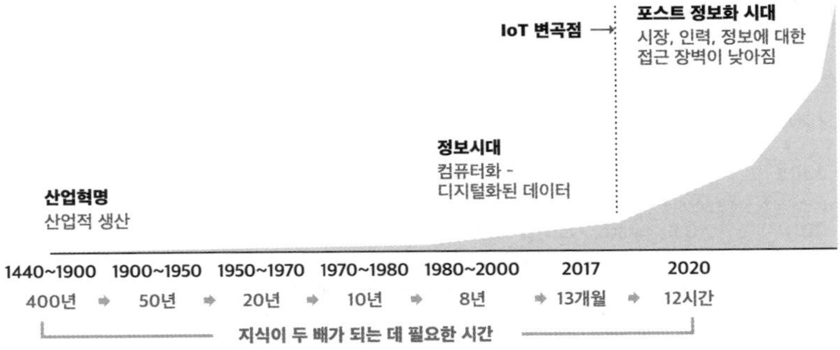

지식의 2배 증가 곡선[12]

12 Alan Leshner and Layne Scherer, 『Graduate STEM Education for the 21st Century』, Board on Higher Education and Workforce, 2018.

IT 분야의 리서치 기업 가트너Gartner는 매년 가장 혁신적인 새로운 기술들에 대해 발표해오고 있는데, 이 리스트들을 보고 있으면 세상이 얼마나 빠르게 변하고 우리들의 삶에 변화를 강요하고 있는지 느끼게 된다.

YEAR	THE MOST HYPED TECHNOLOGIES
2000	Wireless Web, ASPs, Bluetooth
2001	Web Services, Enterprise IM, m-Commerce
2002	Biometrics, Grid Computing
2003	Process Portals
2004	Micro Portals, Virtual Content Repositories
2005	P2P VOIP, Biometric ID Documents, BPM Suites
2006	Mashup, Web 2.0
2007	Legal P2P, Digital Video Broadcasting
2008	Green IT
2009	Cloud Computing, e-Book Readers, Social Software Suites
2010	4G Standard, Activity Streams
2011	Internet TV, NFC Payment, Augmented Reality
2012	BYOD, 3D Printing, Complex Event Processing
2013	Big Data, Gamification, Wearable User Interfaces
2014	IoT, Natural-Language Question Answering, Cryptocurrencies
2015	Speech-To-Speech Translation, Advanced Analytics, Autonomous Vehicles
2016	Blockchain, Cognitive Expert Advisors, Machine Learning
2017	Virtual Assistants, Connected Home, Deep Learning

2018	Biochips, Digital Twin, Deep Neural Networks
2019	5G, AI PaaS, Graph Analytics
2020	Composite architectures, Algorithmic trust, Beyond silicon, Formative AI, Digital Me
2021	IoBInternet of Behavior, Total Experience, Privacy-Enhancing Computing, Distributec Cloud, Anywhere Operations, Cybersecurity Mesh, Intelligent Composable Business, AI Engineering, Hyperautomation
2022	Generative AI, Autonomic Systems, Total Experience, Distributed Experience, AI Engineering, Hyper-Automation, Decision Intelligence, Composable Applications, Cloud-Native Platforms, Privacy-Enhancing Computation, Cybersecurity Mesh, Data Fabric
2023	Emergent AI, Developer Experience, Pervasive Cloud, Human-centric Security and Privacy

ⒸGartner

『이코노미스트The Economist』지에 따르면[13], 이런 현상이 본질적으로 현대적인 것처럼 보일 수 있지만 사실은 전혀 그렇지 않다고 한다. 정보 과부화의 역사에 대해 이야기하는 하버드대학교 교수 앤 블레어Ann Blair의 『Too Much To Know(알기에는 너무 많은)』에 따르면 이런 현상은 수 세기 전으로 거슬러 올라간다. 약 500년 전에는 인쇄기에 책임이 있었다. 인쇄기의 등장으로 매년 수천에 달하는 새로운 책들이 등장하자 1525년 네덜란드 인문학자 에라스무스Erasmus는 "지구상에 이 수많은 새 책들에서 제외되는 곳이 있을까요?"라며 신음했다. 유럽 전역의 학자들은 "어느 책이 읽을 만

13 Tom Standage, "Information overload is nothing new", 『The economist』, Jun 21, 2018.

한 가치가 있는지 어떻게 알 수 있겠는가"라며 홍수 속에서 좋은 아이디어가 오히려 사라지고 있다고 걱정했었다. 1581년, 스페인의 철학자 프란시스코 산체스Francisco Sanchez는 세상에 존재하는 모든 책을 읽기에 1천만 년은 충분하지 않을 정도로 책이 너무 많다고 불평했다. 독일의 천재 고트프리트 라이프니츠Gottfried Leibniz 또한 1680년에 '계속 늘어나는 끔찍한 양의 책들'에 대해 불평했었다. 아마도 우리 후대에는 우리가 현재 하고 있는 불평들 역시 아무것도 아닌 것이 될 것이다.

과잉의 시대

변화가 가져온 가장 심각한 문제 중의 하나는 '과잉'이다. 과거에 사람들이 '결핍'의 문제로 애먹었다면, 지금은 과잉의 문제로 혼란을 겪고 있다. 변화가 가져온 심각한 문제 중 첫 번째는 '생산'의 과잉이다. 새로운 것이 생산되면 기존의 것들이 더 이상 생산이 되지 않아야 하는데 기존의 것은 기존의 것대로 여전히 생산이 되고 있다.

변화는 사실 운명만큼이나 필연적인 것이다. 니즈가 변하고, 욕구가 끊임없이 재생산되기 때문이다. 소비자들은 사용하던 스마트폰이 고장이 나거나 성능이 떨어져서가 아니라 새로운 버전의 제품이 출시되었고, 기기를 변경하면 혜택을 주는 새로운 요금제가 나왔다는 이유만으로 스마트폰을 바꾸기도 한다. 나에게 진짜 필요한 물건인지, 필요한 기능은 어떤 것인지 등에 대해 사실 곰곰이 생각해보지도 않는다. 어느 것 하나에 빠져들기 전에 새로운 것이 나오기 때문에 대부분의 제품이나 서비스에 '정' 들이기 쉽지 않다. 물리적인 제품의 생산도 과잉이지만, 콘텐츠의 생산도 과잉이다. 예전에 지상파 KBS, MBC, SBS에서 케이블 TV시대가 열릴 때 그 많아진 채널들을 채울 콘텐츠들이 어떻게 다 만들어지나 궁금했던 적이 있었는데, 지금은 넷플릭스 등 OTT 채널뿐 아니라 개인 크리에이터들이 만들어내는 콘텐츠들을 보면 그 당시에 쓸데없는 걱정을 했었던 것 같다.

둘째는, '방법론'의 과잉이다. 유튜브 채널들을 보고 있으면 이제는 전 국민이 유튜브 크리에이터가 된 것은 아닌가 싶을 정도로 채널들이 많다. 그리고 많은 채널들에서 저마다의 방법론이나 노하우들을 공유한다. 예를 들어, 영어 공부 노하우를 한번 검색해보면 방법론에 대한 콘텐츠들이 수도 없이 뜬다. 이 수많은 방법 중 어느 한 가지를 선택해 그 방법대로 2주를 실천하긴 쉽지 않다. 어떤 하나의 방법을 택해서 하고 있노라면 다른 방법들이 끊임없이 유혹하기 때문이다. 저마다 '자기 것만 따라하면 성공한다', '무조건 되는 영어 공부법' 등 자극적인 썸네일을 달고 지속적으로 홍보를 한다. 이런 유혹에 흔들리다 보면 가끔은 유튜브가 없어지면 삶이 더 단순해질 것 같다는 생각도 든다. 그런데 유튜브라는 채널은 사실 여러 플랫폼 중 하나일 뿐이다. 코세라Coursera, 클래스101, 라이브클래스 등과 같은 온라인 교육 플랫폼, 네이버, 다음 등과 같은 포털 플랫폼을 통해 우리에게 전달되는 방법론에 관한 콘텐츠들을 고려하면 그 과잉의 수준은 가늠하기 어렵다.

셋째는, '욕구'의 과잉이다. 해야 할 것들이 너무 많아진 요즘은 어떤 일을 먼저 해야 하고, 어떤 걸 먼저 배워야 하고, 진짜 중요한 것은 무엇인지 질문하는 것 자체가 두려운 일이 되었다. 100년 전에 살았던 사람들이 욕망했던 것은 오늘날 이미 다 충족되었다. 500년 전이나 1000년 전에 살았던 사람들이 욕망했던 것은 이미 상상도 못할 방식으로 충족되었을 뿐만 아니라 그 당시에는 현재 우리가 누리는 삶의 수준을 상상하지도 못했을 것이다. 예전에 비해 충분히 충족된 삶을 살고 있는 우리는 왜 여전히 공허함을 느끼는 것일까? 만약 지금 시점에서 기술 개발과 대량 생산을 멈추고 더 이상 과학과 기술의 미래에 기대지 않으면서 있는 것만 가지고 유지와 보수를 하면서 살아도 행복의 측면에서는 만족할 수 있을 것이다. 하지만 과거에 비해 모든 것을 다 가지고도 행복할 수 없는 것은 인간이 가지고 있는 굴레 중 하나인 욕망의 진화와 재창조 때문이 아닐까. 어쩌면 인간 존재의 크기가 욕망으로 채울 수 있는 크기보다 크기에 인간은 끊임없이 욕망을 갈망하는 것일지도 모른다.

폭발적으로 성장하는 인플루언서

인터넷이 발달한 2000년대 이후 새로 생겨난 직업군 중에 가장 주목할 직업군은 바로 '인플루언서'이다. 옥스포드 사전에서 이 단어를 설명하는 내용을 보면 '다른 사람들이 행동하는 방식에 영향을 미치거나 변화를 주는 사람'이라는 뜻이다. 또 다른 뜻은 주로 마케팅이나 홍보 분야에서 쓰이는데, '다른 사람들에게 제품이나 서비스를 사게 할 목적으로 회사로부터 돈을 받고 소셜 미디어에 제품이나 서비스를 보여주고 설명하는 사람'이다. 인플루언서라는 단어가 등장한 초창기에는 마케팅이나 홍보 분야에서 쓰이는 의미가 강했었지만, 시간이 지날수록 점차 의미가 확대되어 '대중의 관심을 받는 다양한 각 분야에 영향력을 미칠 수 있는 사람'이란 의미가 더욱 강해지게 되었다. 이 단어가 많이 쓰이기 시작한 것은 1차적으로는 2000년대 들어서면서 발전한 인터넷 산업과 연관성이 있다. 그리고 스마트폰의 보급 시기와 맞물리는 2010년대에 들어서는 단어 사용량이 폭발적으로 증가했다.

인플루언서의 활동 범위는 기존의 연예인과 어느 정도 활동 영역이 겹치는데, 배우나 가수가 인터넷 활동을 활발하게 하여 인플루언서가 될 수도 있고, 반대로 잘나가는 인플루언서가 연예인이 되는 경우도 많다. 여기에 교수, 의사, 변호사 등의 전문가 집단들도 이미 인플루언서의 대열에 합류하여 큰 영향력을 발휘하고 있다.

인플루언서라는 직업을 가진 사람은 사전적 정의처럼 다른 사람들에게 영향을 미치고 싶어한다. 자신이 하는 것을 남들이 따라하기를 바라기도 하고, 자신의 의도대로 사람들의 행동을 바꾸고자 하는 욕구가 있다. 그리고 이 영향력은 큰 힘이 되어 일련의 과정들이 수익화가 되기도 한다. 이들이 남들에게 영향을 미치는 활동은 다양하지만 그중 자신이 공부하고 알게 된 것을 공유하는 과정은 필수적으로 있는데, 자신이 경험하거나 공부한 것을 자신만의 스토리와 방식으로 다른 사람들이 쉽게 습득하게 함으로써 그 영향력을 키워간다. 그렇기에 인플루언서들의 일상은 결국 공부하고 연구하는 것과 밀접하게 관련이 있다. 콘텐츠를 기획하고, 그 내용을 공부하고, 어떻게 커뮤니케이션할 것인지 고심하는 모든 과정들이 공부의 과정이기 때문이다. 콘텐츠 소비자 입장에서는 인플루언서가 전통적인 기준에서 그 분야에 대해 관련 학위를 가지고 있는지 여부는 과거만큼 크게 중요하지 않다. 해당 분야의 엘리트 프로파일이 어느 정도 도움이 될 수는 있지만 과거만큼 절대적인 영향력이 없다. 일단 그 사람의 인지도와 유명도가 얼마나 큰지가 중요하고, 만들어진 콘텐츠가 얼마나 도움이 되는지가 우선순위다. 딱히 커리어적으로 해당 지식과는 큰 연관성이 없다 하더라도 성실히 준비하고 질 높은 콘텐츠를 공유한다면 팔로워들은 그것에 대해 인정하고 인플루언서를 따르게 된다.

이런 인플루언서들의 급성장은 지식 시대의 생태 구조에 큰 변화를 일으키고 있다. 재생산되고 재가공되는 지식들이 다양한 인플루언서들을 통해서 전달됨으로써 우리들의 공부는 쉽게 원하는 지식에 접근할 수 있고, 다양한 관점도 어렵지 않게 섭렵할 수 있는 환경적 토대가 되었다. 이런 토대 위에서 새로운 분야에 대해 공부하기 시작할 때, 얼마나 공부하면 해당 분야에 대한 폭넓은 이해와 토론이 가능한 준전문가 수준의 이해도를 가질 수 있을까. 분야에 따라 다르겠지만 나는 그 시간이 100시간 정도라고 생각한다. 대학 과정에서 배우는 과목들을 생각해보자. 보통 1학점은 주당 1시간 수업이라는 뜻으로 3학점짜리 수업이면 주당 3시간 강의를 듣는다고 보면 된다. 대학의 한 학기가 보통 15주 정도되므로, 45시간 정도 수업을 듣고, 개인 과제와 팀 프로젝트를 마치면 한 과목이 마무리가 된다. 개인 과제, 팀 프로젝트, 개인 예습 및 복습 정도의 시간까지 포함한다면 어림잡아 총 100시간 정도면 3학점짜리 한 과목이 끝난다. 이 100시간이라는 시간의 양은 100시간을 공부하기 전에 가졌던 막연한 불안감이 상당 부분 사라질 수 있는 시간이다. 또한 이 시간은 해당 분야에 관련된 핵심적인 지식을 습득한다는 것 외에도 더 중요한 의미를 갖는데 그것은 해당 분야에 대한 자신만의 이해와 관점을 갖는다는 의미이며 추가로 본인이 원하면 어떤 세부 분야를 어떻게 더 공부해나갈지에 대한 아이디어도 갖게 될 가능성이 높다.

갈수록 일과 공부의 경계는 흐릿해진다

싱가포르의 한 대학교에서 인공지능을 가르칠 때 학생들의 상당 부분은 직장인들이었다. 다국적 기업의 임원들부터 중간관리자, 정부 기관의 고위 공무원들, 심지어 육해공군의 장교들까지 이미 맡고 있는 업무들도 만만치 않을텐데 인공지능이 전 세계의 화두가 되자 이를 배우기 위해 대학 과정을 수강한 것이다. 더욱이 이런 직장인들의 대부분은 과거 대학에서의 전공이 컴퓨터 공학이나 IT관련 분야가 아니었다. 수업에 처음 참여하는 학생들에게 인공지능 과정을 수강하게 된 이유를 들어보고는 했는데, 대부분은 현재 본인이 하고 있는 업무에 어떻게 인공지능을 적용할지를 고민해보고 싶어서였다. 인공지능 관련 전공자가 아니었음에도 독학해서 인공지능을 가르치고 있는 나도 나였지만, 각종 미디어에서 인공지능에 대한 화두가 지속되자 호기심 반 조바심 반 인공지능을 공부하기 위해 모인 직장인 학생들을 보면서 공부는 끝이 없다는 것을 다시 한번 실감할 수 있었다. 이쯤 되면 신분만 직장인이었지 다른 모습으로 공부를 하고 있는 학생이나 다름없었다.

현대의 일은 육체적 노동보다 정신적 노동의 비중이 높아지고 있기 때문에 우리가 하는 공부의 양과 질에 밀접한 영향을 받는다. 따라서 '일'을 잘해서 돈을 벌기 위해서는 이 '일'에 대한 공부를 많이 해야 한다.

아마존은 2019년에 'Upskilling 2025'[14] 라는 계획을 발표하면서 아마존의 10만 명의 직원들을 교육하기 위해 한화로 약 1조 원(약 7억3천 달러) 이상을 쓰겠다고 했었다. 비단 아마존뿐 아니라 대부분의 잘나가는 기업들은 경쟁력 강화를 위한 최우선 과제로 직원들에게 배움의 기회를 제공하는 데 인색하지 않다. 이 말은 곧 일을 하면서도 자의든 타의든 우리는 늘 공부를 하게 된다는 뜻이다.

비정형이 정형을 압도한다

비정형은 일정한 형태나 틀이 정해지지 않은 것으로 정의된다. 비정형의 개념과 특성을 살펴보면 비정형은 자연물의 생성 과정과 같이 단순한 구조가 반복되며 복잡한 요소로 전체 구조를 이루는 과정을 따른다. 이 같은 과정을 통해 비정형의 형태는 프랙탈적Fractal[15], 카오스Chaos, 복잡성, 불규칙성, 유동성 등으로 형성되고 새로운 질서를 창조하게 된다.

비정형의 형태를 정형의 형태와 비교해보면, 정형은 정해진 규칙과 비례에

14 수요가 많은 새로운 기술을 습득하고, 더욱 가치가 높은 직무로의 전환을 지원하기 위한 교육 훈련 프로그램이다.

15 일부 작은 조각이 전체와 비슷한 기하학적 형태를 말한다. 이런 특징을 자기유사성이라고 하며, 다시 말해 자기 유사성을 갖는 기하학적 구조를 프랙탈 구조라고 한다. 브루아 망델브로Benoît B. Mandelbrot가 처음으로 쓴 단어로, 어원은 조각났다는 뜻의 라틴어 형용사 'Fractus'이다.

맞거나 규정된 형태를 띠고, 일련의 기하학적 질서, 비례, 대칭 및 동질적 요소의 질서로 요약될 수 있다. 그에 반해, 비정형의 형태는 이 같은 정형의 특성들에 비판적인 시각에 기인하여 자유로운 형태를 추구하는 것으로 개념지을 수 있다. 비정형은 물리적 형태와 형태의 지각에 있어 기존의 사고와 질서를 깨는 '관념적 개념'을 통틀어 말한다. 이 개념을 데이터쪽에 적용을 해보면, 엑셀로 테이블을 만들어서 관리하는 것처럼 형태가 있고 연산이 가능하면 정형 데이터이며, 비정형 데이터는 형태가 없고, 연산이 가능하지 않은 것을 말한다. 우리가 흔히 사용하는 인스타그램, 페이스북, 유튜브 등에서 날마다 생산하고 접하는 소셜 데이터가 비정형 데이터에 속하며 텍스트, 영상, 음성 등의 형태로 나타난다. 특히, 인공지능 기술의 발전은 이 데이터를 활용하는 데 결정적인 기여를 하고 있다.

사회 곳곳에서는 기존의 정형적 시각으로는 이해될 수 없는 현상과 트렌드들이 무차별적으로 도래하고 있다. 말 그대로 비정형이 정형을 압도하고 있다. 기술적으로 보면, 블록체인 기술에 기반을 둔 암호화폐들을 둘러싸고 금융 시장에서 일어나고 있는 현상들은 기존의 정형적인 금융 시장 관점에서 보면 정말로 상상하기도 힘든 일이다. 비정형과 정형이 부드러운 방식으로 조화를 이루면 좋은데 대부분은 충돌과 갈등의 방식으로 접점을 찾아간다. 눈앞에 '이익'이 걸려있기 때문이다. 앞으로는 이러한 현상들이 금융을 넘어 모든 영역으로 확장될 것이다.

이제 꼴통, 야매 허당들의 시대가 온다고 이야기한다면 많은 이들은 그 뜻에 고개를 갸우뚱할 것이다. 꼴통, 야매, 허당. 이 단어들은 오랫동안 좋은 의미로 쓰였던 단어들은 아니다. 다들 정의하기가 쉽지 않은 단어들이라 연상되는 단어들을 생각해보면, '꼴통'은 외골수, 사이코, 불안정 등의 단어가 연상이 된다. '야매'는 비공식, 아마추어, 사이비 등의 단어가 연상된다. '허당'은 몽상, 마당발, 가난함 등의 단어가 연상된다. 이런 단어들은 정형적인 삶이 아닌 비정형적인 삶과 더 큰 관련성이 있다. 소셜 데이터 등 다양한 비정형적 데이터를 바탕으로 비정형적 현상들이 많이 생기면서 이런 단어들에 대한 인식과 내용도 상당 부분 변화하고 있음을 본다. 꼴통이라고 불리던 이들은 창의적인 생각으로 세상을 바꾸는 아이디어를 통해 세상을 놀라게 하고 있으며, 야매라고 불리는 이들은 은둔의 고수처럼 여러 콘텐츠에서 두각을 나타내며 많은 이들의 환호를 받고 있고, 허당이라 불리는 이들은 다양한 경험을 쌓으며 자신만의 콘텐츠를 만들어가고 있다. 변화의 속도가 빠르다보니, 정형적인 방식으로 사는 사람들은 책상에서 자료를 보기에 바쁘고, 비정형적인 방식으로 사는 꼴통, 야매, 허당들은 생각나는 것을 바로 실행해보기에 바쁘기 때문이다. 이럴 때 더 많이 당황하고 혼란을 느끼는 쪽은 정형으로 살아왔고 앞으로도 동일하게 살아갈 정형 쪽이다. 오히려 비정형쪽은 도전자의 입장이기 때문에 어깨가 가볍다. 그렇기에 정형으로 살아온 이들은 예상치 못한 거센 도전에 직면할 것이다.

인도인들과 함께 공부하고 경쟁할 수 있는가

'영국의 식민지였던 인도계 출신 첫 총리', '첫 힌두교 신자 총리', '첫 유색 인종 총리', '첫 1980년대생으로 210년 만의 최연소 총리'. 2022년 10월에 영국의 제79대 총리가 된 리시 수낙Rishi Sunak에 대한 수식어들이다. 영국에서는 리시 수낙 총리는 물론이고 다른 인도계들의 활약을 어렵지 않게 볼 수 있다. 영국에서 외부 비즈니스 미팅을 할 때 영국 기업의 임원이나 정부 관료, 교수, 스타트업 대표 중 인도계를 만나는 일은 일상이다. 이것은 영국 내에서만의 일이 아니다. 미국에서는 더 그렇다.

영국을 넘어 글로벌 IT 업계에서도 인도계가 CEO로 임명되는 일은 이제 놀랍지 않을 정도인데 대표적인 사례가 구글Google의 CEO 순다르 피차이Sundar Pichai이다. 인도 남부 타밀나두주 출신인 그는 인도공과대학교 카라그푸르에서 공학사, 스탠퍼드대학교에서 석사학위를 받았으며 펜실베이니아대학교 워튼스쿨에서 경영전문석사MBA 학위를 받았다. 미국 반도체 회사 어플라이드 머티어리얼즈APPLIED MATERIALS와 컨설팅 업체 맥켄지McKinsey를 거친 피차이는 2004년 구글에 입사했고, 입사 11년 만에 45세의 나이로 CEO가 됐다. 2019년 12월부터는 구글 모회사 알파벳Alphabet Inc CEO도 겸하고 있다. 이밖에도 마이크로소프트 CEO 사티아 나델라Satya Nadella, '포토샵'으로 잘 알려진 어도비Adobe의 샨타누 나라얀Shantanu Narayen도 인도계이다. 2020년 IBM의 CEO에 오른 아빈드 크리슈나Arvind Krishna 역시 인도계다. IT 업계에 속하지 않는 스타벅스Starbucks에서도 2023년 인도계인 렉스맨 나라심한Laxman Narasimhan을 새 CEO로 선임했다. 프랑스 명품 브랜드 샤넬CHANEL의 글로벌 CEO에는 2023년 1월부터 인도계 영국 여성인 리나 나이르Leena Nair가 선임됐다. 과거 20여 년간 국제 사회에서 중국의 급부상은 모든 국가들에게 대중국 정책을 외교, 안보, 경제 정책에 있어서 최우선 순위에 놓게 했고, 상대적으로 인도는 큰 주목을 받지 못했다. 하지만 위와 같이 글로벌 최전선에서 인도 출신 리더들이 활약하면서 앞으로 국제 사회에서 인도의 힘은 더욱 커질 전망이다. 한국은 중국이나 일본, 심지어 유대인에 대해서는 많은 관심을 가져 왔지만 인도에 대한 연구는 상대적으로 부족했었다. 경제 성장률, 인구 규모와 인구 증가율과 같은 거시 지표를 굳이 언급하지 않더라도 인도가 넥스트 슈퍼파워라는 데는 누구도 큰 이견이 없을 것 같다.

삼성 등 국내 대기업들의 해외 지사 CEO가 아니라면 한국인이 외국의 대표적 대기업의 CEO에 선임되는 일은 거의 없다. 이는 중국인들도 크게 다르지 않다. 국가주의적 성향이 강한 중국인은 어느 나라에 가든 워낙 이민자들이 많아 타운을 형성할 정도로 커뮤니티가 크게 활성화되어 있다. 그 커뮤니티 안에서도 경제적 자생이 가능하기에 해당 국가의 주류 사회에서 커뮤니티의 일원으로 융화되고 영향력을 미치는 비중은 미약해질 수밖에 없다. 이에 반해 인도인들은 아시아의 국가주의적 성향이 있기는 하지만 상대적으로 결속력이 낮은데다 서구인들이 가지고 있는 개인주의적 성향도 함께 가지고 있다. 그렇기에 타국 문화에 쉽게 적응을 할 뿐만 아니라 기본적으로 일을 열심히 하기 때문에 조직 내에서도 쉽게 자리를 잡는다. 더군다나 중국이 서구 사회에서 시간이 지날수록 거부감이 많이 생기고 견제를 많이 당하고 있는 것에 비해서 인도는 중국에 비해 국제 사회에서 상대적으로 거부감이 없는 편이다.

이러한 국제적인 요인 외에 인도계들이 국제 사회에서 리더로 자리잡는 이유는 더 있겠지만 그중 세 가지를 꼽으라면 그들의 학습 능력, 영어 능력 그리고 궂은 일을 마다하지 않는 헝그리 정신이다. 싱가포르에서 공부했던 시절을 생각해보면 중국 유학생들만큼 숫자가 많았던 것이 인도 유학생들이었는데, 대부분 클래스에서 그들의 성적은 항상 최상위권이었다. 영어도 자유로울 뿐만 아니라 속도를 중시하는 한국인들이 보기에도 그들의 속도 또한 뒤지지 않았다. 중국이나 한국의 귀하게 자란 세대들에 비해서 헝그리 정신도 충만했다.

인도에 가서 인도를 경험해 본 사람들은 알겠지만 인도의 물리적, 사회 문화적 환경은 우리가 살아오던 세계와는 완전히 다르다. 비정형적이고, 치열하고, 열악하다. 도시의 경계를 넘어갈 때마다 사용하는 언어가 바뀌는 일도 허다하고, 기상천외할 정도로 종교도 다양하고, 온갖 좋은 것과 최악의 것들이 노골적으로 같이 공존한다. 그곳에서 경쟁해오던 사람들이 인도밖으로 나와 공부하며 개인의 커리어를 구축해나간다. 예측하기 어려운 환경에서 자라 온 그들의 경쟁력은 사실 이미 정형화된 사회에서 성장해온 한국인들이 더 이상 흉내내기 어려운 것이 되었다. 우리는 그들이 일상에서 겪고 살아낸 경험에서 얻은 이질성과 복잡성을 경험하기가 쉽지 않다. 색다른 경험을 위한 워킹 홀리데이나, 유학 등 설계된 다양성은 조잡하고 수준이 낮을 가능성이 많다. 앞으로 다가올 복합적인 환경에서 활동해야 하는 세상에서는 설계할 수 없는 거친 환경을 경험한 사람들이 생존하고 성공할 수 있을 것이다.

그동안 한국이 추구해온 국제화는 국가 단위의 국제화이다. 이런 측면에서 보면 한국의 성과 역시 나무랄 데 없다. 그런데 개인 단위의 국제화 수준을 보면 아직 가야할 길이 멀다. 한국의 국가적 위상이 인도에 비해 월등한 면들이 많이 있지만 국제 무대에서 한국인 개인들의 경쟁력 수준을 인도인들과 비교한다면 한국인들이 인도인들보다 낫다고 말하기는 어렵다. BTS, 블랙핑크 등 세계적으로 유명한 아이돌 그룹이나 한국 드라마, 영화들이 외국에서 인기가 있다는 문화적 현상들로 인해 한국인들이 개인으로서 국제 경쟁력을 과대평가할 수 있다. 세계은행에 따르면 2022년 기준 인당 명목 GDP는 인도가 2,410달러이고 한국이 32,422달러이다. 한국 사람들이 착각하는 것 중의 하나는 한 국가의 경쟁력 수준을 판단하는 데 있어서 그 나라의 인당 GDP가 적절한 지표라고 생각하는 것이다. 국가든 개인이든 미래를 대비할 때는 국가 간 경쟁 이전에 사람 간 경쟁이 있음을 간과해서는 안된다. 또한 경쟁의 대상은 평균 수준의 사람들이 아니라 엘리트층임을 알고 그에 맞게 준비해야 한다.

3 대학도 제 코가 석자다

대학의 몰락은 예측이 아니라 실제이다

1900년대 이후 지식 시대를 이끌며 큰 역할을 담당해왔던 주체 중 하나를 꼽는다면 바로 대학이다. 전 세계에는 25,000여 개 이상의 대학들이 있는 것으로 파악된다. 그중 인도에 5,300여 개, 미국에 3,200여 개, 중국에 2,600여 개, 일본에는 1천여 개, 영국에는 280여 개, 한국에는 370여 개가 있다.

숫자만 놓고 보면 우리가 어떤 외국인을 만났을 때 그 외국인이 어떤 대학을 나왔다고 하면 그 대학 이름을 처음 들어보는 것이 당연하다. 이 수많은 대학들 중에서 전 세계 사람들이 인지하고 있는 대학들은 세계 랭킹 100위 안에 드는 대학들이다. 2024년 QS 세계 대학 순위 기준으로 보면 100위 대학 중 미국에 27개, 영국에 17개, 중국에 5개, 일본에 4개, 한국에는 5개가 있다. 오랫동안 한국의 대학이 경쟁력이 없다고 비판받아 왔지만, 그래도

5개의 대학이 세계 대학 랭킹 100위 안에 들었다는 것은 국내 대학들이 혁신을 위해 많은 노력을 해오고 있다는 것을 보여준다. 실제로도 한국의 인구를 대비해서 살펴보면 한국의 대학의 랭킹 수준은 중국이나 일본에 비해서도 낫다고 볼 수 있다.

약 25,000개라는 전 세계 대학의 수가 많은 것인지 적은 것인지는 모르겠지만, 미국 등 선진국들을 중심으로 매년 문을 닫는 대학들이 늘어나고 있다. 주된 이유는 출생률 저하로 인해 매년 대학에 입학하는 학생 인구가 줄어들면서 등록금에 주로 의존하는 대학들이 충분한 재정을 확보하지 못하기 때문이다. 미국을 보면 2004년 이후로 861개의 대학 9,000곳 이상의 대학 분교 캠퍼스들이 재정난 때문에 문을 닫았다. 이는 단순히 미국의 경우에만 국한되는 것은 아니다. 현재 한국의 대학들도 인구 감소에 따른 입학생 감소로 지방의 수많은 대학들이 문을 닫거나 합병되는 위기를 겪고 있다. 대학의 위기는 인구 감소가 직접적인 원인이지만 학생들이 과거에 전통적인 대학들로부터 얻었던 지식을 이제는 굳이 대학이 아니어도 얻을 수 있는 대안들이 많아지면서 대학의 필요성이 상대적으로 약해진 것도 하나의 원인으로 평가 받는다.

학교에 내는 것만 수업료가 아니다

어느 날 친한 친구의 자녀 교육과 진로 문제로 깊은 이야기를 나누었던 적이 있다. 자녀를 둔 사람이라면 교육과 진로는 대학 입시가 닥쳐 있지 않아도 주요 관심사 중의 하나이다. 친한 친구였기에 현실적이고 불편한 이야기를 있는 그대로 해줬다. 다음은 대화한 내용을 요약한 것이다.

그동안 대학이 학생들에게 줄 수 있는 것은 크게 지식, 네트워크(동문), 브랜드 세 가지였다. 그런데 이제는 이 '지식'과 '네트워크' 부분을 포기해야 하게 생겼다. 구글, 유튜브, 코세라Coursera[16], 모두의연구소 등에서 넘쳐나는 지식들로 최고의 지식 교육 기관을 유지해왔던 전통적인 대학의 권위가 흔들리고 있고, 네트워크 역시 대학 네트워크의 중심이었던 대학 동문회 문화는 MZ 세대에게 잊힌지 오래됐기 때문이다. 동문회 나가느니 인스타그램, 페이스북, 카카오톡, 디스코드, 슬랙 등에서 관심사가 같은 사람들끼리 모이고 교류한다. 단순히 알고 지내는 것뿐만 아니라 비즈니스도 같이 한다. 같은 학교 출신이라고 해서 옛날처럼 밀어주고 당겨주는 것도 다 옛날 일이다. 요즘도 그러고 있다면, 당신은 50대일 가능성이 많다. 그나마 어디서 뭐 공부했는지가 대화 주제가 되는 마지막 세대가 현재 40대이지

16 미국의 교육 및 기술 회사. 전 세계 대학 및 교육 기관들과 협력하여 2,400여 개 이상의 코스를 제공하고 있다.

않을까 싶다. 지식과 네트워크를 제외하고 살펴보니, 이제 마지막 하나 남은게 브랜드다. 그 대학 졸업했다는 브랜드. 그런데 한국에서 이 브랜드를 줄 수 있는 대학은 10개가 넘지 않는다.(이 10개가 어디인지는 조심스러워서 이야기하지 않겠다) 나머지는 그냥 다 같다고 보면 된다. 만약 이 브랜드를 가지고 외국에서 커리어를 쌓으려고 하면 그 브랜드 프리미엄을 줄 수 있는 대학의 수는 더 줄어든다. 일례로, 한국 대학 브랜드들 중에서 외국 학계에서 설명을 안해도 알아봐주는 대학들은 5개 정도다.

만약 당신의 자녀가 이 10개 대학에 입학할 입시 성적이 아니라면, 그 4년간 낼 수업료로 본인이 주체적으로 진행해 볼 수 있는 프로젝트를을 해보게 하는 게 훨씬 더 많은 것을 배울 수 있을 것이다. 창업을 예로 들어보자. 4년간 대학 수업료를 대충 따져봐도 5천만 원은 어렵지 않게 넘을 것 같다. 이 돈이면 창업을 할 수 있고, 만약 아이디어가 좋다면 엑셀러레이터Accelerator[17]들의 도움도 받기도 하고 나아가 시드 투자까지도 받을 수 있을 것이다. 그러다 운좋으면 성공도 한다. 물론 모든 사업의 결과가 좋을 것이라는 보장은 못하지만 애매한 대학에서 배운 것도 뚜렷하지 않고 특별한 네트워크나 대학 브랜드를 얻지 못하는 것보다 100배 낫다. 한국 사회에서

17 창업자나 초기 스타트업에게 특정한 기간에 지속적인 지원과 자원을 제공하여 비즈니스를 가속화시키는 역할을 한다.

더 큰 문제는 애매한 대학을 졸업했다는 이유로 실력과 잠재력이 저평가되는 경우를 종종 맞이할 수 있다는 것이다. 그러니 애매하면 그냥 가지말고 그 '수업료'의 용도를 바꾸는 것이 훨씬 효율적이다. 혹자는 창업해서 망하면 어쩌냐고 물어볼 수 있다. 그러면 이렇게 반문한다. 당신이 대학에 수업료를 내고 다니면서 공부해서 취업에 실패했다고 당신은 대학에 따져 묻는가? 창업했다가 망해서 5천만 원을 다 날렸다고 치자. 그래도 그 5천만 원의 수업료는 대학 4년 다닌 것보다 훨씬 많은 지식과 네트워크를 가져다 주었을 가능성이 높다. 아마 이미 전투력과 다음 사업에 대한 아이디어, 그리고 다시 창업을 한다고 했을 때 함께 할 친구들도 있을 것이다. 이것은 모두 다 애매한 대학 4년 다녀도 얻지 못하는 실제적 가치들이다.(여기서 예로 든 창업 외에도 다른 길은 무궁무진하다) 그런데 자녀 스스로가 대기업, 중소기업, 공무원 등 일반적인 직장인의 커리어를 생각하고 있다면, 굳이 이런 결정을 내릴 필요가 없다. 어느 길이든 본인이 어떻게 하느냐에 따라 놀라운 성공들이 있기에 최대한 열심히 해서 성적에 맞춰 대학을 간 뒤, 그 안에서 진로를 개척하면 된다. 하지만 자녀가 일반적인 직장인 커리어 보다는 창업 등 다른 길을 갈 의지가 있고, 재능이 보인다면, 과감한 결정을 하기가 수월해진다. 그리고 요즘은 '고졸', '중퇴'라는 타이틀이 예전과 달리 매력포인트가 될 수 있는 시대이다.

사실, 태어나서 20살까지의 교육이 온통 '어느 대학에 가느냐'의 문제로 골

머리를 썩는 것은 문제가 있다. 심지어 대학에 들어가고 나서도, 학교에서는 막상 얻는 것도 없으면서 수업료는 필사적으로 내고, 진짜 뼈가 되고 살이 되는 일에는 필사적으로 수업료를 아낀다. 번역도 이상하고 30년 전에 출간된 5만 원짜리 대학 교재는 묻지도 않고 사지만, 주옥같은 명저를 구입하는 데는 만 원도 주저한다. 그 이유는 우리의 교육이 과도하게 학교라는 '기관' 중심의 교육이었기 때문이다. 우리는 '수업료'에 대한 유연성을 가질 필요가 있다. 학교에 내는 것만이 수업료가 아니다. 그 수업료의 사용처에 대한 자유권은 우리에게 있다. 그렇게 된다면 삶에서 선택할 수 있는 옵션들은 넘쳐날 수 있을 것이다.

경영대 교수가 경영하면 망하는 이유

사실 우리가 교육이라고 부르는 것들은 대부분이 간접 경험이다. 간접 경험은 분명 교육 효과가 있다. 다만 그 간극, 즉 실제와 간접 경험 사이의 간극을 메꾸는 것은 양적으로 더 많은 간접 경험을 하거나 다양한 형태의 간접 경험을 늘리는 것이 아니다. 현실에 뛰어들어 직접 경험을 하는 것 밖에는 방법이 없다. 개인적 경험으로 주변에 경영대 교수가 창업하거나 경영을 해서 잘된 경우가 거의 없다. 간접 경험의 양은 최고 수준일텐데 말이다. 이처럼 간접 경험의 양은 일정 수준 이상이 되면 일의 성패에 큰 영향을 주지 못하는 것 같다.

벤처 캐피털 업계에서 일해오던 사람들과 모임을 하던 중 어떤 투자 전문가가 교수가 창업한 회사에 투자를 꺼리는 이유가 있다며 '교수 리스크'라는 단어를 사용했는데 그 리스크는 크게 세 가지로 정리된다. 첫째, 강의실과 비즈니스 필드의 속성을 구분하지 못하는 것이다. 강의실에서는 교수가 주도권을 가지고 있다. 특히 한국의 경우 교수의 리더십에 대해 학생들의 반응은 대체로 순종적이다. 하지만 강의실에서 발휘되는 교수의 리더십은 회사 조직이나 비즈니스 영역에서는 작동하지 않는다. 그렇기에 교수들이 강의실에서 하던 행동을 회사 조직이나 비즈니스 영역에서 한다면 대체로 부작용들이 발생한다. 둘째, 관련 분야에 대한 이론은 빠삭하지만 실제로 겪은 경험은 대학과 연구실에서의 연구와 강의가 대부분이기 때문에 실전 경험이 상대적으로 부족하다는 것이다. 스티브 잡스에 대한 자서전을 쓸 정도로 스티브 잡스에 대해 많이 안다고 해서 그 전기 작가가 스티브 잡스와 같은 의사결정력과 행동력을 가질 수 없는 것과 마찬가지다. 셋째, 절박함을 가지고 매달려야 할 때 그렇지 못한다. 비즈니스 영역에서 창업자들은 여러 가지 이유로 절박하다. 투자도 유치해야 하고, 직원들 월급도 줘야하고, 제품도 개발해야 하고, 영업도 해야 한다. 이처럼 해야 할 일이 한두 가지가 아닌데 해야 하는 일들의 대부분은 소위 '갑'의 위치보다는 '을'의 위치에서 해야 하는 일들이 훨씬 많다. 그야말로 절박해야 해낼 수 있는 일이 많은데 교수 창업자의 경우에는 대부분 이 '절박함'을 가지지 못했다는 것이다.

책상 위 공부를 즐겨하고 잘하는 사람들이 가장 두려워해야 하는 것은 책상 위와 현장을 착각하는 것이다. 책상 위 공부는 늘 부분적이고 이론적일 때가 많다. 이론은 필수적이지만 이론을 증명하는 것은 현장에서 일어나기 때문에 공부의 가장 큰 효과를 얻기 위해서는 이론 속 '간접 경험'의 함정에 빠지지 않고 책상 위와 현장을 부단히 오가는 실행이 필요하다.

기술 창업의 요람이 되어가는 영국 명문대들

영국의 대학들은 학생들이 졸업하면서 창업하는 것을 크게 장려하는 분위기이다. 에든버러대학교만 하더라도 2022년 한 해 동안 졸업한 학생들이 창업한 스타트업은 100여 개 이상이다. 이 숫자는 많은 숫자임에도 불구하고 한 해 기준, 졸업 후 창업한 스타트업의 수가 영국 대학 내 10위의 랭킹이다. 이는 더 많은 스타트업을 배출하는 대학들이 9개는 더 있다는 뜻이다. 한 공식 통계에 따르면[18], 영국에서 2015년 이후에 대학을 통해서 새롭게 창업된 회사들은 총 21,541개에 이른다. 매년 4,300여 개 이상의 회사들이 만들어지고 있고, 이 숫자는 갈수록 늘어나고 있다.

한번은 에든버러대학교의 스타트업들이 모이는 포럼에서 헬스케어 관련

18 Higher Education Statistics AgencyHESA

스타트업을 만나 투자를 검토한 일이 있었다. 특정 단백질 물질을 개발한 회사로 투석 환자가 투석을 할 때 신장의 기능이 강화되는 이 단백질 물질을 환자에게 투여를 하면 투석의 효과가 오래 지속되는 기술을 가진 곳이었다. 대학에서 박사 과정을 마친 학생이 학위 과정을 공부하는 동안 연구하며 논문을 쓰던 내용을 바탕으로 창업해 다국적 제약회사의 벤처 캐피털로부터 투자도 이미 유치가 된 회사였다. 이 분야는 나에게는 완전히 새로운 분야여서 헬스케어 분야 기술고문으로 있는 한국의 의과대학 교수에게 기술 검토를 요청했다. 그의 답변은 긍정적이었다. 그 기업의 기술은 혁신적이기에 시장의 게임 체인저가 될 수 있다는 것이다. 그러면서 이런 신물질 개발이 가능하도록 한 영국의 대학 문화를 부러워했다. 한국의 대학은 이렇게 초기에 소위 '뻘짓'처럼 보이는 물질을 개발하는 데 시간과 돈 그리고 경력을 쓰면서 연구할 수 없다는 것이다. 한국의 연구 풍토는 이런 기초 과학 기반의 아이디어에 투자하지 않을 뿐만 아니라 혹 투자한다 하더라도 학생들의 진로를 지도할 때 교수가 좋은 아이템이니 창업을 해보라고 권해주기가 부담스럽다는 것이다. 다행히 지난 수년간 창업에 대한 인식 개선이 많이 이루어져 대학에서 스타트업들이 많이 나오고 있지만 이런 현상은 아직 기초 과학 기술 분야가 아닌 인공지능 등 몇몇의 스타 기술 위주로만 나오고 있다고 했다. 기꺼이 낭비여도 된다는 생각으로 불확실성을 맞이하고 묵묵히 연구해나가도록 하는 그런 환경과 그에 걸맞는 정신이 그립다. 혁신의 대부분은 낭비처럼 보이는 데서 나온다.

'교수' 없는 최고의 혁신대학 '에꼴 42'의 실험

혁신적이라고 정평이 난 미네르바대학교[19]와 같은 여러 대학들을 보아왔지만 그런 대학들 중에서 눈에 띄는 곳은 프랑스 파리에 있는 에꼴 42Ecole 42 대학이다. 이론보다는 업무에 즉시 투입 가능한 코딩 전문 인력을 양성하는 곳인데, 학비도 무료이고, 교재도 없다. 그런데 더욱 특이한 것은 이 대학에는 학생들을 지도할 '교수'가 없다는 것이다. 교수가 없는 대학을 상상하고 만들기란 어지간한 철학이 아니면 실행하기 어려운 일이라고 생각한다. 이 곳의 학생들은 교수, 교재 그리고 수업도 없는 혁신적인 방식을 통해서 특정 레벨까지 오르게 되면 수료를 하게 되는데, 이 과정을 수료한 학생들의 취업률은 100%이고, 취업을 하게된 학생들의 평균 연봉은 47,000유로(약 6,000만 원)에 이른다. 에꼴 42의 핵심 교육 철학은 다음과 같다.[20]

— **정형화되거나 설계되어 있는 교육 과정도 없고, 교수도 없고, 따라서 수업도 없다.** 기존 전통적인 대학들이 취하는 교수의 강의에 의존하는 방식을 과감히 버림으로써 완전히 새롭고 혁신적인 교육 방식을 만들었다. 이미 만들어진 알고리즘을 종이에 베끼는 것으로는 프로그래밍을 배울 수 없다고 선언하며 주어진 문

19 '강의실 없는 대학'으로 학생들이 온라인으로 강의를 들으며 전 세계 도시를 돌아다니면서 다양한 경험을 한다.

20 에꼴 42의 사이트(www.42.fr) 내용을 참고했다.

제를 풀기 위해 학생 스스로가 모르는 것이 무엇인지 규명하고, 학생들끼리 자유롭게 물어보고 답하며 스스로 공부해서 알게 된 것을 아낌없이 나누고 돕는 방식을 사용한다.

— **동료 학생들과 경쟁하게 만드는 시스템이 아닌 자신과의 경쟁을 하게 만든다.** 사실 이 부분은 이상적인 교육 정책이지만 그 구현이 쉽지 않다. 우리의 전반적인 교육 환경이 결국 항상 상대비교를 통해 순위를 매기고 평가하는 시스템 속에 있기 때문이다. 그런데 에꼴 42는 이 부분을 실용적인 커리큘럼 아래에서 각자 학생들이 자신의 게임을 하는 방식으로 레벨을 올리는 체계를 도입함으로써 경쟁이 아니라 상호 의존하고 협력하는 시스템을 구축했다.

— **동료 학생들끼리 서로 가르치고 배운다.** 배운 것을 본인의 것으로 만드는 가장 훌륭한 방법은 바로 배운 것을 자신의 언어로 가르쳐 보는 것이다. 에꼴 42는 동료 학생들끼리 서로 가르치고 배우는 것을 자신들의 핵심 교육 방법론으로 정립하였다.

— **이곳에서 학생들을 평가하는 가장 중요한 비중은 바로 동료 학생들의 평가이다.** 해당 프로젝트의 솔루션을 찾아가는 데 있어서 얼마나 많이 기여했는지를 서로 솔직하게 평가한다. 사실 완벽한 평가 방법은 없음에도 불구하고, 만약 이 평가가 단순히 평가하는데 그치지 않고 서로를 피드백하고 발전시키기 위한 도구로 사용된다면 이만큼 성장을 촉진시키는 것도 없다.

— **학습은 게임이다.** 에꼴 42는 공부하는 것은 놀이처럼 재미있어

야 된다고 믿는다. 실패하면 비디오 게임에서와 같이 통과할 때까지 다시 시도하도록 하고, 프로젝트들을 통해 경험치를 얻는다. 다양한 수준을 통과하면서 커리큘럼을 따라 이동하고 획득한 기술은 인트라넷의 개인 기록에 표시된다. 특별한 상황에서 얻는 눈에 띄는 성과들에 대해서도 인정을 받고, 선의의 경쟁을 할 수 있는 환경에서 다른 사람들과 경쟁을 위해 팀원을 영입하는 등의 방법으로 팀을 구성하는 것도 가능하다.

에꼴 42의 교육 방식은 얼핏 보면 '독학'과는 관련이 없어 보인다. 커뮤니티에 의존해서 공부하는 것처럼 보이기 때문이다. 그러나 그 이면을 보면 철저하게 '독학하지 못하면 함께 공부할 수 없다'는 철학에 의존하고 있다. 동료들과 협력하기 위해서는 스스로 무엇을 알고 모르는지 명확히 알아야 하고, 이를 위해 스스로 공부의 주체가 되어 자신과의 싸움을 해나가야 한다. 또한 '독학'으로 자신의 실력을 기르지 못하면 자신을 돕는 커뮤니티에 기여할 수 없다. 미네르바대학교나, 에꼴 42와 같이 오늘날 혁신적인 대학이라고 유명세를 가지고 있는 대학들의 노력을 보면 결국 학습의 주체는 뛰어난 교수가 아닌 학습자 자신이라는 것을 확인시켜가는 과정을 시스템으로 구축해 어떤 교육보다 학생 스스로 고민하는 것이 더 중요하다는 것을 중점에 둔다. 강의실이나 교수는 학생들의 학습 능력을 최대치로 끌어내기 위한 하나의 장치일 뿐이다.

유대인의 공부는 말이 많고 시끄럽다

예시바는 유대인의 전통 학습 기관으로 강의실에 가보면 수많은 학생들이 마주앉거나 비스듬히 앉아 대화와 질문을 하느라 바쁘다. 옆에서 보면 공부를 하는 건지 떠드는 건지 모를 정도다. 이렇게 질문과 토론을 중심으로 공부하는 방법을 히브리어로 '하브루타'라고 한다. 우리에게 '공부'라는 것의 이미지는 조용히 책상에 앉아서 머리를 싸매고 하는 것이고 수업을 들을 때는 선생님이나 교수님의 강의를 들으며 받아적느라 정신 없는 모습이다. 반면, 유대인들에게 공부는 '대화'에 가깝다. 공부하는 주제에 대해 자신이 배우고 모르는 것들에 대해 질문하고 '이의'를 제기하는 것 그리고 그런 질문들에 대한 자기 자신의 답을 이야기하는 과정에서 서로 배우게 된다. 이런 모습은 유대인들에게서만 발견되는 것은 아니다. 싱가포르에서 공부할 당시 강의실에는 인도에서 온 친구들이 다수 있었는데 인도인들도 공부할 때 말이 많고 시끄럽다. 우리는 혼자 공부하고 있는 사람을 방해하지 않는 것이 매너라고 생각하지만 인도인들은 그것을 매너라고 생각하지 않는 것 같다. 오히려 말을 걸고 모르는 것을 물어보고 서로 알려주고 토론하는 것이 공부의 가장 중요한 프로세스이다.

사실 이스라엘은 국제 정세적으로도 평화로운 곳이 아니다. 팔레스타인과 수많은 분쟁을 치루며 늘 긴장 관계에 있을 뿐만 아니라 복잡한 중동의 정세 속 복잡함의 핵심에 있다. 이스라엘이라는 나라에 대해서 잘 몰랐을 때, 이스라엘에서 전쟁이 나면 항상 자국에서 전쟁이 난 것처럼 재빠르게 반응하는 미국을 보면서 놀랐던 적이 있다. 이스라엘 전쟁 자금 지원을 위해 미국 의회에서 신속하게 수천억 원, 수조 원의 지원 예산이 가결되는 것을 보면서 대체 유대인들은 어떤 파워를 가졌는지 궁금했었다.

이스라엘은 자국 인구 800만 명 정도의 국가이고, 미국에는 유대인들이 800만 명 정도가 살고 있는 것으로 추산된다. 학교마다 차이는 있지만 하버드대학교, 예일대학교 등 미국 아이비리그 입학생들 중 15~30%정도가 유대인이다. 참고로 한국, 중국, 일본 등 아시아계 학생들은 모두 합쳐서 5~15%수준으로 알려져 있다. 또한, 노벨상 수상자의 20%정도가 유대인이고, 우리가 알고 있는 미국 테크 기업들의 유명 CEO들의 30%는 유대인들이라고 보면 된다. 유대인의 영향력을 한국에서 체감하기는 쉽지 않지만, 미국에서는 이들의 영향력이 정치, 경제, 사회, 학계 등 미치지 않는 곳이 없다고 보면 될 것 같다. 세계에서 가장 강력한 국가인 미국에서 주도권을 잡고 있는 그룹이니 어찌보면 세계 정상에 있는 민족들이라고 봐도 될 것 같다.

그들의 사회적인 두각에는 여러 요인이 있겠지만, 앞서 언급한 하브루타 교육법이 그 비결로 자주 언급되곤 한다. 실제로 이 교육법은 주입식 교육에 비해 14배 정도 학습 효과가 크다는 하버드대학교의 연구결과가 있기도 했다. 서로 대화하며 공부하는 그들의 모습이 한국인인 우리들의 시각에는 다소 이기적으로 보일 수 있다. 자신의 공부를 위해서 주변을 시끄럽게 만들기 때문이다. 그런데 이 '이기적임'이 나에게 도움이 될 뿐만 아니라 다른 사람들에게도 도움이 된다면 어떨까? 서로 질문하고 토론하는 그 순간이 공부에 있어서 이 '이기적'임이 '이타적'임으로 변하는 순간이 될 것이다.

새로운 대학들이 결국 학생들에게 키워주고 싶은 것

글로벌 대학 사회에서 '혁신'이라는 이름으로 일어나고 있는 일들을 보면 대학들이 학생들에게 키워주고 싶은 능력은 하나로 압축된다. 바로 '독학력'이다. 미네르바대학교가 물리적인 강의실을 없애고 토론 위주의 화상 강의만을 하는 것과 에꼴 42가 교수들을 없애고 학생들끼리 협력해서 배워나가게 만든 것 등을 보면 공부의 주체가 학생 자신이라는 것을 증명하고 싶은 것이다.

2022년 항저우 아시안게임 관련 뉴스를 보다 양궁 선수 중 양궁 컴파운드 혼성전에서 은메달을 수상한 주재훈 선수의 뉴스가 이목을 사로잡았다. 선수가 아닌 동호인 출신의 그가 처음 양궁을 시작한 건 지난 2016년 대학생 시절이라고 한다. 이후 직장인이 된 후에도 그는 활을 놓지 않았다. 일을 하면서도 지인의 축사를 빌려 과녁을 설치해 연습에 매진했고, 한국수력원자력에서 청원경찰로 일하고 있는 현재까지도 일과 양궁을 병행했던 것이다. 일과 운동을 병행했던 주재훈 선수의 스승은 다름 아닌 '유튜브'였다고 한다. 그는 유튜브로 해외 선수들 영상과 장비 튜닝 방법, 멘탈 관리 비법을 보며 많은 도움을 받았다고 밝혔다. 이어 다양한 협회, 동호인 대회를 뛰며 경험을 축적했다고 한다. 지식을 습득하는 일을 독학으로 하는 것에 대해서는 당연하게 생각했지만 몸을 쓰는 운동을 독학으로 습득해서 국가대표가 된 것은 물론이고 국제 대회에서 준우승을 했다는 것은 '독학'으로 할 수 있는 영역의 지경을 넓혀준 놀라운 예라고 생각한다. 그는 "전문 선수들의 스케줄은 마치 군대 같다. 나는 자유분방한 스타일이라 전문 선수들이 받는 억제된 훈련을 소화하기 힘들었을 것이다. 전문 선수로 시작했다면 이렇게 성장하지 못했을 것"이라고 한 언론사 인터뷰에서 밝혔다. 사실 자신의 삶을 살아가는 방법과 모양이 다양하듯이 배움의 방법도 다양한 것인데 그 사실을 깨닫지 못한다. 따라서 우리는 남들이 배우는 방식을 벤치마킹은 하되 자신에게 가장 잘 맞는 방식을 선택하고 꿋꿋하게 밀고 나가야 한다.

최근 어려워진 경영난으로 대학들이 해외 유학생 유치에 사활을 걸고 있다. 더 이상 대학의 역할이 기존의 '지식 전달자'에만 국한되어 퇴보하거나 사라지지 않기 위해서는 미네르바대학교, 에꼴 42와 같이 지식을 전달하고 탐구하는 방식, 학습 주체성에 대한 과감한 혁신이 필요한 것 아닐까.

4 통섭과 융합의 시대

공부의 가장 큰 유익 - 세계의 확장

공부의 가장 큰 유익은 자신의 세계의 확장이다. '세계의 확장'이라는 말은 두 가지 뜻을 가지고 있다. 하나는 물리적 행동 반경의 확대이다. 이것을 가장 쉽게 맛볼 수 있는 것이 바로 외국어 공부이다. 한국어로 된 책과 콘텐츠만 보고 이해할 수 있는 것과 영어로 된 책과 콘텐츠까지 소화할 수 있는 것은 경험할 수 있는 세계의 크기 측면에서 비교할 수가 없다. 영어로 된 콘텐츠를 소화할 수 있다는 것은 경험의 폭을 넓히며 자신이 인지하는 물리적 세계를 확장할 수 있기에 우리들은 영어 공부를 그토록 열심히 한다.

또 다른 하나는 세계를 보는 관점인 세계관의 확대이다. 세계관이란 어떤 지식이나 관점을 가지고 세계를 근본적으로 인식하는 방식이나 틀이다. 세계관은 자연 철학 즉 근본적이고 실존적이며 규범적인 원리와 함께 주제, 가치, 감정 및 윤리가 포함될 수 있다. 이 용어는 독일어로 세계를 뜻하는 'Welt'와 관점, 보기를 뜻하는 'Anschauung'가 결합되어 구성된 'Weltanschauung'에서 유래됐다. 이 '세계관'이라는 단어는 제일 먼저 임마누엘 칸트I. Kant와 같은 독일의 관념론 철학자들에 의해 쓰여졌으며, 그 후 프리드리히 엥겔스Friedrich Engels와 빌헬름 딜타이Wilhelm Dilthey 그리고 낭만주의 철학자들에 의해 보편화되었다. 세계관이 중요한 이유는 우리 개인은 결국 의식적이든 무의식적이든 형성된 세계관을 통해 세상을 바라보며 해석하고 의사결정을 하면서 살아가게 되기 때문이다. 이런 영향력을 고려해 볼 때 이것은 우리의 공부에 있어서 본질적인 위상을 가지고 치열한 교육이 이루어져야 함에도 불구하고 사실상 이 분야에 대한 교육은 없다고 보는 것이 맞다. 세계관이라는 주제는 너무나 포괄적인 동시에 모호하기도 하지만 단순히 수업시간 동안의 공부를 통해서 형성될 수 있는 것이 아니라 삶의 다양한 환경과 경험을 통해 형성되기 때문이다.

『팩트풀니스』를 쓴 한스 로슬링Hans Rosling은 '호기심이 있다는 것은 새로운 정보에 열려있다는 것이고, 그 정보가 자신의 세계관과 맞지 않아도 이해하려고 애쓰는 것'이라고 했다. 특히 공부를 열심히 한다고 생각하는 사람들은 자신이 개방적이라고 생각하지만, 실제로는 그렇지 않은 경우가 많다. 낯선 정보는 기존의 틀을 흔들기 때문에 한 분야에 공부를 많이 한 사람일수록 관점을 바꾸기 어렵다. 세계와 세계가 마찰을 일으키고 갈등을 일으킬 때 새로운 것이 나오는데, 이 마찰과 갈등 자체를 마주치고 싶어하지 않거나 피해가는 데에 능숙하기 때문이다.

세계관은 세계를 어떻게 바라볼 것인가에 대한 인간의 태도를 설명하는 철학적 용어였지만, 이제는 영화, 드라마, 음악, 게임 등 모든 문화의 영역에서 사용하는 용어가 되었다. 대중음악 분야에서 최초로 세계관을 앞세운 아이돌 그룹은 엑소EXO로 알려져 있는데, '엑소 플래닛'이란 미지의 행성에서 온 멤버 각자가 초능력을 지니고 있다는 설정이었다. 이제는 세계 문화 시장에서 한국을 대표하는 아이콘이 된 방탄소년단BTS은 데뷔 초 BUBTS Universe라는 이름으로 멤버 각자의 자아성찰을 배경으로 한 미완의 스토리를 앨범을 내면서 완성해 갔다. 팬들은 단순히 곡의 가사나 리듬을 들으며 곡을 즐기는 것이 아니라 곡이 담고 있는 진정한 의미를 찾아 보면서 가수 혹은 곡이 품고 있는 세계관까지 즐긴다.

이런 세계관들을 인지하고 즐기기고 이를 넘어 디자인까지 하는 일은 많은 공부를 필요로 한다. 공부도 그냥 공부가 아니라 폭넓고 깊은 공부를 해야만 가능한 일이다. 세계관을 넓히는 공부의 가장 중요한 원칙 중의 하나는 폭과 깊이, 넓이에 있어서의 '다양성' 확보이다. 학과 공부 측면에서 보면 대학 학부, 석사, 박사로 한 가지 전공만을 하는 것은 요즘 같은 융복합의 세계에서는 적절하지 않다고 생각한다. 다행히 한국의 많은 대학들이 복수 전공 등의 방식으로 다양성 확보를 위해 노력하고 있지만 여전히 한국의 교육은 이상한 고정관념이 있는데 하나의 전공으로 학사, 석사, 박사를 해야 '정통파'로 인식한다는 점이다. 학부에서 경영학을 하고, 석사에서 생물학을 하고, 박사에서 컴퓨터 공학을 했다면 이것은 이단아 중의 이단아일 가능성이 높다. 이상하지 않은가. 공부는 이렇게 다양한 분야를 오가면서 해야 재미있고 효과도 클 것 같은데 말이다.

인공지능 분야만 해도 인공지능이 전통적인 컴퓨터 공학의 한 갈래라고 보는 시각은 이미 진부해져 버렸다. 가령, 최근에 인간의 뇌에 칩을 심어서 인공지능을 활용해 인간의 생각을 읽는 것을 목표로 하는 프로젝트가 어떻게 컴퓨터 공학만의 영역이라고 할 수 있을까. 2024년 1월 29일 일론 머스크가 올린 트윗에 따르면, 일론 머스크가 이끌고 있는 회사인 뉴럴링크 코퍼레이션Neuralink Corporation이 처음으로 사람에게 '뇌 읽기' 장치를 이식하는 데 성공했다. BCIBrain-Computer Interfaces 즉, 뇌와 컴퓨터간 인터페이스는 뇌 활동을 기록하고 해독하는데, 심각한 마비를 가진 사람이 생각만으로 컴퓨터, 로봇 팔, 휠체어 또는 기타 장치를 제어할 수 있도록 하기 위한 목적이다. 표면적으로만 판단해 보아도 이런 프로젝트에는 뇌과학, 의학, 생물학, 컴퓨터 공학 등이 어우러져 있다. 또한 여기에 이런 프로젝트의 윤리적 가치에 대해 논하기 시작한다면 이것은 이미 철학과 윤리학 나아가 신학의 영역에 해당하는 이슈들도 안고 있다. 이런 모습들이 인공지능 한 분야에서만 일어나고 있는 것이 아니다. 전 학문과 산업 분야에서 일어나고 있는 현실이다. 세계 AI 반도체 시장에서 약 90%의 점유율을 차지하고 있는 엔비디아Nvidia의 엔비디아의 CEO 젠슨 황Jensen Huang은 두바이에서 열린 2024 세계 정부 정상회담World Government Summit에서 인공지능 덕분에 모든 사람이 프로그래머가 될 수 있는 시대에 살고 있으며, 자신이 다시 대학에 간다면, 생명 과학과 생명 공학을 공부하겠다고 밝혔다. 반도체 칩의 발전과 인프라의 발전에 비해 생명 과학의 발전이 더디기 때문이다.

시험 중심 사회의 부작용과 현실

아무리 재미있는 과목도 시험 성적 받기가 어려우면 학생들이 선택하지 않는다. 시험을 본다는 사실에 모든 상상력과 열정이 성적, 즉 결과에 매몰된다. 좋은 성적을 받아서 나중에 취업하거나 대학원에 진학할 때 불이익을 받지 않으려는 마음 때문이다. 당연한 것이다. 이것은 학생들의 잘못이 아니고 겨우 이 정도 시스템밖에 만들어내지 못한 어른들의 잘못이다.

이런 현상은 영국이나 유럽, 혹은 미국이라고 예외는 아니다. 다만 그 정도와 초점의 차이가 있을 뿐이다. 영국에서 '옥스브릿지Oxbridge'라는 말이 있는데 이것은 옥스포드대학교와 케임브리지대학교를 합쳐서 부르는 말이다. 한국으로 따지면 서울대, 고려대, 연세대를 합쳐서 부르는 '스카이SKY'와 같은 말이라고 할 수 있다. 영국 내에서도 이 두 대학은 대학 입학 시험에서 특이한 것이 있는데, 영국 내에 다른 모든 대학들이 기준으로 삼는 고등학교에서의 시험 성적 말고도 자신들 자체적으로 학생들을 선발하는 별도의 시험이 있다는 점이다. 이 시험의 특이성은 단순히 기존 시험들에서 성적이 좋은 학생이라고 해서 통과하는 것이 아니다. 다들 우수한 학생들이 지원을 하고 그중에서 선발을 하려다 보니 학생들이 풀기에는 다소 무리가 있는 시험문제들도 있다. 그리고 영국의 대학들은 학생 선발시 면접 인터뷰를 상당히 비중있게 보는데, 이 두 대학의 면접 질문들은 악명이 높다. 'Oxbridge Interview Questions'이라는 사이트[21]에 들어가면 두 대학의 각 학과별로 면접 인터뷰에서 그동안 나왔던 질문들을 모아 놓았는데, 쉽지 않은 질문들로 가득하다. 예를 들면 이런 질문들이다.

— 인간은 왜 영원히 살 수 없는가? (옥스포드대학교 생물학부)

— 철학자들로만 정부를 구성한다면 어떤 선발 과정을 사용하겠는가? (옥스포드대학교 철학부)

— 법이 도덕을 창조하는가, 아니면 도덕이 법을 창조하는가? (케임브리지대학교 법학부)

— 어떤 시점에서 사람이 사망했다고 하는가? (케임브리지대학교 의과대학)

---

21 https://sites.google.com/site/oxbridgeinterviewquestions/home

— 조지 부시George Bush와 원숭이의 공통점은 무엇인가? 그것들이 관련되어 있다는 것을 어떻게 알 수 있는가? (옥스포드대학교 생물학부)

이런 시험 문제들의 난이도를 보면 한국만큼이나 명문대 입학이 힘들겠다는 생각이 들기는 하지만 우리가 교육 선진국으로 여기는 국가들의 접근법을 보면 단순히 맞고 틀리는 점수 차이로만 모든 것을 판단하지 않는다는 것이다. 위와 같은 질문들의 특성은 바로 답안의 개방성이다. 어떤 특정 사실을 외우고 있는지 여부를 물어보는 것이 아니라 생각하는 방식과 그 창의성을 보기 위한 질문들이다.

한국의 교육을 놓고 진행되는 논쟁들을 보면 여러 부작용들을 이유로 시험 자체를 없애야 한다는 다소 과격한 주장들도 있지만 현실적으로 시험을 없애는 것은 불가능하다. 학습한 것에 대한 평가와 피드백 또한 교육의 중요한 요소이기 때문이다. 다만 개선해나가야 하는 방향성을 논한다면 단순히 사지선다 객관식 방식의 시험 위주로 모든 평가를 끝내는 현재의 방식들이 지양되어야 한다는 점이다. 평가 방법의 객관성 문제, 사교육 조장 문제 등 여러 논쟁들이 있겠지만, 학습의 효과 측면에서는 주관식 서술형 방식을 강화하는 것이 절충점이 될 가능성이 많다.

한국은 자격증 시험이 만연하다. 인공지능 분야만 하더라도 국가 자격과 민간 자격으로 나뉘어 각 자격증 발급 기관이 정한 기준대로 시험을 보고 발급되는 자격증들이 수백 개이다. 한 인공지능 자격증은 취업할 때 가산점이 있다고 해서 매회 시험마다 3,000명 이상의 수험생들이 시험을 본다. 해당 자격증을 가진 사람이 인공지능 엔지니어로서의 능력이 있다고 인증하기에는 여러 무리수들이 따름에도 일단 이력서에 공신력있어 보이는 한 줄이 더 필요하기 때문에 자격증이 만들어지고, 시장이 형성된다. 원하든 원하지 않든 경쟁 사회에서 생존과 성공을 위해서 시험을 보고 이를 통해 더 경쟁력있게 보일 수 있게 애쓰는 것이 우리의 현실이다. 다만, 우리가 공부하는 시간의 대부분이 이런 공부들로 채워지고 있다면 그것은 우리 사회의 슬픈 모습이다. 당신은 현재 어떤 자격증 시험을 준비하고 있는가. 혹시 그게 당신의 공부의 전부인가.

에드워드 윌슨의 통섭

책을 사 놓고 책을 펴기까지 상당히 오랜 시간이 걸렸던 책이 바로『통섭 Consilience』이다. 일단 책 자체가 두꺼운 벽돌책이다. 그리고 책의 제목이 주는 어떤 '압도감' 때문에 선뜻 가벼운 마음으로 접근하지 못했다. 이 책은 하버드대학교의 저명한 동물행동학 교수인 에드워드 윌슨Edward O. Wilson이 1998년에 쓴 책으로서 진화 및 신경생물학을 디딤돌로 하여 자연과학, 인문학, 사회과학, 심지어 예술까지 통섭統攝하려는 시도로서 나온 최대 역작이다. 통섭은 큰 줄기를 잡다, 즉 '서로 다른 것을 한데 묶어 새로운 것을 잡는다'는 의미로, 다른 분야의 학문들을 통합해 새로운 것을 만들어내는 범학문적 연구를 일컫는다. 이 책은 윌슨의 제자인 이화여자대학교 최재천 교수가 번역해 2005년에 『통섭: 지식의 대통합』이라는 제목으로 처음 한국에 번역되어 소개되면서 한국의 학계와 산업계에 화두가 되어 왔다. 윌슨은 책 속에서 다음과 같이 서술했다.

> 균형 잡힌 관점은 분과들을 쪼개서 하나하나 공부한다고 얻을 수 있는 것이 아니다. 오직 분과들 간의 통섭을 추구할 때만 가능하다. 그런 통합은 쉽게 성취되지 않을 것이다. 하지만 그렇게 할 수밖에 없지 않은가! 지적인 관점에서 보면 그런 통합은 진리의 울림이다. 통합은 인간 본유의 충동을 만족시켜 준다. 학문의 커다란 가지들 사이의 간격이 좁아지는 만큼 지식의 다양성과 깊이는 심화될 것이다. 이것이 가능한 것은 역설적이게도 학문들의 기저에 존재하는 응집력 때문이다. 이런 기획은 다른 이유 때문에도 중요하다. 왜냐하면 지성에 궁극적인 목표를 주기 때문이다. 저 수평선 너머에 넘실거리는 것은 혼돈이 아니라 질서이다. 그곳으로 모험을 떠나는 일을 어찌 망설일 수 있겠

는가.[22]

윌슨이 본래 사용한 통섭의 의미는 인문학이 자연과학에 흡수되는 통합을 의미한다는 해석도 있지만, 현재는 학문적 정의와 별개로 흔히 문·이과적 융합을 가리키는 말로 통용되고 있다. 사람들이 '융복합 시대'나 '통섭의 시대'라고 말할 때는 대개가 '융합', '복합', '통섭'을 같은 의미로 뭉뚱그려 사용하는 경우가 많다. 그러나 사실은 용어마다 다른 의미를 갖는다. '융합'은 '하나 이상의 것이 녹아서 하나가 되는 것'이다. '녹아서'라는 말에서 알 수 있듯이 이것은 화학적 합침이다. 영어로는 Fusion 또는 Convergence로 번역된다. 반면에 '복합'은 이질적인 요소들을 물리적으로 그냥 묶는 것이다. 우리가 사무실에서 프린터와 복사기, 팩스 등을 하나로 합쳐져 있는 복합기를 생각하면 뜻을 이해하기 더욱 쉽다. 복합은 통합과 같은 의미로 영어로는Complex로 번역된다. '통섭'은 융복합 즉, 화학적·물리적 결합을 넘어 그것에서 새로운 것이 창조되는 생물학적 합침으로 정의된다. 통섭이 다른 용어와 차이나는 결정적인 요소는 바로 새로운 탄생, '창조'에 있다.

통섭의 개념이 사회의 큰 화두가 되자 기업들도 대학들도 너도나도 '통섭형 인재'를 외쳐댔다. 기업들은 통섭형 인재를 채용의 최우선으로 삼겠다고

---

22 에드워드 윌슨 저, 최재천, 장대익 역(2005), 『통섭』, 사이언스북스, 47p.

했고, 대학들은 통섭형 인재를 만들어내겠다고 했다. 그리고 그럴듯한 학과 이름도 만들고, 학과들도 통폐합하는 시도들을 보여주었다.

그럼에도 불구하고 통섭형 인재는 학교에서의 교육만으로는 만들어지지 않을 것이다. 과거에는 '학교=교육의 전체'라는 등식이 어느 정도 성립했지만, 이제 학교는 교육의 일부분을 담당할 뿐이다. 그리고 이 비중도 갈수록 줄어들 가능성이 높다. 사회 환경이 아직은 학교가 주는 졸업장이 필요하기 때문에 다니기는 하지만, 앞으로는 개인이 스스로 공부하는 배움이 학교가 주는 배움보다 훨씬 커질 것이다. 유튜브에 날마다 무료로 나오는 교육 콘텐츠들의 수준은 이제 대학이 제공하는 강의의 질적 수준을 압도하고 있다.

흔히 스티브 잡스는 통섭을 잘하는 리더의 대표적인 사례로 꼽힌다. 잡스는 하이테크의 선두에 서 있는 인물이지만 언제나 인문학을 강조하며, 그는 "기술만으로는 충분하지 않다는 것, 그 철학은 애플의 DNA에 내재돼 있습니다. 가슴을 울리는 결과를 내는 것은 인문학과 결합된 기술임을 우리는 믿습니다."라고 말했다. 이런 스티브 잡스를 통섭형 인재로 만들어준 것은 입학한 지 6개월 만에 중퇴한 리드 칼리지Reed College의 프로그램이 아니다. 오히려 학교를 중퇴하고 듣고 싶었던 서체Calligraphy 등과 같은 수업들을 청강하면서 그는 통섭형 인재로 성장했다. 사실 그 당시에 그는 스스로

'나는 통섭형 인재가 되어야지'라고 생각하면서 청강을 한 것이 아니기 때문에 이 표현도 적절하지는 않다. 그럼에도 한 가지 분명한 것은 그가 자신의 마음이 이끄는 대로 자발적인 공부를 했다는 것 즉, 독학했다는 것이다. 그리고 그에게는 일반인들이라면 겪지 않았을 역경의 경험들이 있었다. 일반적으로 어떤 사람의 성공 스토리에 대해 회자될 때, 사람들은 대개 밝은 면을 주시한다. 대학은 어디를 나왔고, 직장 생활은 어디에서 시작했고, 직장 생활을 하면서 최연소나 최단 기간에 어떤 성과를 냈고, 스트레스를 해소하는 취미 생활은 무엇인지 등 다소 고상하고 폼나는 부분들을 과대평가하고, 삶이 아무것도 의지할 것이 없을 시절과 횟수적으로 훨씬 많은 실패들의 역할은 과소평가한다. 잡스는 스티브 워즈니악Steve Wozniak과 설립했던 애플사에서 매킨토시를 출시한 후에 워즈니악과의 불화로 애플에서 쫓겨난 뒤 넥스트스테이션NeXT Station과 픽사Pixar를 설립했다. 이후 약 8년의 췌장암 투병 등으로 수많은 고생들을 겪었다. 테슬라의 일론 머스크 역시 마찬가지다. 스티브 잡스의 전기를 썼던 월터 아이작슨Walter Isaacson은 일론 머스크에 관한 전기도 썼는데, 일론 머스크는 그에게 "나를 키운 것은 역경이었어요. 그래서 견딜 수 있는 고통의 한계점이 높아질 수밖에 없었어요." 라고 말했다고 전했다. 그의 삶은 부모의 학대, 학교에서의 따돌림, 동료의 배신, 외로움, 몽상, 집착, 위험 추구, 아스퍼거 증후군 그리고 꿈을 향한 강렬한 집념 같은 단어들로 채워져 있었다. 스티브 잡스나 일론 머스크의 강점은 이런 역경의 순간들을 자신만의 무기로 버텨내거나 돌파해냈다는 것이다. 때로는 그것이 시장의 허를 찌르는 혁신성이기도 하고, 비열할 정도의 열정일 수도 있다.

선택과 집중의 시대는 끝났다

'선택과 집중'이라는 말은 오랫동안 우리에게 '검증된' 전략처럼 여겨졌다. 누군가에게 어떤 문제에 대해서 조언을 할 일이 있다면 '선택과 집중'을 하라고 조언한 경우가 한 번씩은 있을 것이다. 아직까지 이 조언은 추상적이지 않으며 실용적이다. 경영컨설팅사들이 컨설팅하면서 만들어내는 보고서에서 경영전략, 재무전략, 운영전략 등을 보면 '선택과 집중'은 공통적으로 등장한다. 이쯤 되면 선택과 집중은 격변의 시대에서 변하지 않는 '만병통치약' 같다.

경영학에서 선택과 집중을 강조했던 대표적 학자가 있는데 바로 전략 경영 분야의 대가이자 하버드대학교 경영대학원 교수인 마이클 포터Michael Porter이다. 그는 피터 드러커Peter Drucker, 톰 피터스Tom Peters와 함께 현대 경영학의 3대 대가로 평가받는 인물이다. 경영학을 공부해보았다면 들어보았을 '가치사슬 이론', '산업구조분석 모델' 등이 그가 창안한 이론들이다. '가치사슬 이론'은 기업이 자원과 활동을 이용하여 제품과 서비스를 만들어내고 가치를 창출하는 모든 과정을 분석하는 것이다. '산업구조분석 모델'은 산업 내 경쟁 상황을 파악하여 기업 경쟁력을 평가하는 모형으로, 경쟁 업체의 출현 가능성, 구매자의 교섭력, 공급자의 교섭력, 대체제의 위협, 진입장벽의 위협 등을 분석하여 전략을 수립할 수 있게 한다. 구체적인 산업이나 경쟁 환경에 따라 세부적인 전략은 다르겠지만 그는 궁극적으로 경쟁에서 이기는 방법은 '원가우위 전략'과 '차별화 전략'이다. 시장은 크게 품질을 중심으로 경쟁이 이루어지는 프리미엄 고가의 시장과 싼 가격을 중심으로 경쟁이 이루어지는 시장이 있다. 이 두 시장은 서로 완전히 다른 경쟁 규칙을 가지고 있다. 그래서 각각의 시장에서 다른 방식으로 경쟁을 해야 하는데, 프리미엄 고가 시장에서는 차별화 전략을 저가 가격 경쟁 시장에서는 원가우위 전략을 사용해야 한다는 것이다. 그런데 어떤 기업이 차별화 전략과 원가우위 전략을 동시에 사용하면, 조직 경영의 기반 논리들 간 모순으로 오히려 두 가지 모두 어중간한 수준 밖에 달성할 수 없기 때문에 오히려 최악의 결과를 가져온다고 한다. 그래서 두 가지 전략 중에 하나만 골라 모든 조직 시스템들을 선택한 특정 전략에만 정렬시켜야 한다는 것이 마이클 포터의 경쟁 전략 핵심 내용이다.

그런데 우리에게 선택과 집중이 정말 가능할까. 이론적으로는 가능한 것 같은데 막상 실행을 해보려 하면 이게 말장난 같을 때가 한두 번이 아니다. 선택과 집중의 논리는 대부분 상호 모순적 목표가 공존하고 자원이 한정적으로 주어진 상황을 전제로 한다. 예를 들면 내일 치러야 할 영어와 수학 시험이 있는데, 실제적으로 공부에 사용할 수 있는 시간이 3시간 밖에 없는 경우를 생각해보자. 영어, 수학 두 과목 모두 그동안 준비를 해놓지 못했고 내일 시험에서 일정 수준의 성과를 거두기 위해서는 각 과목당 최소 3시간은 공부해야 한다고 가정하면 두 과목을 동시에 준비하는 것이 힘들기 때문에 이 중 하나만 선택해서 집중하는 것이다. 그런데 문제는 현실 세계가 이렇지 않다는 점이다. 목표는 대부분 상호 모순적이지 않고 오히려 상호 연계적이다. 모든 자원이 한정적으로 주어지는 것은 맞지만, 조직 내의 이해 관계들 때문에 이 자원을 쪼개서 합리적으로 사용하는 것이 생각보다 쉽지 않다. 잘나가는 기업들도 그렇고 공부를 잘하는 사람도 그렇고 한두 개만 선택해서 잘하는 경우는 없다. 대부분의 좋은 기업들은 고객의 니즈별로 다양한 제품군을 보유하고 있을 뿐 아니라 고가 제품과 저가 제품 라인 모두를 가지고 있다. 모든 과목을 잘해야 우등생이 될 수 있는 것처럼 다양한 제품군을 포괄적으로 선택하고 집중해야 성공할 수 있다.

오히려 우리에게 필요한 것은 선택과 집중이 아니라 선택과 결합이다. 하나를 선택하기 위해서 다른 하나를 포기하는 것이 아니라 둘 다 선택하고 결합해 더 큰 포괄적 목표를 만들어내어 기존에 각 목표가 가지고 있던 세부 목표들도 동시에 달성해나가는 것이다. 또한 선택과 결합을 하면 애매하게 자원을 분배하는 일도 최소화된다. 퇴근 후에 역사 공부도 하고 싶고, 영어 공부도 하고 싶으면 역사를 영어로 공부하면 된다. 이 '결합'으로 인해 초반에 속도감은 좀 느릴지 모르지만 시간이 지날수록 새로운 재미도 생기고, 실제적인 성과도 나타날 수 있다. 이처럼 오랜 기간 당연하게 생각했던 논리도 결코 당연하지 않다는 근본적 문제의식은 우리의 공부를 더욱 풍성하게 만들 수 있다.

연결이 지능의 핵심이다

우리가 공부를 하면서 생각지도 못한 결과물들을 만들어 가고 있다는 것을 어떻게 알 수 있을까. 공부한 내용을 가지고 시험을 본다면 그 시험 성적이 어떤 결과물일 수 있다. 공부가 주는 결과물이 과연 그게 다일까. 몇 달 전 살짝 공부했던 내용이 생각나 이번에 공부한 내용과 일맥상통하는 부분이 있다는 것을 발견하고 새로운 아이디어들이 떠오르기 시작한다면 이것은 긍정적인 신호이다. 내가 인공지능을 공부하면서 성취감을 느꼈던 것 중의 하나는 인공지능의 알고리즘들이 인간 뇌의 작동 원리를 벤치마킹해 개발되었다는 사실을 알게 된 순간이었다. 또한 인공지능에 대한 공부였지만 역으로 인간지능의 우수성에 대한 폭넓은 이해를 할 수 있었던 것은 예상치 못한 수확이었다.

뇌 구조에서 뇌의 앞쪽에 해당하는 전두엽은 인지나 암기의 기능을 담당하고, 뇌의 뒤쪽인 두정엽은 계산을 담당하기 때문에 전두엽이 크면 인지나 암기 기능이 좋고, 두정엽이 크면 계산이나 공간 지각 능력이 좋다는 것이 뇌와 지능에 관한 전통적인 이론이었다. 이런 이론에 기반하여 현재까지의 지능 측정 방식은 전두엽과 두정엽의 능력을 측정하는 방식으로 이루어져 왔다. 이것이 바로 우리가 익숙한 IQ 테스트이다.

인공지능이 급속도로 발전하면서 인간의 뇌와 지능에 대한 관심이 뜨겁지만, 이에 대한 과학적 연구의 역사는 이미 100년이 훨씬 넘었다. 1800년대 후반, 찰스 다윈Charles Darwin의 배다른 외사촌 형이기도 했던 영국의 프랜시스 골턴Francis Galton은 지능을 연구한 최초의 사람 중 한 명이다. 유전학자였던 그는 귀족들의 신체적 특성을 측정하려 노력했고 그들의 반응 시간과 기타 신체적, 감각적 특성을 측정하기 위한 실험실을 만들었다. 비록 그는 우생학의 창시 학자이자 인종차별주의자이기도 했지만 심리를 측정해 통계적 방법을 적용하는 '회기 분석'을 개척해 현대적 지능연구의 개척자 중 한 명으로 평가받는다. 1904년에 프랑스의 심리학자이자 의사였던 알프레드 비네Alfred Binet는 현대 지능 테스트와 유사한 테스트를 최초로 개발했다. 그는 프랑스 정부의 지원을 받아 학습 장애가 있거나 특별한 도움이 필요한 어린이를 구별하기 위한 일련의 질문들을 고안했다.

우리가 오늘날 가장 일반적인 지능 테스트로 지칭하는 것은 IQIntelligence Quotient라는 용어인데, 이것은 독일의 '지능지수Intelligenz-Quotient'라는 단어에서 유래한 것으로 알려져 있다. 독일의 정신학자 윌리엄 스턴William Stern이 현대의 어린이들의 인지검사의 점수를 매기는 방식으로 제안했으며 이 개념은 이후 다른 심리학자들에 의해 더욱 발전되어 개인의 지능을 정량화하기 위한 테스트로 개발되었다. 스탠퍼드대학교의 인지 심리학 교수인 루이스 터먼Lewis Terman은 미국에서 지능 테스트를 도입하기 위해 알프레드 비네의 테스트 방식을 재개발했다. 그는 다양한 방법으로 테스트를 업그레이드했는데, 가장 중요한 것은 성인용 버전을 만드는 것이었다. 그리고 1930년대에 또 다른 미국 심리학자 데이비스 웨슬러David Wechsler는 서면 테스트를 사용하여 성인의 지능을 평가하는 아이디어를 더욱 확장했다. 현대의 웨슬러Wechsler 및 스탠포드 비네Stanford-Binet 테스트는 지난 세기 동안 상당한 과학적 발전을 거치면서 어휘, 지식, 산술, 즉각 및 장기 기억, 공간 처리 및 추론과 같은 광범위한 인지 과정을 상당히 정확하게 측정하는 성과를 보였다.

이러한 IQ 위주의 지능 측정 방식 이후에 수십 년이 흐르면서 패러다임을 바꿀만한 새로운 개념이 대중에게 나타난 것은 1995년에 미국의 심리학자 다니엘 골먼Daniel Goleman의 저서 『감성지능』이 큰 호응을 얻으면서부터이다. 감성지수EQ는 지능지수IQ와 대조되는 개념으로 '마음의 지능지수'라고 불리는데, 자신과 타인의 감성을 잘 통제하고 여러 종류의 감성들을 잘 변별하여 이것을 토대로 자신의 사고와 행동을 방향 지을 근거를 도출해 내는 능력으로 정의할 수 있다. 다니엘 골먼에 따르면 자신의 진정한 감성을 자각하여 이를 존중하고 진심으로 납득할 수 있는 결단을 내릴 수 있는 능력, 충동을 자제하고 불안이나 분노와 같은 스트레스의 원인이 되는 감성을 제어할 수 있는 능력, 목표 추구에 실패했을 경우에도 좌절하지 않고 자기 자신을 격려할 수 있는 능력, 타인의 감성에 공감할 수 있는 능력, 집단 내에서 조화를 유지하고 다른 사람들과 서로 협력할 수 있는 사회적 능력 등이 감성지능의 영역에 포함된다고 한다. 1964년에 마이클 벨독Michael Beldock의 논문[23]에 처음으로 감성지능이란 용어가 등장한 이후, 2001년에는 유니버시티 컬리지 런던의 심리학 교수 콘스탄티노스 페트리데스Konstantinos V. Petrides가 감성지능 '특성 모델'[24]을, 2004년에 예일대학교 심리학 교수 피터 샐로베이Peter Salovey와 뉴햄프셔대학교 심리학 교수 존 메이어John D. Mayer가 감성지능 '능력 모델'[25]을 이론화하였다. IQ가 인간 한 개인의 수리적, 공간적 능력에 초점을 두고 지능을 측정하고자 했다면, EQ는 자신을 넘어서서 타인과 상황에 대한 파악 능력까지 그 영역을 확대한 것이라고 볼 수 있다. 골먼은 이런 태도를 '정서면에서의 지성'이라 하고 이것을

23 Beldoch, M.(1964), Sensitivity to expression of emotional meaning in three modes of communication, in J. R. Davitz et al., The Communication of Emotional Meaning, McGraw-Hill, pp. 31-42.

24 Petrides, Konstantin; Furnham, Adrian (2001), "Trait Emotional Intelligence: Psychometric Investigation with Reference to Established Trait Taxonomies", European Journal of Personality: 425-448.

25 Salovey, Peter; Mayer, John; Caruso, David (2004), "Emotional Intelligence: Theory, Findings, and Implications", Psychological Inquiry: 197-215.

훈련시키고 육성해야 함을 강조했다. 사실 그동안 우리가 지능을 논할 때에, 늘 IQ에 집중하며, 수학 문제를 얼마나 정확하게 빨리 풀 수 있는지와 같은 접근법에 머물러 왔다. 오랜 기간 IQ가 인간의 지능을 충분히 설명하고 측정할 수 있는 이론처럼 믿어오다 EQ의 개념이 등장한 이후에야 비로소 인간의 지능에 대한 보다 설득력있는 틀을 갖게 되었다. 물론 EQ를 어떻게 측정할지에 대한 발전 수준은 여전히 풀어야 할 숙제이지만 인간지능의 틀을 확장시켰다는 측면에서 충분한 가치가 있다.

2015년에 이르러서 에리카 다완Erica Dhawan과 사지-니콜 조니Saj-nicole A. Joni는『연결지능』에서 '연결지능'의 개념을 제시했다. 연결지능은 세계의 다양하면서도 이질적인 사람과 복잡한 정보 관계망, 여러 분야의 지식과 경험, 자원 등을 결합하고 연결해 통합을 이루어 나감으로써 새로운 가치와 의미를 창출하는 재능이다. 사실 이 책에 등장하는 연결지능은 새로운 것이 아니다. 연구의 역사를 이야기하지 않더라도 이것은 이미 우리 일상에서, 비즈니스에서, 학업에서 중요한 역할을 해오고 있음을 경험적으로 알고 있다. 서울대학교 병원 권준수 교수팀이 한국인 92명을 대상으로 실시한 지능과 뇌에 관한 실험에 따르면[26] 뇌의 여러 영역을 골고루 사용할 수 있는 연결 신경망이 발달한 사람이 지능이 높은 것으로 밝혀졌다. 특정 영

---

26 김양중(2019), "뇌의 신호전달 통로 원활할수록 지능지수 높아", <한겨레>.

역의 독자적 기능이 중요한 것이 아니라 모든 영역들이 유기적으로 연결되어 작동하는 수준이 높을수록 지능이 좋다는 뜻이다. '연결 능력'이 지능으로서 해석되고, 지능에서 더욱 중요한 역할을 하고 있다는 것이 점점 밝혀지면서 현재와 앞으로의 시대는 이 '연결지능'이 더욱 중요하게 다뤄질 것이다. 특히나 인공지능 시대의 IQ 영역은 인공지능이 인간을 압도할 가능성이 높지만, EQ와 더불어 연결지능 능력은 인공지능이 쉽게 따라갈 수 없는 영역이기에 앞으로 인간의 지능이 어떤 방향으로 더욱 발달되어야 인공지능과 차별화가 가능할지를 보여준다. 세계적인 오페라 가수인 조수미는 최근 카이스트KAIST에서 명예 과학기술학 박사 학위를 받았다. 예술 대학이 아닌 공과 대학에서 박사 학위를 받으며, "과학과 예술이 어떻게 공존할 수 있는지 보여주고 싶었다."고 한다. 카이스트 문화기술대학원에서 이미 석좌교수로 초빙을 받은 그녀는 인공지능, 메타버스 기술을 활용해서 공연과 예술 분야에서 기술과 예술이 어떻게 상호 작용을 할지 구체적인 연구와 실험을 진행해오고 있다. 이러한 예시는 향후 인간의 지능이 어떻게 포지셔닝하고 어떤 역량에 집중을 해야 새로운 기회가 창출될 수 있을지를 보여준다. 그리고 그 핵심 역량 중의 하나는 바로 '연결'하는 능력이다.

WHAT

PART 2

진정한 독학력이란 무엇인가

서구권 학생 vs 아시아권 학생

좋은 기회로 싱가포르와 영국 대학 모두에서 학생들을 가르치는 경험을 하게 되면서 서구적 사고방식과 아시아적 사고방식의 차이를 강의실에서 명확히 관찰할 수 있었다. 일례로, 정해진 답이 있는 질문들에 대해서는 비교적 아시아 학생들이 뛰어나다. 신속하게 손을 들어서 본인이 학습해서 기억하고 있는 답을 말한다. 그런데 뚜렷하게 정해진 답이 없어 가치 판단이 필요한 질문들에 대해서는 서구권 학생들의 생각 전개와 토론이 월등하다. 예를 들면, 이런 질문들이다.

"기계에게도 진정한 의미의 생각이 가능할까요?"

"생각하는 것처럼 보이는 것과 생각하는 것의 차이는 무엇일까요?"

"인공지능이 내놓은 답들을 대체 우리는 얼마나 신뢰할 수 있을까요?"

"인공지능이 소설을 쓴다면 인공지능은 대체 무슨 감정을 가지고 소설을 쓸까요?"

"인공지능에 인간의 뇌를 연결해서 상호 작용을 하게 된다면 이 인공지능은 인간의 일부일까요 아닐까요? 그리고 만약 교통사고가 나서 인공지능 부분이 파괴되어 인간의 본래 뇌 부분만 작동을 한다면 이 인공지능 부분이 의료보험에 적용을 받아야 하나요, 말아야 하나요?"

"우리가 인공지능에게 윤리적 판단을 요구하는 것이 가능할까요?"

위와 같이 정답이 없는 질문에 대한 대답은 누가 더 정확히 알고, 더 많이 알고 있느냐는 것보다 어떤 가상의 잠재적 가설을 세워놓고, 그 가설을 뒷받침할만한 설득력 있는 논리들과 예시들을 스토리로 엮어내는 것, 어떤 세계관과 철학을 가지고 엮어낼지가 핵심인데 개인적인 경험을 미루어봤을 때 이런 부분들에서 서구권 학생들이 현재까지는 월등한 편이다. 하지만 우리는 서로 다른 역사와 환경 속에서 각자의 방식대로 습득하면서 살아왔기 때문에 서구적 사고방식이 아시아적 사고방식보다 낫다고 생각하지는 않는다. 이제 여러 객관적인 지표들에서 서구와 아시아의 차이가 좁혀지거나 아시아가 일부 앞서고 있는 시점에서 한국과 같은 아시아 국가들이 서구의 선진국들과 경쟁하기 위해 추가적으로 갖추어야 할 것이 있다면, 그것은 각자의 스토리를 스스로 설계하고 커뮤니케이션할 수 있는 능력이라고 생각한다. 수년 전에 서울대 이정동 교수의 『축적의 길』이라는 책을 통해서 '개념설계 역량'이라는 것이 크게 화두가 되었는데, 바로 이 개념, 즉 밑그림을 그려내는 능력의 차이가 서구권 학생과 아시아권 학생의 사고방식의 차이를 만든다고 생각한다. 초등 교육 과정에서부터 쪽집게 과외, 시험 족보 등과 같은 효율성을 극대화하는 '교육 기교'가 팽배해 있는 환경에서는 헤매고 실패할 자유를 통해서만 길러질 수 있는 개념설계 역량이 배양되기 어려운 상황이다. 이런 것들은 주입식이 아니라 스스로 생각하고 공부하는 능력인 독학력을 통해서 길러질 수 있다. 독학은 기본적으로 몇 가지 기본 전제가 있는데 먼저 답을 찾아서 헤매는 과정 자체를 가치 있는 것으로 인정한다는 것이다. 헤매는 것 자체를 시간 낭비나 비효율로 인식하지 않고, 예상치 못한 가치를 가져다주는 필수적 경험으로 인식한다. 또한 독학은 자기 결정권에 대한 존중을 담고 있다. 남이 이미 해보고 만들어 놓은 것을 단순히 따라가는 것이 아니라 각 과정마다 본인이 선택하고 결정하는 것 자체를 스스로 성장할 수 있는 핵심적인 프로세스로 간주한다. 마지막으로, 독학의 학습 성과는 결국 환경이 아니라 스스로와의 싸움에 달려 있다는 점이다. 학습 성과는 결국 학습 주체인 본인이 어떻게 하느냐에 달려 있다. 이러한 전제는 개인의 역량을 극대화하는 데 있어서 자유와 책임이 얼마나 큰 역할을 하는지를 깨닫게 해준다.

5 당신의 공부가 실패하는 이유

공부가 잘 안되는 병 - 두려움의 문제

'기억력 상승 집중력 강화 메가 ADHD'. 2023년 4월 서울 강남의 학원가에서 학생들에게 기억력과 집중력 향상에 도움을 주는 약이라며 나눠준 음료수에 써 있던 문구였다. 음료수 안엔 마약이 들어있었다. 서울 한복판에서 아이들을 대상으로 일어난 이 마약 음료 사건은 사람들에게 큰 충격과 분노를 안겨줬다. 약 이름에는 'ADHD' 즉, '주의력 결핍 과다 행동 장애'란 단어가 크게 적혀 있었는데 범인들이 약에 이 글자를 적은 이유는 ADHD 치료제를 '공부 잘 하는 약'으로 생각하던 사람들의 인식을 이용하기 위한 것일 가능성이 높다. 실제로 우리나라의 10대 ADHD 환자의 대부분은 강남 3구(강남·송파·서초)에 모여 있다고 한다. 이는 이 사건 이전에도 이 동네에서 ADHD 약이 오남용 되고 있었다는 사실을 방증한다.[27] 사실 우리나

27 오주연(2024), "ADHD약 처방도 교육열 따라…서울 10대 환자 절반 강남3구·노원·양천구", <아시아경제>.

라 외에도 미국 등 서양에서는 공부를 잘하기 위해 ADHD 약을 학생들이 쉽게 처방받아서 먹는다. 이러한 일은 비단 현재에서만 일어나진 않았다. 넷플릭스에서 상영된 〈Take Your Pills〉 다큐멘터리에 따르면, 1960년대에도 아이들에게 암페타민amphetamine이 처방되었던 적이 있다. 처방의 목적은 아이들을 활력있고 기분 좋게 만들기 위함이었다. 암페타민은 매우 강력한 중추 신경 흥분제로서 1887년 처음으로 합성되었으며 1932년 의료계에 소개되었다. 주요 암페타민류 약물에는 암페타민, 덱스트로암페타민Dextroamphetamine 그리고 흔히 필로폰으로 불리는 메스암페타민Methamphetamine 등이 있다. 엑스터시Ecstasy도 암페타민을 공정을 달리해 만든 신종 마약이다. 향정신성 의약품인 ADHD 약도 사실은 마약류이다. 따라서 오용하거나 남용하는 경우 인체에 심각한 위해를 초래할 수 있다.

공부를 잘 하기 위해 먹는 ADHD 약이 일으키는 기전을 보면 중추 신경계를 흥분시키고 기민성을 증가시켜, 말하는 능력과 전반적인 육체 활동을 증가시킨다. 또한 도파민을 분비시키며 기분 좋은 상태로 만들어 준다. 공부를 하는데 왜 이런 기전이 필요할까. 이 약을 먹는 데는 여러 이유들이 있겠지만 그 이면들에는 뿌리깊은 두려움의 문제가 있다고 생각한다. 두려움 때문에 앞으로 나아가지 못하고 있을 때 이 약을 먹으면 잠시 두려움을 잊게 됐을 것이다. 아이들의 두려움이 우리가 쉽게 이해되는 까닭은 우리 역시 공부하는 것에 대해 깊은 두려움을 안고 산 과거가 있기 때문이다. 우리는 본능적으로 학습하는 인간으로 태어났다. 그런데 이 본능을 발현하며 살아가는 일이 두려운 일이 되어 공부가 큰 스트레스로 다가오는 것이다. 한국의 대학 입시 위주의 교육 정책과 사회 분위기가 이런 현상과 무관하지는 않겠지만 미국 등 서구 사회도 오히려 한국보다 이 약에 의존하는 비율이 더 높은 것을 보면 단순히 한국만의 문제도 아니다. 공부를 잘하고 싶은 '욕망'은 한국 학생들에게만 해당되는 것이 아니다. 서양이든 동양이든 마찬가지다.

세상에 중독성이나 부작용 없이 공부를 잘하게 도와주는 약이 있으면 정말 좋겠는데, 결론부터 얘기하면 현재까지 그런 약은 없다. 아마 이 사실을 모르는 이가 없을 것이다. 그럼에도 약을 먹으면서까지 공부를 잘하고 싶은 이유는 더 집중해서 좋은 성적을 얻고 싶은 욕구 때문이기도 하고 그 공부 자체가 큰 두려움이기 때문에 공부를 잘하기 위해서 먹는 것이 아니라 공부를 해야 하는 환경 자체가 주는 두려움을 잠시 잊기 위해 먹는 것이다. 일탈의 수단이었던 마약이 공부를 잘하기 위한 수단이 된 것이 아이러니하다.

치료와 치유는 다르다. 치료는 맥락이 동일하게 유지되지만 치유는 맥락의 변화를 통해 유도된다. 다시 말해 치료는 원인과 증세만 사라지면 되지만 치유는 그 상태를 일으킨 원인이 제거되거나 극복되도록 돕는 것이다. 우리는 공부의 두려움을 없애기 위해 ADHD 약을 선택하는 치료적 방안이 아니라 삶의 맥락을 변화 또는 확장시켜 치유의 영역에서 두려움을 극복할 수 있는 힘을 스스로 길러가야 한다. 우리에게 공부는 어차피 죽는 날까지 피해갈 수 없는 것이다. 그렇기에 더 이상 공부는 단순히 치료의 영역이 아닌 치유로써 고민되어야 한다.

끊임없이 미루는 이유

해야 할 일들을 미루는 것은 나쁜 습관임을 우리 모두는 안다. 오늘 할 일이고, 오늘 할 수 있는데도 우리는 내일을 선택한다. 그런데 도대체 우리는 왜 미룰까. 해야 할 일을 하지 않도록 하는 대체적 일이 있기 때문일텐데 중요하지 않은 의미없는 활동인데 긴장을 이완한다는 명목으로 하는 일일 수도 있고 단기적 즐거움이나 쾌락을 주는 일일 수도 있다. 또는 계획이 불분명한 것이 원인일 수 있다. 계획 자체가 불분명하면 우리는 초점을 유지할 수가 없다. 또 한편으로는 계획의 완벽성과 완전성을 확보하고 싶은 마음에 좀 더 숙고해야 한다는 명분을 만들어 현재의 실행을 미루게 한다.

목표 자체가 너무 크고 장기적인 것도 문제가 된다. 장기 목표는 어쩌다 한 번, 단기 목표는 하루에 여러 번 생각하면서 실행에 집중하는 것이 더 많은 목표들을 실천할 수 있다. 장기 혹은 궁극의 목표는 게으름을 이길 때 도움이 될 수도 있지만, 오히려 문제를 일으킬 수도 있다. 장기 목표와 현재의 자신의 모습을 비교하다 그 격차가 너무 커서 오히려 스스로를 얼어붙게 만드는 경우이다. 높은 산을 오르는 등반가들이 항상 산의 정상만을 보고 산을 오르는 것이 아니다. 산을 오르는 동안 대부분은 그 시선이 한 치 앞과 근거리 안에 머물고 있다.

특히 공부는 게을러서 미루는 것이 아니라 두렵기 때문에 미루기도 한다. 살아가다 보면 몰라서 안하는 공부도 있지만, 알면서도 안하는 공부도 많다. 시간이 없어서 못하는 공부도 있지만, 시간이 많아도 못하는 공부도 있다. 알면서도 안하고, 시간이 많아도 안하는 이유는 게으름보다는 '두려움' 때문이다. 머리가 나쁜 것이 문제가 아니라 몇 번이고 다시 읽고 자료를 찾아가며 공부하는 것이 두려운 것이다. 목표가 불명확해서 공부가 안되는 것이 아니라 미래에 대한 나의 시각이 두려움으로 매몰되어 있기 때문에 공부가 안되는 것이다.

부모는 자녀들이 공부를 안한다고 잔소리를 한다. 그런데 가만히 생각해 보면 공부를 안하는 것이 아니라 공부가 안되는 것이다. 상식 수준의 지각을 가진 아이들이라면 누구나 공부를 해야 한다는 것을 안다. 그리고 장학금 받을 정도로 공부도 잘하고 싶다. 그런데 공부가 안된다. 책상에 앉아서 책을 펴는 것을 피하게 해줄 핑계가 될만한 일거리들을 만들어 내기도 한다. 평소 안하던 청소를 하려 한다든지, 친구에게 메시지를 보낸다든지, 유튜브를 본다든지, 음악을 듣는다든지. 공부를 해야 한다는 현실을 대면하는 것이 두려운 것이다. 결국 책상에 앉아서 공부하는 것을 방해하는 이 두려움을 초기에 어떻게 효과적으로 대응하느냐에 따라 자녀들이 공부를 잘하는 학생이 되기도 하고 늘 수수방관하는 자세로 공부를 미루기만 하다가 시험이 다가오면 벼락치기를 하거나 아예 포기를 해버리는 학생이 되기도 한다.

두려움이 공부를 미루게 하는 가장 심각한 요인이기는 하지만 두려움이 전혀 없는 상태도 그리 현실적인 상태는 아니다. 두려움의 중력에서 자유로울 수 있는 인생은 없다. 차라리 어느 정도 수준의 두려움을 적당한 정도의 긴장 요인으로 변화시킬 수 있다면 오히려 공부가 더 잘되고 공부의 성취도 또한 올라갈 수 있다. 이것을 적절하게 조절할 수 있도록 학생들을 지도하는 일이 선생과 교수의 역할이다. 특히나 특정 주제에 대해 주도적으로 독학을 할 때는 적절한 긴장감을 스스로 유지할 줄 아는 노하우가 공부를 목적한 수준까지 지속시키는 데 필수적인 역할을 한다. 이 긴장감을 유지하기 위해서 우리들은 스터디 그룹을 만들기도 하고 그룹 내에서 공부한 내용에 대해 테스트를 하기도 한다.

지능의 문제가 아니다

우리가 성적이 안나오거나 공부에 집중이 안되는 이유를 분석할 때 우리가 가장 쉽게 빠지는 함정 중 하나는 이것을 단순히 지능의 문제로만 국한해서 볼 때이다. 공부에 집중하지 못하고 성적이 안좋은 이유들의 대부분은 지능에 관한 것이 아니다. 다양한 국적의 대학생들을 가르쳐보면서 경험해보니 성적에 영향을 미치는 요소들은 다음과 같은 것들이다.

> 육체적 컨디션 문제 / 식단의 문제 / 운동 문제 / 정신적 스트레스 / 실패에 대한 두려움의 문제 / 게으름의 문제 / 가정 환경의 문제 / 친구 등 관계의 문제 / 학습 방법의 문제 / 동기부여의 문제 / 목표관리의 문제 / 시간관리의 문제 …

이렇게 나열한 요소들이 상호 간에 인과관계도 있고, 좀 더 단순하게 분류도 가능하겠지만 이 리스트만으로도 우리는 알 수 있다. 인간과 그 삶은 생각보다 복잡하다는 것을.

다른 원인 중 하나는, 우리가 공부의 기술을 배운 적이 없다는 것이다. 우리는 태어나면서부터 인지 능력이 지속적으로 모니터링된다. 아이가 태어나서 자라는 매 순간마다 아이가 보여주는 인지적 능력과 성장에 부모들은 신중하게 반응한다. 아이가 말을 하면 말은 얼마나 잘하는지, 아이가 수를 세게 되면 산수를 잘하는지 관심있게 지켜본다. 그런데 아이러니하게도 공부의 기술을 가르치거나 훈련하는 과정은 없다. 공부를 하는 방법은 가르치지 않고 스스로 공부해 시험을 보라고 한다. 그리고 그 시험 결과를 리뷰할 때도 대개는 어떤 내용을 틀렸는지에 대해서만 초점을 맞추지 공부에 대한 방법론, 즉 어떤 방법으로 공부했는지는 분석하지 않는다. 이는 공부 방법에 대한 구체적 전수와 훈련이 없다는 뜻이다. 교육 현장에 족보라는 것은 돌아다녀도 어떤 방법으로 공부를 해야 하는지에 대한 구체적인 방법이나 훈련 과정은 찾아보기 힘들다.

빠른 길, 쉬운 길, 실패 없는 길

컬럼비아대학교의 심리학 교수인 리사 손Lisa Son이 쓴 『메타인지 학습법』에 따르면, 불안은 세 가지 착각에서 시작된다고 한다. 첫째는 빠른 길이 좋다고 생각하는 것, 둘째는 쉬운 길이 좋다고 생각하는 것, 셋째는 실패 없는 길이 좋다고 생각하는 것이다. 빠른 길, 쉬운 길, 실패 없는 길은 우리가 가장 이상적으로 원하는 길일 것이다. 그리고 이것을 위해 공부하는 데 익숙해져 있다. 이 지점에서 수준 높은 공부가 갖는 속성과 현실 세계에서 우리의 욕망이 원하는 길을 가기 위한 공부 사이의 충돌이 일어난다. 수준 높은 공부일수록 느리고, 어렵고, 실패가 많은 길일 가능성이 높기 때문이다.

구글에서 손쉽게 원하는 정보를 검색해서 얻을 수 있고, 챗GPT가 원하는 정보를 보기 좋게 정리해준다고 해서 우리의 공부가 쉬워진 것이 아니다. 정보나 지식에 대한 쉬운 접속은 우리가 공부를 쉽게 하는 데 별다른 도움이 되지 못한다. 진짜 공부는 주어진 정보와 지식을 가지고 우리가 무엇을 만들어내느냐에 달려 있기 때문이다. 오늘날 우리의 공부가 받는 도전은 정보를 얻지 못하는 것이 아니라 주어진 정보를 가지고 지속적으로 깊이 생각하며 창의적으로 전진하지 못하는 데에 있다.

공부를 하면서 우리가 겪는 실패의 수준이 '구글을 한번 검색했더니 바로 답이 나오지 않아 몇 번 더 키워드를 바꾸어가며 겨우 찾았다'는 수준인 것은 아주 심각한 문제다. 검색 실패가 공부의 실패가 되어서는 안된다. 공부의 실패는 가설의 실패, 새로운 인사이트 발견의 실패, 적용의 실패, 실험의 실패 등과 같은 것들이 되어야 한다.

공부를 하는 것은 씨앗을 뿌리는 일이다. 그 땅은 자신의 미래일 수도 있고, 현재일 수도 있다. 오늘 씨앗을 뿌려서 오늘 꽃이 피어나면 좋겠지만, 좀처럼 그런 일은 일어나지 않는다. 밟아야 하는 성장 과정을 거친 뒤에야 꽃이 피고 결실을 맺는다. 꽃마다 피어나는 시기가 다른 것처럼 우리의 공부도 사람마다 성취하기까지 걸리는 시간이 다르다. 그렇기에 우리는 조급하진 않되 현재 나에게 가장 중요한 공부를 꾸준히 해나가야 한다.

'영재' 타이틀을 달며 공부 측면에서 이른 성취를 이룬 사람들이 있다. 그런데 영재들이 기대만큼 지속적으로 성장하는 것을 본 적은 별로 없다. 세상을 바꿀 것만 같았던 천재성이 대부분은 평범함으로 끝난다. 오히려 그 '영재'라는 타이틀이 예상치 못한 덫이 될 때가 많다. 성취에 있어 조급해하지 않아야 공부의 모든 과정이 즐거워질 수 있다. 우리는 결국 행복하기 위해 공부를 하는 것인데 남들보다 조금 더 빨리 가려는 조급함 때문에 공부 과정에서만 즐길 수 있는 즐거움을 잃어버리게 된다.

자발적 고통은 필수 요소다

우리가 시간이 지날수록 잃어버리고 있는 습관 중 하나는 '기다리는 것'이다. 특히 정보를 얻는 측면에서 기다림은 '좌절'이나 '고통'과 동의어가 되어버렸다. 특히 요즘에는 인공지능 서비스인 삼성의 빅스비Bixby나 애플의 시리Siri에게 음성으로 물으면 바로 응답해준다. 오늘날 고객을 모으고 잡아두기 위해 경쟁하는 모든 서비스는 기다림없는 즉각적 만족을 목표로 하고 있으며, 실제로 그런 서비스들을 제공하고 있다. 원하는 정보를 너무 쉽게 얻을 수 있는 패턴이 오랫동안 반복되면서 우리가 '기다림' 혹은 '고통'을 이겨내는 능력은 감소하고 즐거움과 쉬움만을 경험하려는 욕구가 강해지게 된다. 우리의 공부 측면에서 보면 이러한 기술 덕분에 표면적 공부는 속도가 빨라지고 효율이 올라간 것처럼 보인다. 하지만 생각의 깊이를 키우기 위해 시간을 가지고 고민을 거듭하는 '깊은 공부'가 아니라 챗GPT가 잘 알아듣고 대답을 잘해주기를 기대하면서 질문만 가다듬는 '얕은 공부'에 중독되어 가기 쉽다. 이러한 태도가 유지된다면 우리의 삶에서 생각의 깊이를 키우기 위해 시간을 가지고 고민을 거듭하는 깊은 공부는 아예 사라져 버릴 수 있다.

'고통과 즐거움 혹은 쾌락'과 관련되어 보상 과정에 관여하는 뇌신경 전달물질이 있는데 이것이 바로 '도파민Dopamine'이다. 도파민은 1957년에 약리학자인 아비드 칼슨Arvid Carlsson에 의해 발견되었는데 '쾌락과 고통의 지휘자'로 알려져 있다. 이것은 중추 신경계에 존재하며 감정, 움직임, 학습, 보상, 주의력 등 다양한 신경 기능과 관련이 있으며 뉴런 간의 시냅스라 불리는 연결 부위에 전달되어 이를 통해 신경 신호가 전달된다. 도파민의 정상적인 수준은 정상적인 뇌 기능을 유지하는 데 중요하고, 도파민의 수준이 정상 범위가 아닐 때는 다양한 신경학적 및 정신건강 문제를 일으킬 수 있다. 특히 도파민은 중독성과도 관련이 깊어 중요한 연구 주제 중 하나이다.

인간이 중독에 빠지는 것은 도파민이 우리를 움직이기 때문이다. 스탠퍼드 대학교 의과대학 정신의학·중독의학 교수인 애나 렘키Anna Lembke가 저술한 『도파민네이션』에 따르면, 뇌는 쾌락과 고통을 같은 곳에서 처리하고, 대립의 메커니즘을 통해 기능한다. 간단히 말해서 쾌락과 고통은 각각 양팔 저울 왼편과 오른편에 놓인 것처럼 작동한다는 것이다. 우리가 쾌락을 경험할 때 도파민은 보상 경로에서 분비되고 저울은 쾌락 쪽으로 기울어진다. 저울이 더 많이 기울어질수록 더 많은 쾌락을 느낀다. 어떤 쾌락 자극에 동일하게 혹은 비슷하게 반복해서 노출되면 초기의 쾌락 편향은 갈수록 약해지고 짧아진다. 반면 이후 반응, 즉 고통 쪽으로 나타나는 반응은 갈수록 강하고 길어진다. 이때 우리의 뇌에서는 자기 조정 메커니즘이 작동하게 된다. 쾌락 쪽으로 기울었던 저울이 반작용으로 수평이 되고 나면 쾌락으로 얻은 만큼의 무게가 반대쪽으로 실려 고통 쪽으로 기울어지게 된다. 중독 환자들이 쾌락의 대상을 탐닉할수록 불안감 같은 고통이 더 나타나는 것은 바로 이런 이유에서다. 애나 렘키 교수는 "즐거운 자극에 오랫동안 반복해서 노출되면 고통을 견딜 수 있는 우리 능력은 감소하고 쾌락을 경험하는 우리의 기준점은 높아진다."고 한다.

우리의 뇌는 공부하면서 마땅히 겪어야할 무지를 직면하고, 막연함 속에 헤매고, 복잡함을 탐험하는 고통을 겪지 않으려는 데 이미 적응을 해버린 것 같다. 주어지지 않은 것을 얻는 데는 훈련이 필요하다. 그리고 이 훈련에는 항상 고통이 따른다. 따라서 이 굴레에서 빠져나올 수 있는 유일한 방법은 '자발적으로' 고통에 직면하는 것이다. 고통으로 처리해야 하는 일은 고통으로 처리해야 한다. 고통으로 할 일을 쾌락으로 대체하면 그것이 우리의 습관과 뇌를 망가뜨리게 되고, 작은 고통으로 처리할 수 있는 일을 더 큰 고통으로 처리해야 되는 결과가 나타난다.

펜실베니아대학교 와튼스쿨의 조직 심리학 교수이자 베스트셀러 작가인 애덤 그랜트Adam Grant는 『히든 포텐셜』에서 "불편함을 받아들이게 되면 서로 다른 수많은 학습의 형태에서 숨은 잠재력을 펼치게 된다."고 하면서, '불편함' 즉 고통을 마주하는 것이 중요하다고 강조했다. 단, 이 고통을 다루는 데 있어서 이것을 무작정 견뎌내는 인내심만으로는 부족하다. 이 시간을 견뎌내기 위한 나름의 요령을 만들어내야 한다. 불편함은 그냥 불편함으로 머무르는 것이 아니라 우리가 어떻게 다루느냐에 따라 우리의 숨겨진 잠재력을 이끌어내는 핵심 동인이 되는 것이다. 만약 그 요령이 그 시간을 즐겁게 만들 수 있는 어떤 것이라면 최상이겠지만 항상 그런 창의성을 발휘할 수 있는 것은 아니다. 이럴 때 큰 고민없이 공통적으로 적용할 수 있는 '요령'은 고통의 크기를 잘게 쪼개는 것이다. 고통의 크기를 잘게 쪼개기 위해 선행되어야 하는 것은 직면해야 하는 일의 크기를 작은 단위로 쪼개는 것이다. 만약 그 낮은 수준의 고통을 주는 일이 상황에 따라 크게 느껴진다면 그 일의 크기를 더 작은 단위로 쪼개야 한다.

공부를 힘들어하는 학생에게 '이왕 하는거 즐겁게 생각하고 해'라고 말해주는 것은 정답도 아닐뿐더러 현실적이지도 않다. 우리의 환경이 그렇지 않은데 공부는 즐거운 것이라고 세뇌하는 것은 효과가 없다. 긍정적, 적극적 사고방식은 필요하지만 현실을 왜곡해서는 안된다. 한두 번은 통할지 모르지만 반복할수록 내성이 생겨서 더 이상은 통하지 않는 시점이 반드시 온다. 차라리 그 공부의 고통을 더 낮출 수 있는 수준으로 일의 단위를 잘게 쪼개서 극복해나가는 '요령'을 습득할 수 있도록 유도해야 한다.

이해, 데이터 그리고 맥락

정보의 이해는 단순히 데이터를 검토하는 데서 생겨나지 않는다. 이는 '인식' 정도에 가깝다. 데이터의 의미를 제대로 이해하기 위해서는 맥락에 기반하여 질문을 던지고 검증하는 과정이 필요하다. 처음부터 꼭 맞는 질문을 던지면 좋겠지만 대부분의 질문들은 먼발치에서 시작해 여러 번에 걸쳐 핵심을 찾아간다. 이 과정에서 데이터를 추리고 기술하는 과정은 필수적이고, 그 데이터를 측정할 수 있는 적절한 도구 역시 필요하다. 우리가 인공지능에 감탄하는 이유는 기존의 도구들이 주어진 데이터를 적절히 관리하고 그 틀 내에서 분석하는 데 초점을 둔 반면 인공지능은 인간이 맥락에 대한 이해를 해나가는 과정을 알고리즘적으로 구현해내었다는 데 있다.

우리의 인지 과정 중 자주 범하는 몇 가지 치명적 문제들이 있다. 그중 하나는 주관과 객관을 구별하지 못하는 것이다. 주관은 의견이자 의지이고, 객관은 사실이자 현상인 것처럼 보인다. 그런데 이 주관과 객관 사이에는

'해석'이라는 다리가 하나 놓여 있다. 해석은 '사실'과 사실을 둘러싼 '맥락' 사이를 어떤 관계로 설정할지를 포함하고 있다. 그리고 이것이 주관과 객관 사이의 어떤 지점에 우리의 이해를 놓이게 한다. 그런 의미에서 주관과 객관은 서로 반대되는 절대적 위치에 자리잡고 있는 것이 아니고 상대적인 것이다. 완전한 주관과 완전한 객관은 현실적으로는 어렵다. 주관 속에도 객관이 곁들고, 객관 속에도 주관이 곁들기 때문이다. 해석과 이해의 과정이 모든 것을 바꿔버린다. 같은 사실을 줘도 해석은 제각각이다. '내로남불'이라는 말이 그냥 있는 말이 아니다.

또 다른 문제는 기본적 설계와 용어에 내재된 맥락의 한계를 무시하는 것이다. 이 실수는 정말 자주 범한다. 연구 논문이나 책을 보다보면 용어의 정의에 대한 각주가 많이 붙은 것들이 있다. 이런 노력들은 어떻게든 이 실수의 폭을 줄이기 위해서이다. 계약서도 보면 중요한 계약일수록 계약의 본 내용에 들어가기 전에 용어에 대한 정의와 배경에 대한 내용이 지루할 정도로 많다. 그만큼 우리 인간은 의도적이든 의도적이지 않든 가장 기본적인 것을 견지하는 일에 취약할 수 있기 때문이다. 마지막으로, 의식 자체 혹은 인간의 본성에 대한 무지이다. 인간은 생각보다 이기적이기도 하고 이타적이기도 하다. 리처드 도킨스Richard Dawkins의 『이기적 유전자』나 매트 리들리Matt Ridley의 『이타적 유전자』를 언급하지 않더라도 인간이라는 존재 자체의 스펙트럼은 굉장히 다양하고 폭이 넓다. 또한, 개인으로서의 인간과 집단으로서의 인간은 인지 방식과 행동 양식에 있어서 큰 차이를 갖는다. 『사피엔스』의 저자 유발 하라리Yubal Harari는 인간들이 세상을 지배한 결정적 이유들 중 하나로 인간들이 집단을 이루고 협력할 수 있는 존재인 것을 꼽았다. 그리고 그렇게 성공적으로 협력할 수 있었던 핵심적 비결은 '허구의 등장'이라고 주장한다. 그는 "서로 모르는 수많은 사람이 공통의 신화를 믿으면 성공적 협력이 가능하다. 인간의 대규모 협력은 모두가 공통의 신화에 뿌리를 두고 있는데 그 신화는 사람들의 집단적 상상 속에서만 존재한다. 현대 국가, 중세 교회, 고대 도시, 원시 부족 모두 그렇다. 교회는 공통의 종교적 신화에 뿌리를 두고 있다. 서로 만난 적 없는 가톨릭 신자 두 명은 함께 십자군 전쟁에 참여하거나 병원을 설립하기 위한 기금을 함께 모을 수 있다. 둘 다 신이 인간의 몸으로 태어나 우리의 죄를 사하기 위해 스스로 십자가에 못 박히셨다고 믿기 때문이다."[28]라고 했다. 즉, 어떤 이야기를 함께 인식하고 인지하고 믿느냐가 개인으로서의 이기적 유전자가 가지는 약점을 극복하고 집단으로서 협력 에너지를 결집시키는 핵심적 역할을 할 수 있는 것이다.

---

28 유발 하라리 저, 조현욱 역(2015), 『사피엔스』, 김영사, 65p.

인간은 비효율적이다

과묵한 듯 싶다가도 어떤 트리거가 작동하는 순간 물밀듯이 이야기를 쏟아내는 어르신들을 만나는 것은 그리 어려운 일이 아니다. 우리 모두는 말로 다 할 수 없는 수많은 경험들을 하며 살아왔으며 앞으로도 다양한 경험을 토대로 살아나갈 것이다. 이 경험들은 우리가 평소에 잊고 사는 것 같지만 꼭 머릿속 기억이 아니더라도 어떠한 영향력을 가지고 있다. 그런데 우리는 이런 수백만 가지의 경험을 하면서도 그 경험들로부터 배우고 적용하는 것은 정작 몇 개가 되지 않는 것 같다. 이는 우리가 지닌 오래된 신념이나 생각 때문인데 설령 그것이 잘못된 것일지라도 기꺼이 포기하고 새로운 신념을 받아들이기가 쉽지 않다. 그렇기에 우리가 경험을 통해 변화나 성장을 하는 것은 고통스럽고 더딜 수밖에 없다.

작은 의미의 공부, 즉 책상에서 하는 공부를 통해 얻는 성장과 발달은 규칙적이고 선형적인 것처럼 보인다. 그러나 우리가 큰 의미의 공부라고 일컫는 일상에서 겪는 다양한 경험을 통한 성장과 발달은 불규칙적이고 비선형적이다. 이렇듯 책상 위 공부와 현장에서의 공부는 형태도 다를 뿐만 아니라 결과가 나타나는 방식도 다르다. 여기에 우리의 고민이 있다. 우리가 공부 때문에 쏟아내는 열정과 노력을 생각하면 폭발적 성장을 해야 할 것 같은데, 도저히 그럴 기미가 보이지 않는다. 선형적이고 비선형적인 성장과 발달이 교차되며 성장은 느리게도 갑작스럽게도 찾아올 수 있다는 것은 분명하지만 문제는 그 타이밍을 모르는 것이다.

우리에게는 성장을 위한 수많은 선택지가 열려 있으나 선택지들이 선택되는 일은 상대적으로 드물다. 우리들은 그런 선택지를 매력적인 것으로 만들어 줄 어떤 맥락을 원하기 때문이다. 그런 맥락을 만나고 나서야 비로소 선택하고 결정한다. 선택의 범위도 결국은 우리 자신이 알고 있는 딱 그만큼이다. 여기에 아무리 비효율적이고 끝없는 싸움인 것처럼 보여도 공부를 멈추어서는 안되는 이유가 있다. 우리의 성장을 위한 선택의 범위를 넓히기 위해서이다. 그리고 어떤 선택지가 나타났을 때 그 선택지가 내가 취해야 할 것임을 알아보기 위함이다. 이 비효율적인 싸움을 지속할 수 있게 만드는 것 중에 가장 막강한 것은 자발적인 태도이다. 자발적 태도는 맥락, 가치, 의미를 탐구하는 일을 지속하게 해준다. 때로 이 자발성은 맥락 속에서 발견되기도 하고, 특정 가치에 몰입함으로써 자연스럽게 드러나기도 하고, 평범해 보이는 일들에서 의미를 찾게 되는 형태를 통해 발현되기도 한다. 자발적 태도는 맥락, 가치, 의미와 상승 작용을 창출하는 에너지이자 상승 작용의 결과물이기도 하다.

미국 영어만 영어가 아니다

어느 날 같은 직장에서 일하는 싱가포르인 동료가 업무에 관한 대화 중에 나에게 물었다.

동료: Can?

나: (갑자기 놀라서) Do you mean 'do I have a can?'

동료: No, I mean 'can you do this?'

싱가포르에서 일을 할 당시 처음에 'Can?'이라고 물어보는 말이 무슨 뜻인지 몰라서 당황했었다. 당신이 할 수 있느냐는 질문이었지만 순간 왜 '캔이 있냐'고 물어보나 싶었다. 이외에도 미국이나 영국에서는 사용하지 않는 표현들을 싱가포르에서는 많이 사용한다. 싱가포르는 영어를 공용어 중 하나로 삼기에 이곳에 모여 사는 사람들은 각자 서로 다른 영어를 하면서 조화를 이루고 있다. 인도 사람들이 하는 인도 영어, 싱가포르 사람이 하는 영어(싱가포르에서는 '싱글리시'라고 부른다), 중국 사람들이 하는 중국 영어, 각기 다 나름의 특징들과 차이점들이 있다.

영어의 종주국이라는 영국에도 있어보니 영국도 지역별로 영어가 다 다르다. 스코틀랜드에 처음 왔을 때는 맥도날드 매장에서 점원이 하는 말이 영어인지 불어인지 혼란스러울 정도였다. 알고 보니 스코틀랜드는 원래 '갤릭Gaelic'이라고 불리는 자신들의 언어가 있었다. 지금도 여전히 여러 학교들에서 이 언어를 교육 과정으로 가르치고 있다. 영어가 갤릭어의 영향을 받으면서 형성되다 보니 스코틀랜드는 그들만의 방식으로 언어 스타일이 굳어지게 되었다. 영국의 웨일즈나 북아일랜드에 가서도 다른 스타일의 영어를 어렵지 않게 확인할 수 있다.

한국인들에게 특히 영어는 인생 내내 스트레스가 된다. 영어 유치원, 영어 캠프, 어학연수, 영어 온·오프라인 학원에 영어 공부를 도와준다는 앱 등 영어 공부에 평생 돈을 써도 미국 헐리우드 영화에서 듣는 멋진 영어가 나오긴 쉽지 않다. 차라리 이쯤 되면 특별한 이유없이 미국 영어를 닮으려는 노력 대신 우리가 할 수 있는 영어를 하는 현실적인 목표를 세우는 것이 낫다. 어차피 한국을 벗어나면 다들 자기들의 스타일로 영어를 하며 사는 인구들이 훨씬 많다. 스탠다드한 영어를 공부하되, 어쩔 수 없이 나오는 콩글리시에 너무 스트레스 받거나 좌절할 필요는 없는 것이 답인 것 같다.

싱가포르 인구는 550만 정도이고, 면적은 서울보다 약간 작다. 언어는 영어와 중국어 등을 공용으로 쓰는 공용어 정책을 쓰고 있다. 싱가포르의 역사를 보면 우여곡절이 많지만, 그래도 이 공용어 정책은 잘 정착했다. 싱가포르를 경험하면서, 한국은 왜 도시 하나를 정해서 영어 공용어 정책을 실험하지 않나 하는 의문이 들었다. 가령, 인천 송도 같은 경우 충분히 해볼 만한데 말이다. 영어를 공용어로 쓰면 한민족의 정체성이 흔들린다는 주장들도 많이 있는 것으로 알고 있다. 그런데 싱가포르가 영어를 공용어로 사용하면서 민족 정체성이 흔들리는 모습을 본 적이 없다. 오히려 영어를 공용어로 쓰면서 얻게 된 발전으로 인한 국가적 자부심이 대단하다. '콩글리시'가 난무하는 영어를 해도 좋으니 도시 하나쯤은 영어 공용어를 사용하는 것을 실험해 볼만한 가치가 충분하다고 생각한다. 요즘에 지방의 인구가 감소하면서 지역 소멸이 이슈인데 지방의 도시들 중 하나는 영어 공용어 정책을 시도해보면서 영어에 특화된 글로벌 교육 도시로 거듭나게 하는 것도 좋은 전략이 될 것 같다.

이런 다소 과격한 제안을 하는 이유는, 우리가 그동안 해온 영어 공부는 '영어라는 과목에 대한 공부'인 것 같기 때문이다. 단어를 만 개씩 외워도 외국에 나가면 입이 도저히 떼어지지 않는다. 다 아는 단어이고 아는 표현이지만 좀처럼 삶에 녹여지지 않는다. 외국에서 출간되는 책들이나 뉴스들을 보고 싶어서 영어 공부를 하는데 정작 원서들은 보지 못하고 영어 단어책만 보다가 끝이 난다. 우리의 영어 공부는 실력적인 측면에서 보면 대개 중학교 3학년 정도에서 멈추기에 그 시점부터는 다른 접근법으로 영어 공부를 해야 하는데, 똑같은 방식으로 대입까지 밀어부친다. 대학에 가서야 이제는 입시 위주의 공부가 아니라 생활 영어를 하겠다고 학원을 등록한다.

생활 영어에 적응 좀 하나 싶으면 취업이나 대학원에 가야 하니까 다시 토익이나 토플 시험을 위한 공부를 다시 시작한다. 이러다가 우리의 영어 공부는 끝난다. 정작 보고 싶어 했던 영어 원서는 여전히 못 보고, 외국인과의 대화도 피해다닌다.

나의 영어 문법 실력 역시 중학교 3학년 때를 기점으로 멈추었다. 그 이후 영어를 하는데 영문법을 더 공부해야 실력이 느는 것이 아니었다. 단어를 더 많이 외우려고 노력했던 적도 있었지만, 단어를 공부한다기보다는 문장을 더 많이 보기 위해 노력했다. 단어도 최소한의 문장 단위로 접했는데 문맥적으로 암기하지 않으면 내 것이 되지 않는다는 것을 발견했기 때문이다.

나의 경우 커리어의 대부분을 외국에서 쌓았기 때문에, 주변 사람들이 영어 공부를 어떻게 하냐고 종종 물어본다. 나의 대답은 '영어 공부는 따로 안 하고 원래 영어로 하고 싶었던 것을 그냥 한다'는 것이다. 보고 싶었던 영어 원서를 그냥 보고, 미국이나 영국의 드라마를 자막없이 그냥 본다. 대학에서 영어로 강의를 하고, 학생들이 외국인들이니까 수업 자료까지 다 영어로 준비한다. 업무상 만나는 사람들 역시 다 외국인들이기 때문에 그들과 그냥 영어를 사용해서 대화를 한다. 내 영어가 완벽한지 아닌지는 중요하지 않다. 내가 쓰는 영어의 10~20%는 아직도 콩글리시다. 원래 영어로 하려고 했던 것을 그냥 해서 그 일에서 더 좋은 성과가 나는 것이 더 중요하다.

만약 당신이 대학생이거나 직장인인데 영어 공부를 열심히 하고 있다면 꼭 한 가지 체크해야 할 것이 있다. 영어를 공부해서 영어로 하려고 했던 일을 지금 하고 있냐는 것이다. 미국 드라마를 보고 싶어서 영어 공부를 하고 있다면, 최소한 지금 미국 드라마를 보고 있어야 한다. 영어 원서를 읽고 싶어서 영어 공부를 하고 있다면, 최소한 지금 하루 몇 장씩이라도 영어 원서를 보고 있어야 한다. 외국인 친구들을 사귀고 싶어서 영어 공부를 하고 있다면, 최소한 지금 SNS로 외국인들과 친해지고 있어야 한다. 이렇게 하지 않으면 원래 영어로 하고 싶은 일을 시작조차 못하고 당신의 영어 공부는 허공에서 사라진다.

순서의 실패

게으르다는 것은 어떤 일을 하지 않거나 천천히 하는 것을 뜻하기보다 중요한 일을 나중으로 미루는 것을 말한다. 바쁜 시간 속에서 내가 과연 중요한 일들을 처리하고 있는지에 대한 막연한 혼란과 불안을 가지고 살 때가 있다. 나의 상황을 어떻게 하면 진단할 수 있을까 생각해보니, 결국은 내가 현재 일들을 어떤 순서로 처리하고 있는지를 확인해 보는 것이었다. '순서'는 생각보다 많은 것을 시사한다. 시간을 담는 그릇에 가장 중요한 것을 먼저 담아야 한다. 덜 중요한 것들이 담기면 정작 중요한 것들이 다 담기지 못하는 상황이 온다. 중요한 일을 하는 것에는 때로 부담과 두려움이 따르기에 그 부담과 두려움을 피하기 위해 우리는 더 꼼꼼하게 잘해보겠다고 합리화하면서 그 일을 나중으로 미룬다. 그래서 중요한 일일수록 무조건 가장 먼저 해야 한다. 완성도는 생각하지 말고 무조건 그 일에 먼저 시간을 써야 한다.

그 순서를 회복하기 위해 종종 15분씩 타이머를 맞추고 중요하다고 생각한 순서대로 일을 바로 시작하는 것이 좋다. 이때 중요한 것은 15분 동안 그 일을 한 후에 그 일이 마무리되지 않더라도 다음 중요한 일로 넘어가는 것이다. 이런 식으로 4~5가지 일을 해나가는 사이클을 몇 번 반복하다 보면, 중요했지만 부담스러워 미루려 했던 일들에 대한 부담이 확연히 사라진다. 중요한 일이 주는 부담과 두려움을 한방에 해결하는 방법은 없다. 그 부담과 두려움을 없애겠다고 명상과 같은 여러 마인트 컨트롤을 위한 방법들을 고려해볼 수도 있겠지만 그런 방법들의 문제는 실제로 일은 진전시키지 못하는 회피적인 방법에만 머무를 수 있다. 15분 혹은 그 이하로 줄여서 부담과 두려움에 직면하는 것은 짧은 시간 같지만 해야 할 일을 진전시킬 수 있을 뿐만 아니라 반복적으로 그 일을 하게 함으로써 '실행'이 최선의 방법이라는 것을 경험하게 될 것이다. 또한, 이런 방식을 지속적으로 반복한다면 내가 그동안 정말 중요한 일을 해왔던 것이 맞는지 검증이 된다. 우리는 어떤 일의 중요도에 대해 정확한 판단을 내릴 수 있다고 생각할 수도 있지만 사실 많은 일은 그 일을 어느 정도 직접 해보지 않고는 그 일이 얼마나 중요한 일이었는지를 제대로 판단할 수 없기 때문이다.

개인적으로 새로운 분야를 정해서 공부를 할 때 읽어야 할 책과 논문이 너무 많아 초점을 잃어가는 경우, 이 방법을 적용하기도 한다. 읽어야 할 책과 논문을 중요하다고 생각되는 순서대로 왼쪽부터 4~5개를 놓고, 왼쪽부터 차례대로 15분씩 시간을 할애해 읽기 시작한다. 이렇게 하다 보면 어떤 자료는 읽다 보니 앞 순서에 있던 다른 자료와 내용이 비슷하다는 것을 알게 되어 검토해야 할 자료 리스트에서 빼는 경우도 생기고, 어떤 자료는 그 중요도가 다른 자료보다 앞선다는 것을 깨닫게 되면서 읽는 순서를 바꾸기도 한다. 이런 방법으로 자료를 읽으면서 얻게 되는 유익 중의 하나는 자료들끼리 서로를 관통하는 인사이트를 얻게 되기도 한다는 것이다.

합리적이지 않으면 합리화한다

우리의 공부는 '합리合理' 즉 이론이나 이치에 맞음을 향한다. 그러나 이 공부가 '합리적合理的'인 결과를 얻지 못하면 자책감이나 죄책감에서 벗어나기 위해 자신의 행동을 정당화하는 '합리화合理化'를 하기 쉽다. '합리적'과 '합리화'는 큰 차이가 있다. 제대로 된 공부를 하면 '합리적'이 되고, 어설픈 공부를 하면 '합리화'한다. 예를 들면 이런 식이다. 만약 당신이 국회 의원 선거에서 후보들에 대한 공부를 통해 당신의 기준으로 합리적이라고 생각하는 국회 의원을 선택했고 그 국회 의원이 당선되었다고 하자. 그런데 그 국회 의원이 당신이 공부하고 기대했던 대로 일을 잘하지 못한다면, 그 후보들에 대한 당신의 공부가 부족했다는 것을 인정하는 대신에 당신의 선택과 당선된 국회 의원이 일을 잘 못하게 된 것을 합리화하는 데 에너지를 쓴다. 그리고 그 에너지의 방향은 대부분 반대 진영 후보를 지지했던 사람들을 향한다. 변명거리를 찾으면서 다른 사람들과 싸우기 위해 이를 악물지 자신의 공부가 부족함을 인정하고 더 나은 선택을 위한 공부를 하기 위해 이를 악물지 않는다.

업무차 한국을 방문할 때마다 느끼는 것이 하나 있는데, 유럽인들에 비해서 한국인들이 좀처럼 잘하지 않는 말이 두 개가 있다. 하나는 '감사합니다'이고, 다른 하나는 '미안합니다'이다. 배려나 도움을 받고 나서도 감사를 표현하지 않거나 상대방에게 실례를 하고 나서도 미안함을 표현하지 않고 어물쩍 넘어가는 경우가 많다. 이를 가장 크게 느낄 수 있는 장소는 지하철 플랫폼이다. 승·하차할 때 유독 부딪치는 경우가 많은데 미안하다고 말하는 경우는 상당히 적다. 영국에 있으면서 나한테도 이런 모습들이 있었는데, 그러다 백발의 영국 할머니한테 혼이 났다. 왜 매너없이 실례를 하고도 미안하다고 하지 않느냐는 것이다. 연거푸 반복적으로 사과를 해야 했다. 유럽인들의 라이프 스타일에서 배울 점들 중에 하나는 이 두 말을 입에 달고 산다는 것이다. 마주 걸어오다가 자신이 내가 가는 길에 조금이라도 방해가 된 것 같다면 바로 미안하다고 한다. 역으로 내가 살짝만 비켜줘도 바로 감사하다고 한다. 한국은 문화강국이라는 이미지와는 다르게 사회가 다소 경직되어 있고 설명하기 힘든 복잡함이 있다. 이런 경직을 풀고 단순함을 가져오는 것이 '스몰토크Small Talk'이다. 스몰토크 중에서도 가장 기본이 되고 효과가 높은 것이 '감사함'과 '미안함'을 표현하는 것이다.

우리는 자기 중심적으로 합리화를 하는 데 익숙한 것 같다. 내가 굳이 말하지 않아도 상대가 알아서 이해해줄 것이라고 생각하지 않나 싶다. 감사하다고 말을 하면 빚을 진다거나 미안하다고 말하면 약점을 잡힌 것이라고 생각하는 것은 아닐까. 합리적이라면 그냥 있는 그대로 표현하면 되는데, 합리화를 해야 하기에 오히려 상황이 복잡해진다.

이런 일들은 우리의 삶에서 늘 일어나는 일이다. 잘못된 원인을 좀처럼 내가 공부했던 내용과 그 내용을 토대로 판단했던 자신의 행동에서 찾지 않는다. 우리는 살아가면서 이러한 합리화를 여러 번 반복하며 학습한다. 어쩌면 '합리'에 도달하는 일보다 '합리화'하는 경우가 훨씬 더 많을지도 모른다. 그래서 결국에는 '합리화'하는 것이 지혜이고 경륜이고 능력이라고 착각하고 있는지도 모른다. '합리화'는 상황적 주관과 타인을 향하지만, '합리적'은 3자적 객관과 자신을 향한다.

승자만을 따라하는 것은 의미가 없다

세상은 항상 승자들을 위주로 분석한다. 성공하기 위해서는 성공한 사람들을 분석해야 된다는 의견에는 오류가 없어 보인다. 사실 분석할 데이터를 확보하는 용이성 측면에서도 승자들의 데이터를 구하는 것이 훨씬 쉽다. 왜냐면 패자들은 대부분 흔적 남기는 것을 꺼려하고 조용히 퇴장하기 때문이다.

생존 편향Survivorship Bias이라는 것이 있다. 이것은 살아남은 것 또는 승자의 데이터만 남고 죽은 것이나 패자의 데이터는 포함하지 않아서 발생하는 통계적 오류를 말한다. 이 생존 편향의 개념을 쉽게 설명해 주는 아주 유명한 사례가 있다. 2차 세계대전 당시 미국 공군은 아군 전투기가 적국의 기관총을 맞아 격추되는 것을 막기 위해, 전투에서 돌아온 전투기가 어느 부위에 가장 많은 공격을 받았는지 분석하려고 했다. 그래서 가장 많이 맞은 부위를 보강판으로 덧붙여 생존력을 강화하려 했다. 그런데 강판을 너무 많이 덧대면 전투기가 무거워져서 느려져 오히려 더 위험해질 수도 있었기에 어느 부위에 붙이느냐가 매우 중요한 문제였고, 이를 결정하기 위해 먼저 전투에서 돌아온 전투기의 어느 곳에 총탄이 집중되었는지를 빨간 점을 붙여 표시한 뒤 분석했다. 주로 날개와 꼬리 부분이었다는 결과를 바탕으로 날개와 꼬리 부분에 보강판을 붙이기로 했다. 그런데 그렇게 되면 그들의 분석 대상은 무사히 돌아온 전투기들이 되는 셈이다. 정작 더 중요한 데이터를 가지고 있을 전투기들은 격추되서 돌아오지 못한 전투기들일텐데 말이다. 격추되지 않고 '살아 돌아온'에 집중하다 보니 전체적인 그림을 못 보고 의사결정을 한 것이다.

그런데 이렇게 결정되자 다행히도 당시 컬럼비아대학교의 수학자이던 아브라함 발드Abrahma Wald라는 사람이 강하게 반대를 한다. 그는 오히려 빨간 점이 없는 곳 즉 총탄에 맞지 않은 곳에 보강판을 덧대야 한다고 주장했다. 그 이유는 돌아온 전투기를 조사하는 것은 의미가 없기 때문이다. 빨간 점에 총알을 많이 맞아도 돌아올 수 있다는 것은 격추될 만큼 심각한 피해가 아니었다는 것을 의미한다. 오히려 빨간 점이 없는 부분에 총알을 맞은 비행기들은 바로 추락해버려서 돌아올 수 없게 되었다는 사실에 주목해야 한다고 주장한 것이다. 이 주장을 받아들인 미군은 날개나 꼬리가 아닌 동력부에 보강판을 추가하게 되면서 많은 조종사들의 목숨을 구하게 된다.

이 생존 편향에 관한 이야기가 주는 시사점은 승자가 아닌 패자에 대한 분석만을 해야 한다는 뜻이 아니다. 분석을 할 때 승자와 패자 양측의 데이터를 합리적으로 분석해야 한다는 것을 보여준다. 이 생존 편향과 같은 오류들은 우리의 일상 생활에서 자주 나타난다. 특히 우리의 공부에 대해서 그렇다. 공부를 잘하기 위해서 공부를 잘한 사람들을 분석하고 그 사람들이 하는 대로 따라하면 된다고 생각한다. 어느 누군가가 특정 방식으로 공부해서 명문대에 들어갔거나, 어느 학원을 다녀서 시험에 합격했다고 하면 그것을 따라하느라 정신이 없다. 그리고 결국은 그 특정 방식으로 공부해도 동일한 결과가 나오지 않고, 같은 학원을 다녀도 시험에 떨어진다. 자신의 상황, 자신의 현재 방식에 대한 균형잡힌 분석없이 무작정 따라하기 때문이다.

비즈니스 영역도 마찬가지다. 스타트업들 중 1,000개 중에 1개 정도가 성공적으로 매각하거나 IPO를 한다. 나머지 999개에 대해서는 실패의 원인을 분석하기도 하지만 사실 이 원인들조차 하나의 가정에 불과하다. 실패의 원인은 찾기가 쉽다. 실패한 마당에 무슨 이유를 가져다 대든 다 말이 되기 때문이다. 마찬가지로 성공의 원인도 하나의 가정에 불과하다. 성공한 마당에 분석된 어떤 이유들도 다 말이 될 것이기 때문이다. 이래서 공부는 어렵다. 다 알 것 같지만 사실은 대부분은 모르게 되고 다 모르는 것 같지만 백사장 속 바늘 같은 하나의 지식이 인생을 바꾸기도 한다. 독학을 한다는 것은 이런 편향으로부터 거리를 두고 자신에게 맞는 방식을 찾아가는 것을 포함한다. 무작정 따라하는 것이 아니라 자신의 속도와 관점을 견지하고 나에게 맞는 방법을 찾아 나갈 수 있는 힘이 필요한 것이다.

일상 속 작은 일의 실패가 공부의 실패를 불러온다

> "월드컵 경기장에서 당일에 '잘하자, 진짜 잘해보자' 하면 늦어요. 항상 그렇더라고요. 월드컵을 여러 번 실패하고 경험하면서 느낀 건 매일같이 반복되는 훈련장에서 월드컵의 성적이 결정된다는 겁니다. 월드컵 당일 경기장에서 전술적으로 잘 준비하고, 골 넣고, 슈팅을 하고 이런 게 아니라 내가 얼마나 일찍 자고, 얼마나 물을 많이 마시고, 훈련에 집중하고, 잘 쉬고 잘 먹으면서 또 정신적으로 잘 준비하는 일상이 결국 월드컵의 결과까지 이어지는 것을 저는 경험했거든요. 작은 일에 충실하면 결국 큰 결과를 만들어 낼 수 있기 때문에…(후략) "
>
> - 전 축구선수 이영표의 인터뷰 중[29]

일상에서 날마다 대단한 일을 해내기 때문에 큰 결과가 이루어지는 것이 아니다. 신이 만들어 놓은 세상은 기본적으로 작고 사소한 것을 일상에서 성실하게 하면 열매가 맺어지는 그런 시스템이다. 빈센트 반 고흐Vincent van Gogh는 "대단한 업적은 충동에 의해 이뤄지는 것이 아니라 작은 일들이 모

29 문동주, "[월드컵] 이영표의 첫 경기 우루과이전 승부 예측?... '2:1로 한국 승리 희망(Video)'", Youtube, <뉴스1> 채널, 2022년 11월 19일, https://youtu.be/y_-_aBPyXBg?si=5MGMwkqC7hskHE54.

여 점점 이루어지는 것이다."라고 했다. 현재 일상에서 날마다 대단한 일을 해야 한다는 강박과 고단함에 사로잡혀 있다면 뭔가 큰 착각을 하고 있음에 틀림없다. 일상에서 우리가 할 수 있는 것들은 굉장히 사소한 것들이다. 그런데 그것조차도 사실 잘 감당하지 못한다. 그 이유 중의 하나 또한 주어지는 사소한 일들보다 더 크고 나은 일을 할 수 있는 존재라는 착각과 그 사소함을 사소함으로만 여기는 교만을 통해 스스로를 과대평가하기 때문이지 싶다.

생각해보면, 시험을 잘 보는 것보다 더욱 힘든 것은 시험보기 전부터의 일상에서 결과와 어떤 관련성이 있는지 보이지 않을 정도의 작은 씨앗들을 충실하게 뿌리고 가꾸어내는 일이다. 따라서 스스로를 과대평가하지 말고, 주어진 하루 속에서 주어진 사소한 일들을 묵묵히 해나가면 결과를 만들어 낼 수 있다는 것을 배워야 한다. 우리 대부분은 어제와 다르지 않은 매일 똑같은 아침을 맞이한다. 그 하루 동안 주어지는 일 대부분은 사실 그다지 크고 중요하고 용감한 선택을 해야 하는 그런 종류의 일이 아니다. 그저 사소하고 평범한 것들이 이어질 뿐이다. 이것들을 재료로 우리는 자신만의 의미를 찾고 만들어가야 하는 것이다.

모든 공부는 삶과 맞닿아있다. 지금까지 우리가 해온 공부는 현재 우리의 삶에 영향을 주었다. 누군가의 집을 방문했을 때 그 사람의 서재나 책꽂이에 꽂혀 있는 책들을 보면 이 사람은 대략 어떤 사람인지 파악이 된다. 일전에 심리상담사로 활동하고 있는 부부의 집에 초대되어 갔더니 그 집의 서재에는 상담 심리에 관련된 다양한 책들이 꽂혀 있었다. 서재는 어떤 공부를 해왔는지를 보여주고 동시에 어떤 사람인지에 대한 중요한 힌트를 준다. 사람은 자신이 주로 공부해오고 노출되는 지식으로부터 자유롭지 못하다. 의식적이든 무의식적이든 우리가 공부하고 있는 것들은 우리도 모르는 사이에 삶을 형성시켜 간다. 공부는 결국 삶의 태도이자 인격이 된다.

6 옛날에 알던 독학이 아니야

독학의 반대는 협학協學이 아니라 무학無學이다

독학은 영어로 'Autodidacticism'이라고 하는데, 이 단어는 고대 그리스어 단어인 αὐτός(Autos, 영어로 'Self'의 의미)와 διδακτικός(Didaktikos, 영어로 'Teaching'의 의미)에 어원을 두고 있다. 어원적으로 '자신 스스로를 가르친다'라는 뜻이다. '연결'의 가치가 그 어느 때보다도 중요하게 생각되고 추구되는 시대에 '독학'이라는 말은 왠지 좀 세련되어 보이지 못하고 심지어 올드해 보이기도 한다. 독학한다고 하면 왠지 어두 침침한 곳에서 혼자 고독하게 앉아서 머리에 띠를 두르고 공부하는 모습을 연상시키기도 한다.

일본의 교육전문가 사이토 다카시Saito Takash는 혼자 있는 시간을 잘 보낸다는 것은 자신의 세계에 침잠하여 자아를 확립한 후에 다른 사람들과 유연하게 관계를 맺고 감정을 자유롭게 교환할 수 있는 상태를 말한다고 했다.

반대로 혼자 있는 시간을 잘 못 보낸다는 것은 다른 사람을 가까이하지 않거나 배제하고 싶어 하는 상태를 말한다. 따라서 '혼자 보내는 시간'은 문자 그대로의 의미와는 다르게 다른 사람들과의 원만한 관계를 누릴 수 있도록 예열하는 시간인 셈이다.

독학은 혼자 있는 시간을 잘 보내는 방법 중 가장 좋은 대안이 될 것이다. 독학을 잘한다는 것 역시 자신의 공부에 침잠하여 자아를 확립하고 다른 사람들과 유연하게 교류하며 상호 성장을 도모하는 것이기 때문이다. 사람 사이의 관계에 대해 다루는 수많은 책들에 꼭 등장하는 구절이 있다. 바로 혼자 잘 지내는 사람이 다른 사람들과도 잘 지내고 원만하다는 것이다. '혼자'의 힘은 이렇게 강력하다. 마찬가지로 공부의 질을 결정하는 것도 혼자서 공부를 얼마나 잘 해내느냐와 관련이 있다.

우리의 공부가 실패하는 이유는 좋은 선생이 없어서도 아니고, 좋은 책이 없어서도 아니고, 좋은 공부 친구가 없어서도 아니고 '독학'하지 않기 때문이다. 여러 사람들이 쓴다는 방법론, 여기저기서 나온 도구들 때문에 자신의 공부가 오히려 피상화된 것은 아닌지 생각해봐야 한다. 책상에 앉아서 공부의 대상과 마주하는 시간보다 많은 사람들이 좋다고 하는 유튜브 강의와 책과 커뮤니티를 브라우징하면서 더 많은 시간을 사용한다. 심지어 열심히 스크랩해놓고 다시 보지 않는 자료들은 또 얼마나 많은가. 독학하지 않으면 실제로는 공부를 하지 않는 것과 다름없다.

피카소는 "큰 고독의 시간이 없이는 그 어떤 진지한 일도 가능하지 않다." 고 했다. 좋다는 자료는 다 찾아놓았고 최신의 정보를 얻을 수 있는 네트워크와 연결되어 있다면 이제 혼자 직면해서 읽어 내려가야 한다.

브라우징 모드를 떠나 학습 주체를 회복하는 것

인식과 이해는 다르다. 따라서 브라우징Browsing 역시 공부가 아니다. 피트 데이비스Pete Davis가 쓴 『전념』에서는 오늘날 우리가 '무한 탐색 모드Infinite Browsing Mode'에 갇혀 있다고 말한다. 우리는 볼거리를 찾아서 넷플릭스나 유튜브를 스크롤하며 수많은 선택지들을 탐색만 하다가 결국은 어떤 것도 선택하지 못한다. 이 정도는 아무것도 아니다. 적성에 맞지 않는 일을 하게 될까 두려워서 직업이나 진로조차 제대로 정하지 못하거나, 한 사람과의 관계에 전념하지 못하고 끝도 없이 잠재적 연인을 물색하는 사람들이 늘어나고 있다. 저자는 우리가 이처럼 탐색 모드에만 머무르는 이유를 '두려움' 때문이라고 한다. 그가 말하는 두려움은 크게 세 가지인데 그의 주장은 다음과 같다.

> "첫째, 후회Regret에 대한 두려움이다. 어느 하나에 전념했다가

> 훗날 '다른 것을 할 걸…'하고 후회할까 걱정하는 것이다. 둘째 유대Association에 대한 두려움이다. 무언가와 관계를 형성하고 거기에 헌신하면 그로 인해 내 정체성, 평판, 통제감에 혼란이 생길까 두려워한다. 셋째, 고립Missing Out에 대한 두려움이다. 무언가에 헌신하면 그로 인한 책임감 때문에 그외에는 아무것도 될 수 없고, 아무 데도 가지 못하며, 아무도 만날 수 없을 것으로 생각하기 때문이다."[30]

우리의 공부도 이와 다름이 없다. 읽고 싶거나 중요하다고 생각되는 자료나 링크는 항상 잘 모아둔다. 그런데 막상 내용을 공부하지는 않는다. 공부해야 할 리스트는 쌓여 가지만 좀처럼 하나를 정해서 내용 속으로 빠져들지는 않는다. 하루 동안 스스로 시간을 어디에 가장 많이 소비했는지를 관찰해보면 브라우징하면서 보낸 시간이 공부 등 해야 할 것을 하는 시간들보다 더 많은 시간을 차지할지도 모른다. 사실 오늘날 우리 문화는 무한 탐색 모드를 권장한다. 우리가 접하고 있는 넷플릭스, 유튜브, 인스타그램 등은 사용자들이 자신들의 사이트에 와서 머무르며 무한 탐색해주기를 강력하게 유혹한다. 그래야 수익성이 올라간다. 그들에게는 그것이 '전념'하고 있는 '사명'이다.

---

30 피트 데이비스 저, 신유희 역(2022), 『전념』, 상상스퀘어, 30p.

우리에게 휴식이라는 개념도 이미 아무 목적없이 스마트폰을 스크롤하며 브라우징하는 것이 되어버렸다. 잘 생각해보자. 어떤 일을 하다가 좀 쉬어야지 하면서 선택하는 것이 스마트폰일 때가 생각보다 많다. 이는 과학적으로 진정한 휴식이 아니다. 스마트폰을 들여다보는 동안 우리의 뇌는 오히려 더 많은 일을 해야 한다. 이는 휴식을 가장한 혹사에 가깝다. 오늘날 난무하는 대부분의 메시지들은 혹시나 놓칠지 모를 기회와 가능성을 위해 항상 선택을 열어두라고 말한다. 하지만 우리는 무한 탐색 모드로 들어가지 않을 가능성의 문들만 열어두고 막상 선택하지 않는다는 것이다. 이런 모습들이 오늘날에는 '지혜'이고 '기민함'인 것처럼 인식되고 있다.

과거의 기술이 더 낫다고 말하는 것은 아니지만, 현재에 비하면 단순한 기술밖에 없었던 시절은 그 나름대로 '맛'이 있었다. TV 앞에 앉아 광고를 참아가며 프로그램 시작을 기다렸던 일이 그 '맛' 중 하나인데, 그때는 불편한 일이었을지는 몰라도 생각해보면 그 불편함은 기대감과 호기심을 극대화해주는 요소였다. 요즘 웬만한 드라마들은 OTT에 업로드되어 방영을 기다릴 필요 없이 몰아서 보기가 가능하고 조금이라도 지루한 장면이다 싶으면 넘겨서 보거나 결말이 궁금하다면 바로 그 부분부터 볼 수도 있다. 결국 우리는 '기다림'이 없는 생활에 익숙해지고, 어느 것도 인내하며 기다릴 수 없는 사람들이 되어가고 있다.

레이 브래드버리Ray Bradbury의 『Fahrenheit451(화씨451)』은 1953년에 출간된 디스토피아 소설로 검열과 지식 통제가 극에 달한 세계를 그린 소설이다. 이 책의 제목은 종이가 자동으로 불타기 시작하는 온도인 451℃ 파렌하이트℉를 의미하며, 이는 소설 속 주요 테마인 책의 소각을 상징한다. 소설의 주인공인 가이 몽타그Guy Montag는 책을 불태우는 일을 하는 소방관이다. 몽타그가 살고 있는 사회는, 책이 불법인 사회로 이 세계에서 소방관의 역할은 화재를 진압하는 것이 아니라 책과 지식을 파괴하기 위해 불을 지르는 것이다. 책을 읽거나 소장하고 있을 시, 즉시 책과 함께 온 집을 태워버린다. 그러나 몽타그는 점차 자신의 일과 사회의 진실에 의문을 갖게 되고, 금지된 책들과 지식을 지키기 위한 내적 갈등과 투쟁을 겪는다.

오늘날 책은 불에 의해서가 아니라 숏폼과 같은 휘발성 콘텐츠에 의해서 타고 있다. 숏폼은 '인스타그램 릴스, 유튜브 쇼츠, 틱톡 영상이 대표적이다. 실제로 책을 불태우는 방법은 자유와 인권이라는 측면에서 다소 폭력적이다. 그러나 대중들의 관심이 숏폼과 같은 콘텐츠에 매몰된다면 불태우는 폭력을 사용하지 않고도 책을 불태우는 것과 같은 효과를 낼 수 있다. 그리고 오늘날 이 일은 현실이 되었다.

아무리 인공지능이 발달해도 우리가 더 똑똑해지지 않고 제자리 걸음인 이유는 내가 자발적으로 주체가 되어 기억하고 감정을 느끼고 자각하는 공부가 없기 때문이다. 검색해서 빨리 찾는 것은 경쟁력이 아니다. 우리는 착각하고 있다. 구글 검색을 통해서 원하는 정보를 빨리 얻을 수 있고, 챗GPT를 통해서 정리된 내용을 얻을 수 있는 것이 우리의 지능 혹은 우리의 공부의 결과라고 말이다. 우리의 공부는 우리가 찾은 자료를 우리 스스로 읽고, 쓰고, 생각하는 순간부터이다.

대충의 미학 - 모든 공부가 진지할 필요는 없다

'대충'이라는 말은 양면성이 있다. 얼핏 보면 전문성이 결여되거나 프로 의식이 없는 그런 삶의 태도를 뜻하는 말처럼 보인다. 반면, '철저하게'라는 말은 두말할 것도 없이 너무 좋은 삶의 태도를 말한다고 생각할지 모른다. 그런데 나는 '대충 해보라'는 말을 종종한다. 이 말은 묘한 힘이 있는데 일단 어떤 일을 시작할 때 정신적 부담을 많이 줄여준다. 그래서 빨리 행동으로 옮길 수 있게 된다. 각오가 행동을 낳을 때도 있지만, 작은 시작이 더 많은 행동을 낳을 때가 많다. 그리고 이러한 작은 시작들의 연속이 우리에게 어떤 일을 계속 이어갈 수 있는 힘을 만들어 준다. 계속 진지하고 눈물나는 각오에 의존하여 행동을 하는 것은 피로감을 높이고 감정적, 정신적 내성을 생기게 만든다.

완벽주의자들이 막상 잘 성공하지도 못하고 스스로 행복하지 못한 이유는 계획을 철저하게 세우느라 너무 많은 에너지를 쓰고 막상 철저하게 세워진 계획을 수정해야 할 상황이 생기면 자신의 계획이 완벽하지 못했다는 것에 매여 유연하게 대응하지 못하기 때문이다. 사안에 따라 완벽하지 않아도 적당히 처리할 수 있는 대충주의(?)를 잘 활용한다면 완벽주의보다 훨씬 더 많은 일들을 해낼 수 있다. 계획과 의지가 행동을 낳기도 하지만, 행동 자체가 행동을 낳기도 한다. 오히려 후자가 성과 측면에서는 더 큰 효용이 있는 것 같다. 머리로 쓰는 글도 있지만 일단 무엇이라도 쓰기 위해 연필을 드는 순간 써지는 글이 있듯 말이다.

자기 삶을 채찍질하는 데 지쳐있는 사람이라면 '대충'의 미학을 스스로에게 허락할 필요가 있다. 그리고 대충하는 공부가 많아져야 상호 연결로 인한 시너지를 극대화할 수 있다. 연결하는 일을 잘하기 위해서는 대충 아는 것들이 많아져야 한다. 우리는 물리적 한계 때문에 여러 분야를 깊이 있게 아는 것은 불가능하다. 대충 아는 영역을 늘려서 그 사이를 연결짓는 것이 훨씬 다양한 호기심을 유발시켜 많은 것을 창조해 낼 수 있다.

뉴턴은 사과나무에서 사과가 떨어지는 것을 보고 만유인력의 법칙을 발견했다고 알려져 있다. 그러나 사실 뉴턴 시대에는 이미 케플러 법칙이라는 것이 존재하여 행성과 행성 사이에 인력 관계가 있고 이에 대한 수학적 증명이 끝난 상황이었다. 뉴턴은 단지 사과가 떨어지는 걸 보고 행성과 행성

사이에 있는 관계성이 지구와 사과에서도 적용될 수 있다고 생각을 한 것이었다. 뉴턴이 만약 케플러 법칙을 공부하지 않았거나 행성과 행성 사이의 관계성을 지구와 사과 사이의 관계성으로 연결하고 적용하지 않았다면 사과가 떨어지는 것을 보고 만유인력 법칙을 발견할 수 없었을 것이다. 이런 측면에서 보면 공부를 한다는 것은 연결할만한 어떤 점에 대해 '대충'의 지식을 늘려가고, 다른 점과 연결하거나 그 연결 가능성을 높여가는 과정이다.

높은 곳에서 보기만 해도 삶이 바뀔 수 있다

중학생이 되었을 때쯤, 어머니가 넌 커서 뭐하고 싶냐고 물어보셨던 적이 있다. 그때 무슨 생각이었는지는 모르겠지만 1년에 6개월 정도는 비행기를 타는 일을 하고 싶다고 했다. 요즘 같아서는 비행기 타는 일이 워낙 흔한 일이어서 어떻게 저렇게 말할 수 있나 싶지만 그 당시에는 흔하지 않았던 일이기에 비행기 타는 일을 하는 사람들이 멋져보이고 높아(?)보였나 보다. 그 말이 효과가 있었는지 시간이 흘러 1년에 6개월은 해외 곳곳을 출장을 다니기도 하고 오랫동안 해외 생활을 해오고 있으니 그 꿈이 어느 정도는 이루어진 것 같기도 하다.

비행기를 탈 때면 늘 생각하는 두 가지가 있다. 하나는 이 무거운 비행기가 어떻게 공중에 뜨냐는 것이다. 우리가 해외 여행을 할 때 자주 타는 비행기들을 보면 에어버스 A380의 최대 활주 중량은 약 562톤이고 에어버스 A330은 231톤이다. 에어버스의 경쟁사인 보잉 747의 최대 활주 중량은 397톤이고 보잉 777은 231톤이다. 100톤이라는 무게도 사실 얼마나 무거운 것인지 가늠이 안될 정도인데, 수백 톤 무게의 큰 비행기가 활주로에서 붕 떠오르는 것을 보면 인간의 능력이 보통 아니긴 하다는 것을 매번 느낀다. 참고로, 우주선은 우리가 일반적으로 타는 비행기들보다 훨씬 무겁다. 초창기의 우주선인 아폴로는 발사 중량이 3,000톤, 새턴V로켓도 3,000톤, 에네르기아 로켓이 2,400톤을 육박했다. 최근에 발사되었거나 계획 중인 블루 오리진의 뉴 글렌, 스페이스X의 팔콘 헤비, ITS, 나사의 SLS 등 우주선들은 기술의 발전 덕분에 과거보다는 훨씬 가볍다. 우주선이 무거운 이유는 비행체를 우주까지 보낼 때 막대한 양의 연료를 실은 채 출발해야 하기 때문이다.

다음으로 비행기가 높이 떠올라 땅의 것들이 깨알만하게 보일 때 생각하는 것은 높은 곳에서 보면 우리가 살고 있는 세상이 별것 아니라는 것이다. 개미들이 모여 사는 것과 별반 다를 바 없고 비행기가 더 높이 떠서 구름 위로 올라가면 그 마저도 보이지도 않는다. 비행기 타고 20분만 올라가도 눈에 띄지도 않는 세상인데 이 땅에서 우리는 정말 아둥바둥 살고 있다. 아까 우주선 이야기가 나와서 말인데, 이 비슷한 생각을 우주선을 타고 지구 밖으로 나가서 한 우주인들이 있다.

인류 최초의 우주인 유리 가가린Yurii Gagarin은 러시아의 우주 비행사이자 군인으로, 1961년 4월 12일에 인류로서는 최초로 지구 궤도를 도는 우주 비행을 하였으며, 6번이나 우주 비행에 성공하였다. 1961년 구소련에서 제작한 보스토크 1호Vostok 1에 탑승해 300km의 지구 상공을 초속 약 7.8km/s의 속도로 1시간 48분 동안 일주 후 지구로 돌아왔다. 그는 소비에트 연방과 동구권의 국가적 영웅이자 세계적인 유명 인사가 되었다. 전 세계의 신문들은 가가린의 비행에 대한 내용으로 가득 찼고, 당시 공산당 총리였던 니키타 흐루쇼프Nikita Khrushchyov에게 소련의 영웅 칭호를 수여받았다. 소련의 다른 도시들도 그를 위한 대규모 퍼레이드를 벌였는데, 그 규모는 제2차 세계 대전 승리 퍼레이드에 버금가는 규모였다고 한다. 뿐만 아니라 그는 약 30개국의 초청을 받아 해외 순회공연을 했다. 미국 대통령 존 F. 케네디John F. Kennedy가 가가린의 인기로 인해 미국 방문을 막을 정도였다. 보스토크 1호 우주 비행을 마치고 돌아온 유리 가가린은 우주 비행 후 소감에 대해 "지구는 푸른빛이었다. 멋지고 경이롭다."는 말과 함께 "우리가 서로 다투기에는 지구가 너무 작다는 것을 깨달았다."라고 토로했다. 이후 천문학자인 칼 세이건Carl Sagan도 그의 저서 『창백한 푸른 점』에서 "지구는 우주라는 작은 극장에서 아주 작은 무대에 지나지 않는다."라는 말을 전했다.

유리 가가린 이후 많은 우주 비행사들은 연구 목적을 위한 우주 비행을 통해 푸른 빛의 지구를 바라보며 그와 비슷한 경이로운 경험을 겪게 된다. 작가 프랭크 화이트Frank White는 유리 가가린과 같은 우주 비행사 29명을 인터뷰한 내용을 바탕으로 『The Overview Effect: Space exploration and Human Evolution(조망 효과: 우주탐사와 인간진화)』라는 인상적인 제목의 책을 저술했다. 그는 이 책을 통해 가족, 친구들만 생각했던 좁은 시선이 우주에 다녀오면서 인류에 대한 사랑과 친밀감이 확대되는 현상을 발견하게 되었다고 알리며, 이러한 현상을 '오버뷰 이펙트Overview Effect', 즉 조망 효과라 정의했다. 조망 효과는 아주 높은 곳에서 큰 그림을 보고 난 후 자연관, 생명관, 윤리관 등에 대한 가치관의 변화와 인식의 변화를 겪게 되는 현상이다.

이처럼 새로운 것을 보고 경험하는 것은 세상을 바라보는 관점을 바꾼다. 봐왔던 것만 계속 보는 것은 우리들의 삶, 관점, 시선을 고착화시킨다. 그래서 우주까지는 아니더라도 우리는 가끔 여행을 가고 나에게 새로운 관점을 줄 수 있는 경험들을 해나갈 필요가 있다. 독학은 그런 일 중 하나이다. 독학은 단순히 책상 위에서의 공부만을 뜻하지 않는다. 새로운 세상을 스스로 탐험하는 일이다. 한 개인이 세상을 바라보는 관점을 바꾸는 것만으로도 삶의 여러 부분에서 큰 변화를 가져올 수 있다. 만약 공부가 잘 안되고 기분이 침체되어 있으면 침대에 이불을 뒤집어쓰고 있는 대신에 헬스장이나 야외 운동장에 가야 한다. 운동을 하는 것도 좋지만 운동하거나 달리기를 하고 있는 사람을 그냥 바라보기 위해서이다. 열심히 운동을 하고 있는 사람들을 보고 있는 것만으로도 정말 신기하게도 에너지가 다시 생기는 경험을 하곤한다. 처음에는 단순히 구경만 하러 갔지만 나중에는 가벼운 운동을 시작하는 자신의 모습을 발견할 수 있을 것이다. 이처럼 우리 눈에 보이는 것을 바꿔주는 것만으로도 생각과 행동 변화를 일으킬 수 있는 효과적인 시작점이 된다.

남들 다 하는 것 말고

업무상 한 번씩 한국을 방문하게 되면 놀라는 것 중의 하나는 사람들의 옷차림이다. 한국에 도착해서 공항을 빠져나와서 한두 시간 정도를 보내다보면 한국에서 현재 유행하는 패션 스타일이 어떤 것인지 금방 파악하게 된다. 2022년에 한국을 방문했을 때는 지하철이든 어디든 통이 넓은 바지를 입은 사람들로 가득했다. 이른바 '무신사 스타일'이라고 불리는 이 스타일은 언제 어디서든 쉽게 볼 수 있었다. 대학에 특강을 하러 강의실에 들어가서는 하나같이 비슷한 스타일을 하고 있는 학생들을 보면 약간 섬뜩할 정도였다.

영국 생활에서 영국인들이 부러운 것 중의 하나는 다른 사람의 시선이 중요하지 않은 생활의 양식이다. MZ 세대들 사이에서는 나름의 유행들이 있지만 영국 사람들은 대부분 자신이 생각하는 멋대로 산다. 한국에서는 입지 않을 것 같은 철 지난 옷도 본인이 좋으면 입는 등 다른 사람이 나를 어떻게 볼지에 대해 별로 고려하지 않는다. 이런 이유로 영국에는 우리나라 '아름다운 가게'와 같은 채러티Charity 숍이 많다. 어디를 가든 옥스팜Oxfam, 쉘터Shelters, 영국심장재단British Heart Foundation 등 자선 단체에서 운영하는 채러티 숍을 쉽게 찾아볼 수 있다. 이런 숍들은 사람들이 사용하다가 기부를 한 물품들을 저렴한 가격에 판매해 그 기금으로 자선 목적에 맞게 사용하는 숍들이다. 다들 세월의 손때가 묻은 물건들이지만 아주 저렴한 가격에 잘 팔려나간다. 가끔은 수십 년 동안 사용한 명품 브랜드 가방이 있거나 골프채들도 많아 보물창고 같아서 오가는 길에 한번 들러서 예정에 없던 아이템을 건지는 것도 하나의 재미다.

한국 사람들이 하는 공부의 종류도 보면 옷차림과 같이 다들 비슷하다. 재테크와 영어다. 이 두 가지 영역이 한국 사람들의 공부의 반절 이상은 어렵지 않게 차지하고 있다. 우리가 읽는 책들도 대충 다 비슷하다. 베스트셀러 리스트에 올라와 있는 책들이 독서의 트렌드를 주도한다. 우리는 각자 자기 나름대로 열심히 살아가는 데 놀라울 정도로 획일적이다. 대체 왜 그럴까.

워런 버핏Warren Buffett은 평소 과감한 투자를 행하는 것으로 유명하다. 그는

"남들이 욕심을 낼 때 두려워하고, 남들이 두려워할 때 욕심을 가져라."라고 했다. 이게 생각만으로는 당연히 그래야 하고 그렇게 할 수 있을 것 같지만 대부분의 사람들은 남들이 욕심을 낼 때 함께 욕심을 내고, 남들이 두려워할 때 함께 두려워한다. 남들이 갔던 길을 따라가면 다른 생각이 나올 가능성이 적어진다. 오히려 남들이 가는 길과 거리를 두고 먼발치에서 보기는 하되 나의 길을 간다는 생각으로 공부해야 한다.

남들과는 다른 길을 가거나 심지어 역주행을 하는 것은 어떻게 가능한 것일까. 이 지점에 바로 '독학'의 중요성과 필요성이 있다. 현재 자신의 공부가 남들이 어떻게 하고 있는지에 대해서 파악하는 데에만 몰입되어 있다면 결코 역주행할 수 없다. 왜냐하면 역주행은 흐름대로 따라가는 것과는 다른 차원의 에너지를 필요로 하기 때문이다. 일례로, 현재 자신이 읽고 있는 책 리스트들이 대중이 선택하는, 베스트셀러 책들이라면 그런 독서 방식으로는 역주행은 불가능하다. 따라서 자신이 현재 읽고 있는 책들 중에 최소 20%이상은 베스트셀러가 아닌 자신만의 리스트인지 점검해볼 필요가 있다. 베스트셀러만 따라가는 독서를 하는 이유는 우리 자신 안에 독학의 과정을 통해 쌓인 자신만의 자산이 취약하기 때문이다. 독학을 하고 있다면 자신의 독서 리스트는 베스트셀러 리스트와는 거리가 멀 가능성이 많다. 독서를 베스트셀러에서 시작할 수는 있지만 그 끝도 베스트셀러여서는 수준이 높아질 수 없다. 유럽 여행을 갈 때 처음에는 잘 알려진 영국의 런던이나 프랑스의 파리같은 곳을 가지만 여행을 다니다 수준이 높아질수록 관광지가 아닌 자신의 호기심을 따라 남이 잘 모르는 곳을 찾아다니게 되고 그곳에서 새로운 발견의 기쁨을 누린다. 프랑스 파리에서는 에펠탑 주변의 큰 길가에 있는 레스토랑들 역시 다 피해야 한다. 우리가 먼 곳까지 여행을 가는 이유는 관광객 입맛에 대충 맞추어놓은 비싼 음식을 먹으러 가는 것이 아니라 현지의 전통의 맛을 경험하기 위해 가는 것이다. 관광객들을 타깃으로 하는 레스토랑들을 음식의 질도 낮을 뿐 아니라 가격도 비싸다. 큰 대로변이 아닌 후미진 곳에 있는 현지인들이 다니는 레스토랑들이 우리가 맛보아야 하는 맛집인 것처럼 우리는 대세를 무조건적으로 따르기보다 남들이 하지 않는 나만의 것을 찾아야 한다.

중국어를 배운 새로운 방법

학생 시절에 중국 상하이에서 6개월 정도 머무르며 공부를 할 때가 있었다. 중국을 자주 오가기는 했지만 6개월 이상 길게 머물 기회는 흔치 않았기 때문에 여러 가지를 하고 싶은 욕심이 생겼다. 그중 하나가 중국어를 공부하는 것이었는데, 이것을 왜 공부하려는지 그리고 어떻게 공부할까를 고민하게 되었다. 언어라는 것이 잘하면 잘할수록 좋겠지만 현실적으로 생각한 끝에 내린 결론은 중국에서 일상 생활을 할 때 큰 불편을 겪지 않는 정도의 수준으로 중국어를 배우자는 것이었다. 중국어로 비즈니스 협상을 할 것도 아니고, 중국어로 진행되는 대학 강의를 들을 것도 아니고, 중국 방송을 볼 것도 아니기에 중국 현지 레스토랑에 들어가서 메뉴판을 보면서 음식 주문하는 정도 그리고 택시를 탄다면 택시 기사랑 가벼운 의사 소통을 할 수 있을 정도면 만족할 수 있을 것 같았다.

중국어를 배우는 데 있어서 한 가지 개인적인 어려움은 한자를 별로 좋아하지 않는다는 것이었다. 미국에서 자란 사람들을 생각해보니 영어 공부를 안해서 영어를 읽거나 쓰지는 못할 수 있어도 말하거나 듣는 것은 누구나 한다. 그래서 중국어를 공부할 때 아예 읽고 쓰는 것은 하지 않고 듣고 말하는 것에만 초점을 두기로 했다. 이렇게 결정을 하니 중국어 공부를 하는 방법과 접근법에 대한 큰 변화가 생겼다. 일단 중국어 단어를 소리 중심으로 접근하게 되었다. 어떤 단어를 읽고 쓰지는 못해도 소리를 들으면 그게 무슨 뜻인지 알고, 그 소리를 흉내 내어 말하겠다고 목표를 잡았다. 이러한 나의 공부 목표와 비슷한 친구들이 3~4명 있었는데, 이들과 함께 팀을 이루어서 함께 공부하기로 결정했다. 그리고 어떻게 중국어를 공부해야 효율적으로 할 수 있을지를 함께 고민해 보았다. 그 당시에 중국인 어학 튜터를 구해서 1시간 일대일 과외 수업을 받는데 한국 돈으로 2만 원 정도였다. 우리는 굳이 전문적인 어학 튜터로부터 배울 필요가 있는지 생각해보았다. 우리 입장에서는 중국어 문법이나 정확한 발음이나 이런게 중요한 게 아니고 차라리 대화를 하면서 여러 번 단어의 소리를 들을 수 있으면 그게 더 나을 것 같았다. 그래서 전문 튜터로부터 배우는 것 보다 더 좋은 방법이 없을지 고민하다 외부 환경을 보니, 중국에는 전통 발마사지 샵이 많은 점이 눈에 띄었다. 1시간에 한국 돈 5천 원 정도면 발 마사지를 받을 수 있었는데 편안한 의자에 앉아서 받기 때문에 중국인 관리사와 대화를 하기도 좋았다. 그래서 우리 스터디팀은 일주일에 두 번씩 시간을 맞추어서 중영 사전을 들고 발 마사지를 받으러 갔다. 그 시간 동안 사전을 펴고 무조건 중국인 관리사와 대화를 하기 시작했다. 그리고 나와서는 카페에 모여 그날 각자 배운 단어와 표현들을 공유했다. 이런 방식으로 중국어를 배워보니 생각보다 빨리 늘었다. 여전히 읽고 쓰지는 못했지만 일상 생활에서 들려오는 중국말들을 대충 이해하고 대충 말할 수 있었다. 그렇게 6개월의 시간이 다 지나갈 무렵 택시를 타게 되었는데, 이동하는 30분 내내 택시 기사와 중국말로 대충 수다를 떨며 갈 수 있었다. 그 대화 주제 중에는 중국 경제에 대한 대화도 있어서 스스로 뿌듯했던 기억이 있다. 팀원들 모두가 이런 효과를 경험했으며 그중에는 이렇게 시작한 중국어 공부가 재미있어 더욱 진지하게 공부하기 위해 중국에 남게 된 친구도 있었다.

나는 한국의 영어 교육이 실패해온 이유는 너무 진지했기 때문이라고 생각한다. 수많은 어학 공부 방법론 속에서도 우리 영어 실력은 별 진전이 없는 이유는 늘 '철저하게' 하려 했던 언어 학습에 대한 자세가 오히려 우리에게 독이 되었기 때문이다. 모든 공부가 진지할 필요는 없다. 잘못 말하면 어쩌나, 틀리면 어쩌나, 할리우드 영화처럼 멋져 보이는 미국 영어를 하지 못하면 어쩌나하는 걱정들을 안고 열심히 공부했지만 실력은 그저 그런 경우들이 많다. 언어 습득 과정은 오히려 끊임없는 틀림과 수정의 과정이다.

잘 엮어내는 것이 가장 좋은 공부다

같은 라면도 누가 요리하느냐에 따라 맛이 천차만별이다. 이미 표준화된 똑같은 라면 제품인데 누가 끓이느냐에 따라 맛이 달라지는 게 참 신기하다. 물의 양, 불의 세기, 라면을 넣는 순간, 스프의 양 등을 각자의 노하우에 따라 엮어내어 자신들의 개성을 살린 맛을 만들어 낸다. 생각해보니 글을 쓰는 일도 그렇다. 우리가 사용할 수 있는 단어들은 누구에게나 똑같은데 어떤 사람들은 좋은 글을 써내고 어떤 사람들은 시시한 글을 써낸다. 단어들을 어떻게 조합해서 스토리를 만들어내느냐에 따라서 글과 메시지의 수준이 다르다. 김정운 교수는 『에디톨로지』에서 오늘날의 지식인은 정보와 정보의 관계를 '잘 엮어내는 사람'이고, 천재는 정보와 정보의 관계를 '남들과는 전혀 다른 방식으로 엮어내는 사람'이라고 했다.

영국의 잉글리시 프리미어리그EPL는 세계에서 축구를 제일 잘한다는 선수들이 와서 뛴다. 몸값이 수백억 원씩 하는 선수들이 즐비하다. 슈팅을 잘해서 골 결정력이 높은 선수들, 수비력이 좋은 선수들 등 다양한 능력을 가진 선수들이 높은 평가를 받지만 현대 축구에서는 이런 선수들에게 한 가지 더 필수적으로 요구하는 것이 있다. 바로 '연계 플레이'다. 아무리 슈팅이 좋아도 창의적인 연계 플레이가 부족하다면 높은 가치를 인정받지 못한다. 손흥민 선수의 경우 독일 분데스리가에서 영국 프리미어리그 토트넘으로 이적 후에 가장 많이 성장한 부분 중의 하나가 연계 플레이이다. 연계 플레이가 성장하면서 팀 전술에 녹아들고 좋은 성과를 내기 시작했다. 프랑스리그 파리 생제르맹PSG의 이강인 선수는 늘 주목받는 강점이 탈압박 후 연계 플레이이다. 단순히 스피드가 있고, 슈팅이 좋고, 헤딩이 좋고 하는 단순한 기능적 우위보다 팀 동료들과 연계해 플레이를 할 줄 아는 전술적 능력의 가치가 갈수록 중요해지고 있다.

조금만 더 확장해보면 공부를 한다는 것은 사용이 가능한 재료들의 양과 종류들을 늘려가는 일이다. 그리고 더 중요한 것은 그 재료들 사이의 관계를 자신만의 방법으로 엮어내는 일이다. 여기서 우리가 간과해서는 안되는 것이 재료와 방법들의 원천이 바로 나 자신 '개인'일 수 있다는 것이다. 봉준호 감독이 지난 2020년 2월에 미국 캘리포니아주 로스앤젤레스의 할리우드 돌비 극장에서 열린 92회 아카데미 시상식에 참석해 영화 <기생충>으로 감독상을 수상했다. 오스카 트로피를 받은 뒤 미국의 거장 마틴 스코세이지Martin Scorsese 감독에게 영광을 돌린다는 발언을 하면서 그의 말을 인용하는 부분이 있다. "가장 개인적인 것이 가장 창의적인 것이다."라는 이야기였다. 우리는 '가장 개인적인 것'을 소홀히 여기고는 한다. 공부의 방향이 외부의 어떤 것을 향하는 것은 지극히 당연한 일이다. 그렇지만 동시에 내 안의 어떤 것을 향하는 노력도 게을리해서는 안된다. 외부에 있는 것은 남들도 베끼기 때문에 창의적이기가 쉽지 않다. 내 안에 있는 것들은 최소한 나만 탐험할 수 있기 때문에 독창성을 간직하고 있을 수 있다. 따라서 그것을 발견해 엮고 연계해내는 것이 가장 큰 경쟁력이 될 수 있다.

우리들은 프라이버시와 개인주의를 열망한다. 그런데 생각해보면 열망한다는 것은 그만큼 보장받지 못하고 있다는 것의 반증이다. 우리가 사적인 영역을 방해받거나 침해당하는 것을 싫어하고, 이들을 보장하는 것이 사회의 중요한 가치임에도 말이다. 우리들의 하루를 들여다보면 개인적이고 사적인 시간이 별로 없다. 아침에 눈을 뜨자마자 우리 대부분의 생활은 단체생활 비슷한 그 무엇이 되어 버린다. 공부도 그렇다. 같은 텍스트를 보고, 같은 정보를 보고, 같은 선생들로부터 배우며 살아간다. 콘텐츠가 다양해지고, 우리에게 주어진 선택의 자유는 절대적이라고 하는데 이상하게도 우리는 같은 것을 본다. 우리는 이러한 현실을 자각하고 다른 사람들의 시선에 신경 쓰지 않는 자신만의 세계를 만들어가야 한다. 그러기 위해서는 사적인 공부의 시간이 반드시 필요하다. 이는 누구에게나 주어진 것들을 다르게 엮어내고 해석할 수 있는 원천이 될 것이기 때문이다.

공부와 디자인

공부를 한다는 것과 가장 큰 시너지를 만들어 낼 수 있는 개념이 무엇일까 고민했던 적이 있다. 그것은 다름 아닌 '디자인Design'이었다. 디자인이라는 단어의 어원은 라틴어 데시그나레Designare이다. 데시그나레의 의미를 찾아보면 표시하다/형태를 그리다/나타내다/의미하다/계획하다/실행하다 등 여러 가지 의미를 내포하고 있다. 데시그나레의 어원적 구조는 'De'와 'Signare'의 결합에 의해 이루어진다. 'De'라는 접두어는 '~을 분리하다, 또는 취하다'를 뜻하며, 'Signare'는 '기호 또는 상징'이라는 뜻과 결합되어 '기존 기호로부터 분리시켜 새로운 기호를 지시하다'라는 의미가 된다. 이 어원의 의미로 볼 때 디자인의 의미는 '이미 존재하는 기호를 해석해서 새로운 기호를 창조하는 행위'라고 할 수 있을 것이다. 다른 어원은 프랑스어의 '데쌩Desseing'과 비슷한 시기인 15~16세기 때 형성된 라틴어 '디세뇨Disegno'로 이 두 단어의 뜻은 '계획, 의도, 목적, 그림, 모델'을 의미했다고 한다. '디세뇨'라는 말은 이탈리아의 미술 이론가 란칠로티F. Lancilotti가 그의 저서인 『회화 개론』에서 '회화를 위한 계획, 즉 밑그림'을 의미한 데서 유래했다고 한다. 디세뇨는 점차 예술가의 마음에서 작용하는 창조적 사고로 그 의미가 확장되었는데 이는 예술가의 '마음의 계획'을 의미하게 된다. 어원적 유래를 통해서 보면 '디자인을 한다'는 것은 '완성작을 위한 계획'과 전혀 새로운 것을 창조해내는 것이 아닌, '기존의 것을 재해석하여 새롭게 구성 및 창조해내는 것'으로 정리할 수 있다.

디자인이라는 단어는 사실 오늘날 큰 위력을 떨치고 있다. 확장성을 가지고 있지만 모호하지 않고, 전문성을 훼손시키지 않으면서도 풍요로움을 견지하고 있다. 동시에 여러 방면에서 현실적 실체를 구현하지 못하는 아이디어들에 생명력과 구체성을 불어넣는 핵심적 과정으로서 인지되고 있다. 이러한 정의대로라면 제대로 된 공부를 하는 사람은 훌륭한 디자이너가 되어야 한다. 어떤 것을 만들어갈 때 필요한 재료, 사용자의 니즈, 맥락 등에 대한 총체적 시각을 가지고 지식을 습득하고 해석하여야 하며, 이 모든 것들을 담아내는 실체를 구현해나가야 한다.

사실 '창조'라는 단어는 상당히 무겁고 부담스러운 단어이다. 무無에서 유有를 만들어낸다는 의미가 강하기 때문이다. 하지만 우리들이 만들어 내는 대부분의 것은 무의 상태에서 만들어지는 것이 아니라 그동안 보고 경험한 것들에 의존해 새로운 것을 만들어 가는 것이다. 기존의 것을 재해석하여 새롭게 구성하는 데 방점을 두는 디자인은 창조라는 부담감으로부터 해방시켜 줄 수 있다. 공부는 받아들임에 더 큰 초점을 두는 것처럼 보이고 디자인은 생산하는 것에 더 강조점을 두는 것처럼 보이기에 공부가 디자인에 비해 수동적인 것처럼 보일 수 있다. 하지만 가장 적극적인 공부는 구체적 실체를 만들어내는 것과 밀접하게 닿아 있다. 따라서 디자인의 과정에는 공부의 과정을 포함하고 있다. 공부 없이는 디자인할 수 없기 때문이다.

250억짜리 점심 식사의 효용 가치를 결정하는 것

세계에서 가장 비싼 점심 식사가 있다. 한국 돈으로 250억 원 정도다. 실망스럽게도 먹는 음식은 평범하다. 뉴욕에 있는 한 스테이크 전문점에서 먹는 것이다. 이렇게 비싼 가격을 치러야 하는 이유는 음식 때문이 아니고 함께 먹는 사람 때문이다. 그 사람은 바로 세계 최대 부호이자 투자의 귀재인 워런 버핏 버크셔 해서웨이 회장이다. 이 점심 식사 기회는 2022년 6월에 자선 경매 행사를 통해 1,900만 달러(약 250억 원)에 낙찰됐다. 이는 버핏이 점심 식사 행사를 시작한 2000년 이후 역대 최고가다. 2019년 457만 달러(약 60억 원)의 4배가 넘는 가격이다. 코로나19로 열리지 않은 데다 버핏이 2022년을 마지막으로 행사를 중단할 것이라고 밝히면서 경매 가격이 크게 뛰었다고 한다. 이 행사로 얻은 수익금은 샌프란시스코 비영리 단체인 글라이드 재단에 기부된다. 20년간 누적된 기부금은 약 5,300만 달러(약 700억 원)에 이르는 것으로 알려졌다. 대체 무엇을 얻거나 물어보기 위해 저런 돈을 지불하면서 그와의 점심 식사에 투자를 할까. 앞서 버핏과 식사를 한 사람들 가운데는 버핏의 투자 방식 등에 대한 조언을 얻은 이들도 많다. 2007년 낙찰자인 투자가 가이 스파이어Guy Spier는 버핏을 만나고 자신이 느낀 투자의 가치에 대한 생각을 담은 책을 출간하기도 했다.

사실 버핏의 투자에 대한 생각이나 철학은 사실 그가 쓴 책들에 이미 다 나와 있다. 어떤 회사들에 투자해오고 있는지도 인터넷만 검색해봐도 줄줄이 나온다. 250억이라는 천문학적인 돈을 지불하지 않더라도 우리가 원할 때 언제든지 책을 통해 버핏의 투자 노하우를 아주 세세하고 정제된 언어로 길게 대화를 나눌 수 있다. 이것이 책이 우리에게 전달하는 무한한 유익이다. 우리가 워런 버핏을 비롯해서 유명하거나 영향력 있어 보이는 사람들과 만날 기회를 얻기 위해 시간과 돈, 에너지를 쓰는 이유는 어쩌면 '관계' 때문이라고 할 수 있다. 좋은 학군이나 명문 학교에 입학하기 위해 불철주야 노력하는 이유는 이 기회의 '확률'을 높이기 위한 몸부림이다.

우리는 살아가면서 누구와 교제하게 될지 알 수 없고, 아는 사람이라도 가장 필요한 순간에 내 곁에 없을 수도 있다. 일반인이 뛰어난 지성을 갖춘 사람들과 교제할 기회는 드물고, 설혹 만날 기회가 있다 해도 매우 순간적이고 부분적이다. 우리는 이런 찰나적인 기회를 애타게 원하고, 이를 얻기 위해 시간과 열정, 힘을 소모한다. 우리에게 좋은 사람을 선택하려는 의지와 통찰력이 있다 하더라도 실제로 그런 사람을 선택할 힘이 있는 사람은 얼마나 될까. 우리들의 관계는 대부분 자신이 통제할 수 없는 우연이나 필요에 의해서 정해진다. 그런 것들이 반영되어 형성된 점심 한 끼의 가치가 250억 원인 것이다.

만약 당신에게 워런 버핏과 식사를 할 수 있는 기회가 주어진다면 당신이 버핏에게 물어보거나 하고 싶은 이야기는 무엇인가. 아니면 제안하고 싶은 것은 무엇인가. 책에 다 나와있는 것을 물어볼 것인가. 만약 버핏이 당신의 질문에 대해서 자신이 쓴 책을 다시 한 번 읽어보면 그 답을 찾을 수 있을 것이라고 답한다면 당신이 그 자리에 있어야 하는 이유는 무엇인가. 그냥 세계에서 가장 잘 나가는 사람과 밥 한 끼 먹었다고 하는 자부심 하나만 주어지면 충분한 것인가. 그냥 스타를 존경하는 팬심을 충족할 수 있다면 끝인 것인가. 나에게 250억 원을 지불할 만큼 충분한 돈이 있다면 버핏을 만났을 때 어떤 이야기를 나누고 싶은지 자신에게 질문해보라. 나 자신에게 질문을 던져보니 답하기가 정말 어렵다. 내가 하려는 것이 명확하지 않으면 타인과의 관계가 주는 이로움은 피상적이고 실체가 없다. 내가 준비되지 않았는데 타인과의 관계가 본질적일 수는 없다. 우리가 공부를 통해서 가장 먼저 얻어내야 하는 것은 바로 본인 자신에 대한 이해이다. 그리고 질문을 스스로에게 해보면서 기회가 와도 잡지 못하는 이유를 깨달을 수 있었다. 책상에서 책으로 하는 공부일지라도 책상 밖에서 어떻게 살아갈지에 대한 질문과 답을 찾아가는 치열함이 있어야 하는 것이다. 남에게 잘 보이기 위해서가 아니라 스스로의 성장을 위해서 공부해야 한다. 내게 주어졌거나 앞으로 주어질 기회를 그냥 흘려보내지 않기 위해서는 미래를 위한 비전과 전략이 독학하는 시간을 통해서 도출되어야 한다.

공부는 수단이 아닌 삶의 한 방식

우리 삶은 다분히 일 중심이다. 선배들 중에 50대 후반이 되어 은퇴를 한 분들을 만나보면 은퇴 전 직장 생활을 하고 있을 때와는 확연히 다른 모습이다. 다니던 직장에서의 일이 끝났다고 해서 삶이 끝난 것은 아닌데 사람들은 은퇴 전과 후가 너무나 다르다. 대부분은 흰머리도 확연히 늘어나 있고, 은퇴는 했지만 여전히 일을 할 수 있는 체력인데도 집에만 있기 어색해서 운동이나 등산 등 평소에는 하지 않았던 취미를 개발하느라 분투를 하고 있다. 일만 하고 공부하지 않으면 작은 세상에 갖힌다. 가장 이상적인 구조는 일과 공부가 동시에 일어나는 것이다. 일 중에서 가장 위험한 일은 일하지만 공부가 되지 않는 일이다. 일은 하지만 그 일을 통해 지식도 늘지 않고, 경험도 늘지 않고, 사람으로부터 배우는 것도 늘지 않는 일은 최소화해야 한다.

공부가 주는 유익을 놓치는 가장 큰 이유 중의 하나는 공부를 전략과 수단으로서만 다루고 '과정' 그 자체로서 다루는 데 실패하기 때문이다. 어린 시절 시작한 '공부'는 입시를 시작으로 과도하게 목표 중심화되어 있다. 과도한 목표 중심화는 공부가 일종의 탐험과 자유로서의 행위라는 내재적 본질을 상실하게 만든다. 정보 사회, 지식 사회라는 슬로건 아래에서 어떤 시대보다 자기 계발의 중요성이 강조되면서 '공부'는 만병통치약의 지위를 누려

왔다. 그런데 세상은 그렇게 단순하지 않기에 우리가 직면하는 대부분의 문제들은 이러한 '공부'만으로는 해결되지 않는다.

공부는 어떤 외적 효용을 가져오기 이전에 공부 자체가 나라는 사람을 만들어가는 내재적 기능이 있다. 공부는 효용의 문제이기 이전에 삶의 방식에 관한 것이다. 먹고 살길을 안정적으로 만들기 위해서 더 빨리 끝내버려야 하는 과제가 아니라 삶의 끝까지 동반해야 하는 어떤 것으로 공부를 인식한다면 그 공부의 모습은 우리가 생각해온 것과는 확연히 다르다. 그래서 알 수 없는 미래의 어느 시점이 아니라 현재 있는 그대로의 모습에 공부를 어떻게 녹여내야 할지 고민해야 하는 것이다. 따라서 공부는 지혜를 모아가며 해결안을 만들어가는 과정 그 자체로서 모든 문제들에 공통적으로 작동하는 가장 효과적인 과정 그 자체가 될 수 있다. 이런 측면에서 우리는 더 많이 공부할 필요가 있다.

무엇을 모르는지 아는 것

가장 지도하기 힘든 학생들 중 하나는 자신이 무엇을 알고 무엇을 모르는지 스스로 파악을 못하고 있는 학생이다. 그리고 이런 학생들이 주로 가지고 있는 또 다른 문제는 혹 무엇을 모르고 있는지 알게 된다 할지라도 그 부분을 어떻게 공부해서 약점을 보완해야 하는지에 대한 생각과 경험이 없다는 것이다. 그런 학생들이 주로 해온 공부들의 특성을 관찰해보면, 공부하고 모르는 부분의 대부분을 '모호함' 가운데 놓아둔다. 확실하게 알려고 하는 의지가 없고, 그 의지가 혹 있다 하더라도 확실한 이해로 가는 자신만의 방법론이 훈련되어 있지 않다. 그래서 시험 문제가 예전에 한번 풀어본 대로 나오면 맞고 응용된 문제는 틀린다.

지식에는 두 종류가 있다. 어떤 것에 대해서는 자신이 알고 있다는 느낌은 있는데 설명하려면 잘 안되는 지식과 자신이 알고 있다는 느낌도 있을 뿐만 아니라 다른 사람에게 설명도 할 수 있는 지식이 있다. 그렇다고 해서 전자의 지식이 불필요한 것은 아니다. 대부분의 지식에 대한 습득은 전자의 지식 단계를 거쳐서 후자의 지식 단계로 나아간다. 나아감에 있어서는 시간이 소요되는데, 이 시간 동안 지속적인 탐험과 노력을 하지 않으면 수박 겉핥기 수준의 단계인 전자의 지식에만 머무르게 된다.

공부의 의미에서 바른 '인내'란 이 전환의 과정을 촉진할 수 있는 활동을 하면서 그 시간의 길이를 버텨내는 것이라고 할 수 있다. 그런데 이 전환의 과정에서 꼭 필요한 것이 '무엇을 모르는지 아는 것'이다. 이런 개념을 인지심리학자들은 '메타인지Metacognition'라고 부른다. 메타인지는 미국의 발달심리학자인 존 플라벨John H. Flavell이 창안한 용어로서 쉽게 말하면 '자신의 인지 과정에 대해 생각하는 능력', 즉 자기 자신의 인지 처리 과정을 인식하고 인지처리 과정 뒤에 있는 패턴을 이해하는 것을 말한다. 메타인지에는 학습 기술, 기억력 및 학습 모니터링 능력과 같은 자신의 사고 과정에 대해 생각하는 것도 포함된다. 이 개념은 공부의 기술을 배워가는 데 있어서 핵심적인 역할을 하는 분야이다.

미국의 뇌학자인 리처드 레스택Richard M. Restack은 『인간적인, 너무나 인간적인 뇌』에서 메타인지에 대해 "예시로 특정 사람들을 대할 때 자신의 편견을 인식하는 것, 동료와 껄끄러운 대화를 나누면서 점점 화가 나는 것을 계속 인식하고 있는 것, 동료가 나보다 더 자질이 있다는 것을 마지못해 인정하기 때문에 탐나는 과제를 그에게 기꺼이 넘겨주는 것 등을 들 수 있다. 보다 높은 수준의 메타인지에서는, 인간과 다른 동물 사이의 차이가 훨씬 더 극명해진다. 오직 인간의 두뇌만이 '사느냐 죽느냐, 그것이 문제로다'를 가늠할 수 있다."[31]고 설명한다.

메타인지는 '자기 객관화'와 깊은 연관성을 갖는다. 자기 객관화란 자신을 객체로 알고 있는 그대로의 자신과, 자기가 바라는 자신, 남들이 보는 자신 간의 차이를 이해하는 것을 말하며 자신의 인지 과정에 대해 제3자적 관점에서 관찰하는 것을 포함한다. 욱하는 기질이거나 예민해서 화를 잘내는

31 리처드 레스택 저, 홍승효 역(2015),『인간적인, 너무나 인간적인 뇌』, 휴머니스트, 192p.

사람들 중에는 메타인지나 자기 객관화 훈련이 안되어 있기 때문에 종종 조직 내에서 문제를 일으키는 경우들이 있다. 또한 실수와 잘못을 하고도 자기 방어적 태도를 취하며 감정적으로 대응하기도 한다. 자신이 콤플렉스를 가지고 있다고 생각되는 부분이 자극되면, 특정 기제가 발동해서 3자적 관점에서 자신의 감정과 행동을 모니터링하는 데 실패를 하게 된다.

나이가 많고 경험이 많다고 해서 메타인지나 자기 객관화를 잘하는 것은 아니다. 오히려 늘 해왔던 대로만 해서 딱딱하게 굳은 껍질로 둘러싸고 있는 경우가 더 많다. '꼰대'라는 말이 그런 사람들의 특성을 잘 대변하는 단어 중의 하나다. 이런 사람들이 잘하는 실수 중의 하나는 자신의 감정 때문에 내리는 결정을 자신의 직관이라고 착각하는 것이다. 직관과 감정은 다른 것이다. 많은 경우 우리는 직관과 감정을 혼돈한다. 투자 회사의 경험많은 펀드매니저들이 잘 나가다가 갑자기 큰 손실을 보는 이유들이 이와 비슷하다. 몇 번의 직관적 혹은 감정적 판단으로 큰 수익을 낸 경우가 한두 번 있으면 그 같은 방식을 무의식적으로 다른 사례에도 적용한다. 자신의 성공 사례를 확대 해석하고 자신의 능력을 과신하게 되면서 근거없는 판단을 내린다. 근거가 뭐냐고 물어보면 자신의 직관이라고 말하는데 알고 보면 자신을 과신하는 감정적 상태 때문에 그런 결정을 내리는 경우들이 많다.

미국 『포춘Fortune』지의 편집장인 제프 콜빈Geoff Colvin은 2008년에 쓴 책 『재능은 어떻게 단련되는가』에서 최고의 성과자들이 업무를 보는 동안 사용하는 가장 핵심적인 자기조절 기술로 '자기관찰Self-Observation'을 꼽았다. 예를 들어, 평범한 마라톤 선수들은 경기 중에 달리기가 아닌 다른 일을 생각하는 경향이 있는데, 너무 고통스러워서 생각을 다른 데로 돌리려고 하기 때문이다. 반대로 최상위 선수들은 무시무시할 정도로 자기 자신에게 집중하고, 특히 호흡과 발걸음을 세면서 일정 비율을 유지한다고 한다. 즉 3자적 관점으로 집중력있게 자신을 관찰하고 인식하면서, 환경 변화에 자신이 적응하도록 만들어 목표를 달성하는 것이다.

새로운 것을 배우는 성장 메커니즘

우리의 성장 과정에서 오랫동안 기억에 남는 배움은 학습을 통해 몸이 무언가를 익힐 때다. 이에 대한 예시로 가장 먼저 떠오르는 것은 수영이다. 개인적으로 수영을 배우면서 힘들었던 기간은 키보다 깊은 물에서 두려움 없이 몸을 띄우고 수영해야 할 때였다. 이 기간이 생각보다 길었지만 코치의 가이드를 따라하면서 겨우겨우 습득해 어느덧 깊은 물이 더 이상 두렵지 않은 순간이 오게 되었다. 만약 당신이 아직 당신의 키보다 더 깊은 물에서 수영을 할 수 없다면 아직 수영에 대해 해결해야 할 일이 남아 있는 것이라고 할 수 있다.

다음으로는 자전거를 타는 것이다. 자전거를 처음 배울 때 어떻게 바퀴 두 개로 좌우로 넘어지지 않고 앞으로 나아갈 수 있다는 건지 머리로는 도저히 이해가 되지 않았다. 이해를 앞세우지 않고 가르쳐주는 사람이 가르쳐주는 대로 믿고 시도했더니 앞으로 페달을 밟으며 나아갈 수 있었다. 그러자 자전거의 중심이 잡히고 자전거가 전진하는 신비를 맛보게 됐다. 수영이나 자전거를 배우는 이런 과정은 일종의 긍정 심리 효과를 연쇄적으로 일으키기도 한다. 어렵지만 성취감을 맛볼 수 있는 이러한 행위를 익히고 즐길 때 행위 자체가 우리의 성격과 태도 안에 녹아들면서 긍정 심리 효과의 연쇄 반응이 저절로 생겨난다. 배움에 대한 두려움을 극복하고 전문가의 조언에 자신을 맡긴 뒤 힘써 배우는 과정들이 자라면서 반복된다면 자신의 내밀한 세상이 더 넓어지는 성장의 과정을 내재화할 수 있게 된다. 이 학습의 과정은 외부 세상으로 자신을 확대해나갈 수 있는 아주 즐거운 과정이다.

사실 이런 일들은 우리 삶에 모든 단계와 정신, 심리, 육체, 지능 등 모든 영역에서 전방위적으로 일어난다. 아이가 태어나서 처음 발을 떼어서 걷기 시작할 때, 부모와 떨어져서 유치원에 가기 시작할 때, 처음으로 친구를 사귀기 시작할 때 학교에서 학년이 올라갈 때 등 늘상 겪는 일이 된다. 청년이 되고, 청년이 능력을 갖춰나가고 사회의 편입되는 과정에서도 이런 특징은 계속 나타난다. 대학에서 학생들을 가르쳐 보면서, 배움을 호기심으로 대하고, 학습의 과정에서 학생들의 정신적 에너지가 분출하는 것을 보면 젊음이 가져다주는 에너지에 대해 언제나 경이로움을 느낀다. 학생들이 이 에너지를 지속적으로 언제든지 발산할 수 있도록 하는 방법론이 있으면 좋겠지만, 이런 일이야말로 '맥락'의 힘이 중요하기 때문에 방법론 보다는 '지혜'가 필요한 일이라는 생각이 든다.

가장 힘든 공부의 과정을 헤쳐나가는 사람들 중 하나는 공무원 시험 등과 같은 시험을 다년간 준비하고 있는 사람들이라고 생각한다. 지적 호기심에 의한 선택이 아니라 먹고 살아야 하는 문제를 걸어야 되기에 공부의 과정 자체가 좀처럼 새로움을 허락하지 않는다. 또한 이런 종류의 공부일수록 공부를 하는 특정 방법론에 자신의 라이프 스타일을 강제적으로 끼워 맞춰야하기에 그 시험에 합격하기까지 다분히 '순종적'일 수밖에 없다. 주변에 이런 종류의 시험을 준비하고 있는 사람들에게서 행복감을 느끼기 어려운 이유가 이런 것 때문이지 싶다.

공부로 인해 삶이 힘든 이들을 보면 자신의 삶을 일깨우고 다시 디자인하는 일에 특정한 방법이 좀 있으면 좋겠다는 생각이 든다. 그런데 이런 문제들은 하나의 단순한 방법으로 해결되지 않는다. 유튜브에서 '이거 하나만 반복적으로 했더니 인생이 바뀌었다' 등의 썸네일들은 다 가짜라고 보면 된다. 자기 자신과 환경을 총제적으로 인식하는 일이 필요하다. 온 신경을 집중하고 남들이 해본 방법이든, 스스로 만든 방법이든, 이것저것 짜집기 한 것이든 다 가져다가 내 스타일로 어떻게 바꾸어 응용할 수 있을지를 고민해야 한다.

일생의 공부 주제

죽는 날까지 공부하며 씨름하고 싶은 일생의 주제가 있는가. 우리의 공부는 사실 다분히 인스턴트적이다. 뉴스에 논란이 되는 주제들을 살펴보고 만들어진 베스트셀러 리스트들 중에 한두 권 읽어본다. 또 남들이 미래에 필요한 기술이라고 하면 나도 해야 하나 싶어서 발을 담그고, 취업을 위한 또는 이직을 위한 각종 자격증이나 시험에 관련된 공부를 하다 보면 인생의 시간이 훌쩍 지나가 버린다. 이런저런 공부를 스트레스 받으며 해나가면서도 이런 상황에서 막상 공부의 즐거움이나 보람을 느낀다는 것은 드문 일이다. 남들이 자신들도 잘 모르면서 던져놓은 파편들에 휘둘리다가 끝나 버린다. 이어령 교수는 일전에 한 저서에서 머리는 자기 것이지만 생각은 남의 것이기 때문에 문제가 된다고 말했는데, 이처럼 우리의 공부는 자기 시간을 쓰면서 남이 써 놓은 것만 보다 끝나버리는 공부를 하고 있다.

우리는 다른 사람의 생각을 내 생각처럼 여기며 살고 있는 경우가 많다. 하늘 아래 완전히 새로운 것은 없으니 사실 별로 문제될 것은 없을지도 모르겠다. 문제는 다른 사람의 생각이 나의 생각이 될 때 그 과정에서 잘라내고 수정하고 재창조하여 나의 것으로 내재화하는 과정 없이 무작정 따라만 하는 것이다. 친구 따라 강남[32]을 가기는 하는데 왜 가는지 모르고 가는 것이다. 이런저런 남들이 던져 놓은 파편들을 공부하면서도 이 파편들이 작품이 될 수 있도록 엮어내고, 죽을 때까지 자신의 성장을 가늠할 수 있는 어떤 서너 개의 '주제Theme'가 있다면 우리의 일생이 공부로 피곤해지는 일은 없어지지 않을까.

막상 이런 '주제'가 나에게는 있는가라고 스스로에게 질문했을 때 명확한 답을 하는 것이 아직도 쉽지 않다. '얼른 찾아야지'하고 자신을 푸쉬하다가 멈춰섰다. 이것을 찾는 것에 있어서 속도가 중요하지 않다는 것을 깨달았기 때문이다. 이런 종류의 공부는 느리게 가도 좋다. 어차피 죽는 날까지 해나가야 할 일이니까 날마다 한 걸음만 걸어도 의미가 충분하다.

이런 주제는 인문학적일 수도 있고, 과학적일 수도 있고, 사회과학적일 수도 있고, 종교적이거나 정치적일 수도 있다. 잊지 말아야 할 것은 자신이 하고 있는 공부들을 관통해나갈 수 있는 일생의 주제를 잡기 위해 애써야 한다는 것이다. 이런 주제가 필요하다는 것을 인지하는 것 자체가 내가 어

---

32 '친구 따라 강남 간다'는 사자성어 '추우강남追友江南'인데 자신의 뚜렷한 주관없이 남에게 끌려서 덩달아 하다가 좋지 못한 결과를 얻게 된다는 뜻이다. 여기에서 강남은 서울의 강남이 아니라 중국의 양쯔강 아래 지역을 의미하는데 오늘날의 안후이성, 저장성 일대를 말한다.

떤 공부를 하고 있을 때 이런 종류의 공부는 본질적으로 내 삶의 어떤 방향을 향하여 수렴되고 기여할 수 있는지를 더욱 자주 생각하게 한다. 이런 의미에서 독학의 과정은 일생의 공부 주제를 찾아가고 발견하는 여정이어야 한다.

7 공부한다는 것의 의미

인식과 기억은 다르다

컬럼비아대학교 심리학과 벳시 스패로Betsy Sparrow 교수 연구진은 2011년 7월 『사이언스Science』지에 「구글 효과와 기억력: 정보를 쉽게 얻는 데 따른 인지적 결과Google Effects on Memory: Cognitive Consequences of Having Information at Our Fingertips」라는 흥미로운 논문을 발표했다. 이 연구에서 발표한 내용에 따르면, "간단한 정보일지라도 그 정보가 컴퓨터에 저장된 것을 알고 있는 그룹이 그렇지 않은 그룹보다 그 정보를 잘 기억하지 못했다."고 했다. 즉, 어떤 정보가 컴퓨터에 저장되어 있는 것을 알고 있으면 정보를 나중에 찾아볼 수 있다고 생각하기에 사람들은 그 정보를 자신이 스스로 기억하려고 하지 않아 순간 기억력이 떨어지는 현상이 발생한다는 것이다. 또한 연구진은 구글 등 검색엔진에서 검색으로 손쉽게 정보를 얻을 수 있기 때문에 정보를 기억하려고 노력하지 않는 이런 증상을 '구글 효과'라고 명명했다. 이 말은 기억하지 않아 생기는 일종의 디지털 건망증Digital Amnesia을 이르는 말로도 쓰인다.

인터넷과 정보기술의 발달로 정보를 쉽게 찾을 수 있게 되면서 현대인의 기억력이 점점 저하되고 있고 있는 것은 논문 속에서의 일만이 아니다. 기술의 발달이 인간의 능력을 더욱 높여줄 것이라는 기대가 막연히 있었는데, 공부에서 중요한 한 축인 '기억력' 부분에서는 손해를 보고 있는 것이 확실한 것 같다. 기억력 외에도 '깊이 생각하는 능력' 또한 타격받고 있는데, 미국 UCLA의 발달심리학자 패트리샤 그린필드Patricia Greenfield 교수가 2009년『사이언스』에 발표한 논문에서 "인터넷과 화면 기반의 기술을 쓰면서 머릿속에서 대상에 대한 방향을 바꾸는 등 시공간적 능력은 발달했지만 의식적 지식습득, 귀납적 분석, 비판적 사고, 상상력은 약해졌다."고 했다. 이처럼 우리도 모르는 사이 우리의 공부가 상당히 피상적으로 변하고 있다.

'인터넷에서 찾아보면 알아낼 수 있다'는 것에 대한 인식이 커진 것 외에는 내 머릿속에 기억해 두려는 의지도 약해져 있고, 기억해 놓은 것을 바탕으로 스스로 질문을 하고 사고의 깊이를 높이려는 추진력도 약해져 있다. 인지적 관점에서 보면, 공부는 인지, 이해, 기억, 피드백이라는 핵심적 과정이 자신의 뇌 속에서 일어나야 하는 것이 분명하다. 공부의 본질은 단순한 '인식Recognition'이 아니다. '인식'만으로는 카피는 할 수 있을지 몰라도 자신만의 글을 쓸 수도 없다.

텅 빈 공부, 가짜 공부

우리가 오전 9시부터 정오 12시까지 도서관에서 세 시간을 공부했다고 하면 우리는 정말로 세 시간을 공부한 것일까? 오전 9시에 도서관에 도착해서 그날 무슨 공부를 할 것인지 책들을 뒤적이며 계획을 세웠던 시간, 책을 펴서 공부 좀 하다가 커피가 마시고 싶어서 자판기 커피를 뽑으러 다녀온 시간, 화장실에 다녀온 시간, 아는 사람을 만나서 잠시 수다를 떨었던 시간, 집중력이 떨어져서 졸았던 시간, 스마트폰이나 SNS 메시지를 확인했던 시간, 유튜브에 예기치 못하게 뜬 흥미로운 동영상을 잠시 보았던 시간 등을 공부 시간에서 뺀다면 사실은 세 시간 공부한 것이 아니라 한 시간 정도만 공부했을지도 모른다. 그리고 정작 중요한 문제는 정말로 해야 하는 공부를 계획하고 하려고 시도했는지 조차 알 수 없다는 점이다. 그냥 공부를 해야 할 것 같으니까 남들이 하는 공부에 자신도 숟가락을 얹어놓고 하는 척하고 있었는지도 모른다.

스웨덴의 사회학자인 롤란드 파울센Roland Paulsen은 『Empty Labor(텅 빈 노동)』이라는 책에서 이 텅 빈 노동의 유형을 빈둥거리기, 시간 늘리기, 일 늘리기, 일 꾸며내기로 정의했다. 이런 네 가지 유형은 동일하게 우리의 공부에도 적용되고 있다. 어쩌면 우리는 텅 빈 공부 혹은 가짜 공부를 하고 있는지도 모른다. 책상에 앉아는 있지만 해야 할 공부를 하지 않고 디지털기기로 영상이나 SNS를 보며 빈둥거리는 것, 공부할 부분에 대해 목표 시간 없이 무한정 늘려가는 것, 꼭 해야 하는 공부가 아니라 불필요한 공부들을 늘려가는 것 등 스스로 공부하고 있다는 착각이 들게 하는 비본질적인 활동들이 이에 다 해당된다고 할 수 있다.

중·고등학교 시절을 돌이켜보면 중요한 시험이 다가오면 학교에서 전체적으로 야간 자율 학습을 시키곤 했는데 모든 학생들이 그 시간에 필수적인 공부를 하고 있었던 것은 아니였다. 강제적으로 주어진 그 시간을 때우기 위해 소설책 또는 만화책을 보거나 누군가는 음악을 듣는 등 가짜 공부로 채워지는 경우가 많았다. 우리에게 시간이 있어야 공부를 할 수 있는 것은 맞지만 시간의 양이 우리의 공부를 주도해서는 안된다. 우리에게 반드시 필요한 공부가 시간을 지배해야 '진짜 공부'가 될 수 있다. 따라서 우리는 흘러가는 시간 속에서 공부가 어떻게 진행되고 있는지 점검해봐야 한다. 책상에 앉아있었다고 공부를 하는 것이 아니고, 주어진 시간을 가득 채우면서 책을 봤다고 해서 '필수적인' 공부가 아닐 수 있다.

단층에서 다층이 되어가는 과정

인공지능 영역에서 인공신경망Neural Network에 대해서 공부하다 보면, 노드Node, 층Layer 같은 구성 요소들이 나오는데, 기존의 단층 구조로는 문제를 풀기가 쉽지 않기 때문에 다층 구조를 만들어서 문제를 풀어간다. 기계를 통해 인간의 지적 능력을 구현하고자 인간의 뇌를 벤치마킹한 것이다. 어떠한 문제를 풀 때 그 다층 구조가 10개가 될 수도 있고 100개가 될 수 있다. 그 층을 무한정 늘린다고 해서 문제가 무한정 쉽게 풀리는 것은 아니지만, 특정 시점까지는 단층보다는 다층 구조가 훨씬 유리하다. 또 하나 흥미로운 것은 인공신경망이 이 다층구조 영역을 'Hidden Layer(숨겨진 층)'라고도 부른다는 것이다.

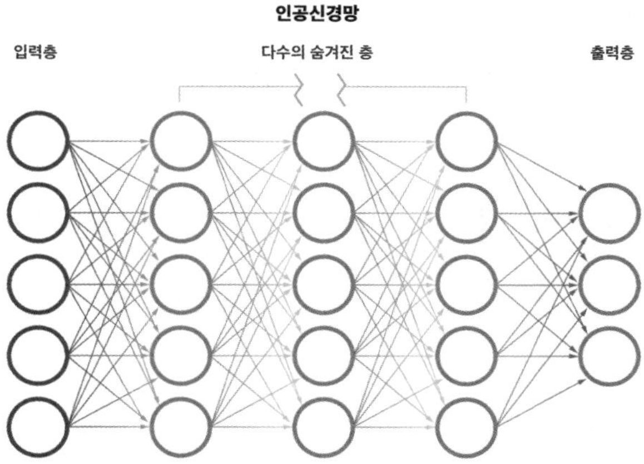

인공 신경망의 구조

컴퓨터가 어떤 문제에 대해서 의사결정을 하게 될 때 해당 결론이 나온 이유가 명명백백히 사람에게 보이면 좋은데, 많은 경우 그렇지 못하다. 어떤 구체적인 과정을 통해서 해당 결론이 나왔는지 유추가 잘 안된다. 그래서 인공지능의 약점 중의 하나가 '블랙박스Black Box' 영역이 있다는 것이다. 인공지능 때문에 일어나는 윤리적 문제의 대부분이 이 영역에서 발생을 하게 된다. 구체적인 과정을 모르니까 문제가 생겼을 때 어디서부터 잘못되었는지 찾지 못하고, 책임소재도 불명확하기에, 결과에 대한 불신도 커질 수 있다. 이 또한 인간의 두뇌 작용을 닮은 인공지능의 모습이다. 인간지능을 모방하면서 성장하고 있는 인공지능도 인간의 다층성과 인간이 가지고 있는 모순도 닮았다.

의도하든 의도하지 않든 시간의 흐름 속에서 우리들의 삶은 어떤 '층'을 만들어가게 된다. 그 '층'은 여러 경력일 수도 있고, 아니면 인생의 어떤 어려움이나 기쁨을 가져온 이벤트들일 수도 있다. 이렇게 여러 층을 만들어가게 되면 그 '층'들을 관통하는 정체성을 정의하기가 쉽지 않아진다. 그래서 사람을 만나고 관계를 맺어가는 과정 속에 스스로에게 되뇌는 것은 표면적으로 눈에 보이는 정보들을 가지고 그 사람을 정의하려고 하지 말자는 것이다.

겉으로 어느 정도 드러나 있는 커리어의 부분도 사실 다 파악이 안되는데, 그보다 더 깊고 사적인 영역들에 대한 정보는 전무하다고 할 수 있는데도 불구하고, 우리는 은연중에 일부의 정보들을 가지고 상대를 성급히 정의하려 한다. 이런 시도보다는 현재 내 앞에 서 있는 그 사람 있는 그대로의 모습에 집중해야 한다. 나의 삶이 다층이듯이 다른 사람의 삶도 다층이다. 어떤 사람들은 더욱 더 많은 층을 만들며 살아왔을 수도 있고, 어떤 사람들은 각 층마다 더 깊은 폭과 깊이를 만들어 왔을 수도 있다.

소위 어른들이 잘못하는 것들 중 하나는 자신의 시점에서 자신의 시각으로 젊은 세대의 일부 행동들을 보고 요즘 젊은 것들은 몹쓸 것들이라고 결론을 내리는 것이다. 이런 판단을 내릴 수 있는 지식과 경험을 갖추기까지 자신은 이미 그 젊은 세대보다 수십 년이라는 시간의 축적과 학습의 기회를 갖게 되었기 때문에 그만큼 성장했다는 것을 고려하지 않는다. 시간의 흐름 속에서 우리의 지식과 인간에 대한 공부가 성숙해간다는 것의 의미는 이해와 해석을 할 때 다면성과 다층성을 견지하는 것이라는 생각이 든다. 다면성과 다층성을 견지하는 것은 하나의 관점이 아니라 다양한 관점에서 대상이 되는 지식을 탐구하고 인간을 이해함으로써 포괄적이면서도 깊은 이해를 이루어내는 것이다. 우리가 멘토 혹은 스승이라 부르는 사람들의 의견과 통찰을 귀담아듣는 이유는 바로 세월 속에서 수많은 경험을 하며 어렵게 얻어낸 다면성과 다층성이 만들어내는 것들을 가치있게 평가하기 때문이다.

모호함은 에너지다

사랑은 무엇일까. 종종 참여하는 독서 모임에서 에리히 프롬Erich Fromm의 『사랑의 기술』이라는 책을 놓고 씨름을 한 적이 있다. 가장 큰 토론의 주제는 대체 사랑이 무엇이냐는 것이었다. 누군가는 기꺼이 이용당해주는 것이라 했고 누군가는 일을 대신해주는 것이라 했고, 누군가는 물과 같은 것이라 했다. 급기야 누군가는 'Nothing'이라고 했다. 사랑이라는 주제 자체의 모호함이 얼마나 큰 자유이고 에너지인지 불현듯 생각을 스치고 지나갔다. 이처럼 사람마다 사실이나 상황을 받아들이고 해석하는 방식이 다르기에 정의를 하는 관점과 내용도 모두 다를 수밖에 없다. 만약 인간보다 상위의 존재가 절대적 권위로 '사랑은 이것이다'라고 정해두고 그것을 외워서 답하는 것만이 우리가 할 수 있는 전부라면 얼마나 강압적이고 재미없는 세상일까.

공부를 하고 책을 읽다보면 인생에서 중요한 주제일수록 정의를 내리기가 쉽지 않다. 고민을 거듭하고 공부를 하면 할수록 배우고 알아가는 것도 많아지지만, 동시에 모호한 것들은 기하급수적으로 더 많아지는 듯한 느낌이 드는 것은 나만의 고민일까. 공부를 하면 할수록 더 많은 모호함과 직면해야 한다면 공부를 하지 않고 무지의 수준에 머무르는 것이 마음 편히 사는 길일까?

우리는 '모호함'에 빠져들게 하는 공부에 취약하다. 우리들의 공부는 대체로 모호함 없이 답이 딱 떨어지는 질문들과 그 질문들에 대한 답을 암기해서 선택하는 공부에 익숙해져 있기 때문이다. 대학에 입학하기 전 고등학교까지의 공부가 그랬고 대학에 들어와서도 교수님이 생각하는 답에서 나의 생각이 멀어지지는 않을까 하는 두려움을 가지고 학과 공부를 하고 시험 답안을 작성한다.

좋은 공부일수록 모호함을 향해서 나아가야 한다. 모호함은 모든 지식에 동전의 양면처럼 존재하고 있다. 공부를 해나갈수록 직면하는 것은 모호함이고 이 모호함을 파고들어 명확성을 얻고 나면 다시 다른 모호함을 만나게 된다. 즉, 진짜 공부는 모호함을 연속적으로 맞닥뜨리는 과정이다. 그렇기에 모호함을 두려움으로 생각하지 않고 에너지로 생각하는 공부의 자세가 필요하다. 모호함과 명확함 사이에 있는 수많은 생각과 질문들이 우리의 호기심을 자극하고 공부의 내용을 질적으로나 양적으로 성장시킬 수 있다.

책 한 권을 다 읽었다는 의미

당신의 독서 습관을 한번 생각해보자. 필요나 호기심에 의해서 어떤 책을 선택해 한 권을 다 읽었다면 그 의미는 무엇인가. 책 안에 쓰여진 대부분의 문자들을 다 보았다는 뜻인가? 아니면 책의 모든 분량을 읽진 못했지만 보면서 애초에 궁금해했던 부분에 대한 충분한 해답을 얻을 수 있었다는 뜻인가? 이 의미를 명확하게 정의하는 것은 생각보다 쉽지 않다. 아마 문자들을 다 보았다는 것과 궁금했던 부분에 대한 기대를 해소했다는 것 그 사이의 어느 지점일 수도 있고, 더 나아가 새로운 질문들도 갖게 되는 계기가 되기도 한다. 또 어떤 사람에게는 책을 읽고 나서 서평을 쓸 수 있는지 없는지가 기준이 되기도 한다. 서평은 책에 대한 이해와 의견, 비판, 질문들을 다 담아낼 수 있는 가장 검증된 그릇이기 때문에 책을 읽고 서평을 작성하는 것은 책을 읽었다는 것에 대한 가장 난이도가 높은 기준이라 생각한다. 이처럼 사람들마다 책을 읽었다는 기준은 상이하게 다르다.

이제 우리는 자신의 완독의 기준에 대해 다시 생각해봐야 한다. 무언가를 알기 위해 새로운 책을 찾았을 때, 우리는 이것을 다 읽어야 한다는 부담감 때문에 책 읽기를 미루고 있지는 않은지 말이다. 어떤 책은 읽다가 마는 책들도 있고, 어떤 책은 여러 번 정독을 하게 되는 책들도 있다. 책을 많이 읽게 되면 늘어나는 능력 중의 하나는 책을 보기 시작하고 나서 빠른 시간 내에 대충 한번 볼 책과 여러 번 정독해서 봐야 할 책을 구분하는 능력이다. 그런데 이 능력은 쉽게 키워지지 않는다. 자신에 대한 이해와 책에 대한 이해가 동시에 이루어져야 하기 때문이다. 독서를 하는 방법에 대해 여러 방법론들이 존재하지만, 이런 관점에서 나는 충분한 다독多讀을 권장한다. 독서도 우리에게는 하나의 '경험'인데, 경험을 습관화하는 데 있어서 가장 좋은 것은 경험의 양을 늘리는 것이기 때문이다. 경험의 양을 늘리는 것은 시간의 문제 혹은 효율성과 우선순위의 문제를 가져온다. 그런데 이것은 미리 걱정하거나 고민할 일이 아니다. 시간이 부족할 정도로 혹은 다른 일들을 미룰 정도로 책을 많이 보기 때문에 이 문제들에 직면했다는 것은 사실 좋은 일이다. 우리 인생에서 이럴 정도로 책에 몰입하는 때가 얼마나 있을까.

대충 아는 것과 깊이 아는 것의 차이

대충 아는 것과 깊이 아는 것의 차이는 무엇일까. 대충 아는 것은 앎의 대상에 대해 실루엣 정도를 파악하고 있다는 것이 대충 아는 단계이고 실루엣 이면에서 실루엣을 만들어내는 구성 요소들과 이 요소들 간의 상호 작용 정도를 알고 있으면 깊이 아는 단계라고 할 수 있다. 따라서 깊이 알게 될수록 더 작은 단위의 내용과 이 단위들의 상호 작용들을 알아가게 된다.

2018년 미국 뉴욕의 크리스티 경매 하우스에서 <Portrait of Edmond de Belamy>라고 명명되어 있는 그림 하나가 낙찰되어 팔렸다. 이 그림에는 흥미로운 사실 두 가지가 있다. 하나는 이 그림은 인공지능을 이용하여 그린 그림이고, 또 하나는 낙찰가가 무려 한화로 약 5억 원(432,000달러)에 달했다는 점이다. 덕분에 크리스티는 인공지능이 그린 미술 작품을 최초로 판매한 역사적인 경매 하우스가 되었다.

아래 그림은 프랑스 파리에 기반을 둔 아트 그룹인 오비어스Obvious가 인공지능을 사용해서 그렸는데, 낙찰 예상가를 한화 천만 원 정도(7,000~10,000달러 수준)로 생각했다고 한다. 무려 40배 이상 높은 낙찰가로 거래가 성사되었으니 대성공이라 할 수 있다. 우리가 이 그림에 대해 대충 안다고 한다면 여기까지의 정보만으로도 '대충' 수준을 만족시킬 수 있다.

<Portrait of Edmond de Belamy> ⓒObvious

오비어스는 인공지능 알고리즘 중에 GANGenerative Adversarial Network[33]이라고 불리는 것을 사용했는데, 14세기에서 20세기 사이에 그려진 15,000여 장의 초상화 그림을 이용해서 인공지능을 학습시켰다. 이 단계의 지식부터 우리는 깊이 아는 단계로 나아가기 시작한다. 사용한 인공지능 알고리즘인 GAN이라는 것은 대체 무엇인지, 약15,000장의 초상화 그림들은 어떤 작품들이었는지, 인공지능을 학습시키면서 직면했던 어려움들은 무엇이었는지 등을 따져가면서 공부를 하다 보면 우리는 이 그림에 대해 깊이 알게 되

33 생성 모델Generator과 판별 모델Discriminator이 경쟁하면서 실제와 가까운 이미지, 동영상, 음성 등을 자동으로 만들어 내는 머신러닝 알고리즘 중 하나이다.

는 것이다. 이렇게 된다면 우리는 공부의 대상이 함축하고 있는 의미들을 더욱 더 파헤칠 수 있게 된다. 이 그림을 예로 좀 더 이야기해 보자면, 이 그림을 그리기 위해서 인공지능이 한 '상상'은 훈련된 상상이다. 인간 또한 훈련된 상상을 하기도 하지만, 많은 경우 훈련하지 않고도 상상한다는 점을 생각하면 인공지능의 상상은 가치절하될 수도 있고, 이것을 과연 창조성이라고 볼 수 있는지에 대한 논쟁도 있을 수 있다. '기계가 가장 흉내내기 힘든 인간지능의 특징은 무엇일까'를 생각했을 때, 가장 유력한 것 중 하나는 바로 '상상'이었다.

인공지능을 인간의 지적인 행동을 흉내내려는 시도라고만 정의한다면, 아직 제한적이기는 하지만 인공지능도 인간의 상상을 흉내낼 수 있는 수준이라고 말할 수 있다. 예술적 창조냐 아니냐의 기준을 인간의 기준이 아니라 기계의 기준으로 낮춘다면 사실 오비어스의 시도와 성과는 의미가 크다고 할 수 있다. 결국 그 예술적 가치는 기계가 순수한 창조 활동을 한 것인지 아닌지의 여부가 아니라 이 기계의 결과물을 인간이 예술 작품으로 인정하고 가치를 매기는지 아닌지에 달려 있는 것이다.

이처럼 깊이 아는 것은 공부의 대상에 대한 풍성한 이해를 가져다준다. 그렇다고 해서 대충 아는 것을 폄하할 수 없다. 깊이 아는 것도 대충 아는 것을 통해서 시작하기 때문이다. 그리고 우리가 알게 되는 대부분의 것들은 대충 아는 것이기 때문이다. 그리고 이 대충 아는 것들에 의해서 삶이 유지가 된다. 그래서 대충 아는 것도 충분히 유용한 것이다.

어떤 분야를 공부할 때 시작점은 그 분야에 정형화되어 있는 내용이나 이론을 습득하고 외우는 것이다. 우리가 주로 고등학교나 대학교 초반에 하는 공부들의 성격과 유사하다. 요리로 따지면 재료에 대해 배우고 손질하는 정도의 일이다. 이 단계가 지나면 해체하고 재구성하고 자신의 관점을 세우는 공부로 나아간다. 이 단계가 깊이 아는 수준의 공부라 할 수 있다. 공부를 하위와 상위로 나눠 본다면 이해하고 외우는 일은 하위의 공부, 해체하고 재구성하고 자신의 관점을 세우는 일은 상위의 공부라 할 수 있다. 우리가 흔히 하는 오해 중의 하나는 해체하고 재구성하고 자신의 관점을 세우는 단계의 공부는 나중에 하는 것이고 초반에는 이해하고 외우는 공부 위주로 하면 된다고 생각하는 것이다. 그런데 이 일련의 과정이 한 방향으로 한 번만 쭉 가는 것이 아니다. 대충 아는 것과 깊이 아는 것 사이 혹은 하위의 공부와 상위의 공부 사이에는 셔틀이 여러 번 왔다 갔다 한다. 많이 왔다 갔다 할수록 더욱 깊이 알게 된다. 상위의 공부는 하위의 공부를 포함하고 있기 때문이다.

콘텍스트와 텍스트

공부의 형태 중에서 절대적으로 많은 부분이 '텍스트Text'에 의존한다. 'Text'는 라틴어 'Textum'에서 유래했는데 이는 '엮는다'는 뜻이다. 즉, 글자를 엮으면 글이 된다는 의미이다. 좁은 의미의 텍스트는 기호 가운데 특히 구어 혹은 문어 등의 언어로 이루어진 복합체를 뜻하며 일관되게 엮어진 기호의 복합체로 규정할 수 있다. '지식'이라는 것이 그 대상으로 세계와 인간의 사유를 문제삼는다고 할 때, 이것들을 표출한 결과물인 텍스트는 지식의 가장 현실적인 표출로 간주될 수 있다. 지식은 텍스트를 활용해서 구체화되기 때문이다.

콘텍스트Context는 어떤 일의 맥락, 전후 사정, 글의 맥락, 문맥이란 뜻으로 '함께 엮어 짜거나 꼬다'라는 뜻의 라틴어 'Contexere'에서 나왔다. 텍스트는 겉으로 드러난 문자 그대로의 상태를 의미하기에 모든 텍스트는 사실 의식적이든 무의식적이든 콘텍스트를 가지고 있다. 어떤 현상의 본질을 이해하기 위해서는 이 두 가지를 균형적으로 파악해야 하며, 인간의 지능은 텍스트와 콘텍스트 간의 활발한 교류를 주도적으로 이끌어갈 수 있다. 그 주도성을 증명하는 것이 바로 '질문'이다. 인간의 지능은 '질문'이라는 통로를 통해서 텍스트와 콘텍스트를 연결한다.

[빙하 이미지 ①]

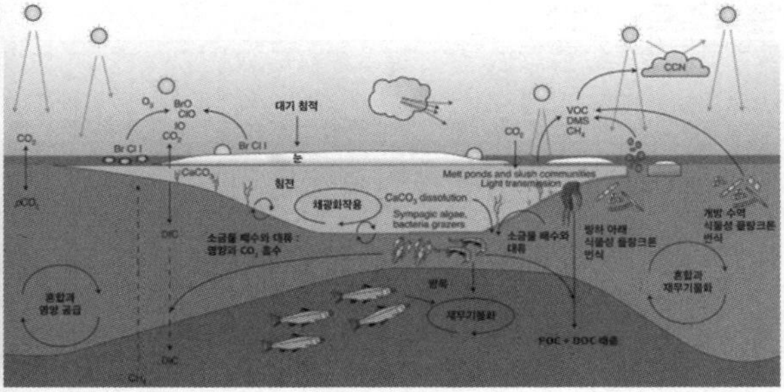

[빙하 이미지 ②]

먼저, [빙하 이미지 ①]을 가지고 이야기해보자. 사실 이 이미지는 이런 저런 목적으로 많이 보아온 이미지이다. 바다 위에 떠있는 부분은 텍스트라고 한다면, 바다 아래의 부분은 콘텍스트 정도로 이야기할 수 있다. 바다 위 빙하를 형성하기 위해서는 바다 밑에서 더 큰 빙하가 형성되어야 한다. 그런데 인간 세상이나 환경에서 일어나는 일들은 [빙하 이미지 ①]로도 설명하기에 사실은 턱없이 부족하다.

[빙하 이미지 ②]를 보자. 이 이미지는 [빙하 이미지 ①]보다 훨씬 더 복잡한 정보들을 담고 있다. 빙하가 형성되기 위해 대기나 바다에서 화학적으로 어떤 작용이 일어나야 하는지를 설명하려 하고 있다. 인간이나 기계나 사실 시각적으로 보는 영역은 [빙하 이미지 ①] 중에서도 바다 위 부분이 대부분이다. 무엇인가를 놓치지 않기 위해 기민하게 행동한다면 바다 아래 빙하까지 볼 수 있을지 모른다. 하지만, 여전히 [빙하 이미지 ②] 수준의 콘텍스트를 파악하고 이해하기는 쉽지 않은 일이다. 이런 어려움은 인간에게

나 인공지능에게나 쉽지 않은 일이다. 특히나 한정된 데이터에 의해 학습을 하는 기계의 입장에서는 콘텍스트를 이해하는 게 여간 힘든 일이 아니다.

공부를 한다는 것은 단순히 텍스트만을 이해해서는 충분하지 않다. 좋은 공부를 하고 싶을수록 하나의 텍스트에서도 그 이면에 있는 수많은 콘텍스트에 대해 호기심을 가지고 '질문'을 해나가야 한다. 만약 우리의 공부가 텍스트에 의존하고 그 이상으로 나아가는 상상력을 발휘하지 못한다면, 인공지능과 경쟁할 수 없을 것이다. 텍스트를 처리하는 데는 기계가 우위를 갖고, 콘텍스트에 대한 창의적 접근을 하는 데는 아직 인간의 뇌가 우위를 갖는다고 할 수 있다.

'사실'과 '해석' 사이의 거리는 '거짓'과 '진실' 사이의 거리만큼 멀다

한국에서 유대인들 혹은 이스라엘에 대한 관심은 상당하다. 특히 유대인들이 어떻게 공부하고, 어떻게 성공해서 세계에 영향력을 미쳐왔는지에 대해서는 꾸준히 회자되고 벤치마킹되고 있다. 유대인들의 지혜를 모아놓은 책으로 알려진 『탈무드』에 관해 국내에서 발행된 책들만 해도 1,000여 권에 육박한다.

『탈무드』는 사실 지혜서이기 이전에 유대교의 종교 경전이다. 기원전 200

년 경 모세가 여호수아Joshua에게 말로 전달한 율법 규정을 기록한 것이 『탈무드』의 원전原典인데, 이것을 『미쉬나Mishnah』[34]라 부른다. 유대교인들은 이 『미쉬나』를 경전으로 여기고 철저히 암송하고 준수한다. 그리고 이 『미쉬나』를 법리 논쟁하고 각 시대에 알맞게 재해석한 것들을 기록하고 있는데 이것을 『게마라Gemara』[35]라고 부른다. 원전에 해당하는 『미쉬나』[36]와 원전에 대한 해석인 『게마라』를 합본해서 『탈무드』라고 한다. 현재 한국에 번역된 『탈무드』 이야기들은 사실 『미쉬나』의 해석에 참여한 랍비들의 사적인 저술이나 저작인 경우가 많기 때문에 『탈무드』를 이루는 일부분에 지나지 않는 것이며, 특정 랍비의 견해를 보조하는 용도라고 볼 수 있다. 『탈무드』의 원전인 『미쉬나』의 내용들은 다음과 같이 크게 6가지로 구성된다. 내용들의 주제를 보면, 일상 생활에서부터 종교 생활에 이르기까지 방대한 지침과 내용들을 포괄하고 있다.

— 제라임Zeraim(씨앗) : 농업 관련법과 기도문들
— 모에드Moed(축제 또는 명절) : 안식일과 명절에 대한 법

---

34 히브리어로 '반복하다'라는 뜻을 가지고 있다.

35 게마라의 어원인 게마르gemar는 아람어로 '완성한다' 또는 '배운다'라는 뜻으로, '전통을 배우는 것' 또는 '전통적인 가르침'으로 번역이 가능하다.

36 『미쉬나』를 법리 논쟁하고 해석하는 과정에서 사용하는 방법을 '하브루타'라고 한다. 현대에는 서로 묻고 대답하는 토론 공부법을 지칭한다.

— 나쉼Nashim(여성) : 결혼과 이혼에 대한 법

— 네지킨Nezikin(손해) : 민사와 형사법에 대한 법

— 코다쉼Qodeshim(거룩함)
: 희생제, 예루살렘 성전, 먹는 것을 판단하는 법

— 토호롯Tohoroth(정결) : 정결함과 부정함에 대한 법
(예_시체, 제사장, 월경 등)

『탈무드』는 5세기 초에 팔레스타인에서 집대성된 팔레스타인 『탈무드』와 6세기 초에 바빌로니아에서 집대성된 바빌로니아 『탈무드』가 있는데, 일반적으로 『탈무드』라 하면 바빌로니아 『탈무드』를 가리킨다. 바빌로니아 『탈무드』의 구조는 다음 페이지의 <게마라와 탈무드> 이미지와 같다. 페이지의 구성을 보면 『미쉬나』 부분보다 『미쉬나』에 대한 해석을 담은 주석 부분들 즉, 『게마라』 부분들이 더 많다. 제대로 된 균형잡힌 해석을 위해 여러 명의 해석을 담았다. 이것은 유대인들이 어떻게 공부하는지를 보여준다. 토론과 대화를 통해서 다양한 견해와 해석을 접하는 것이다.

우리는 어떠한 '사실'이 있으면 있는 그대로 받아들이는 막연한 믿음을 가지고 있다. '사실'은 중립적인 그 어떤 것이다. '사실' 중에는 가치 판단을 이미 내재하고 있는 것이 있어서 갈등을 거의 일으키지 않는 경우가 있지만, 가치 중립적으로 존재하고 있는 것도 많다. 그러나 사실과 해석 사이의 거

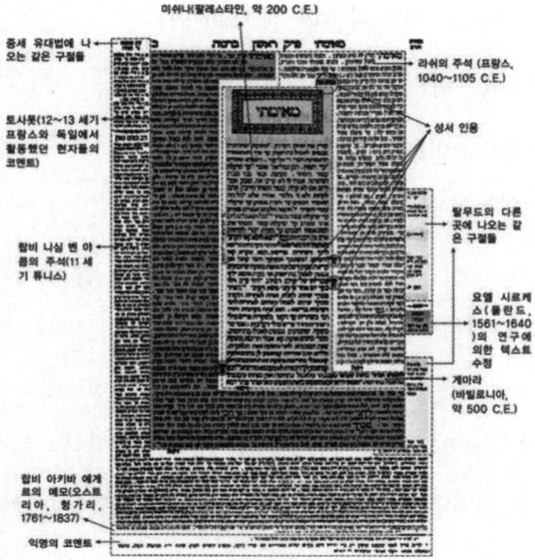

게마라와 탈무드 ⓒ최창모, 『이스라엘사』(2007)

리는 진실과 거짓 사이의 거리만큼이나 멀다. 그런 사실들은 해석의 지배를 받기에 같은 사실이라도 어떤 해석을 하느냐에 따라 전혀 다른 결론이 도출된다. 그렇기에 중립적인 사실은 토론과 대화를 통해서 다양한 견해가 검토되고 검증하는 과정이 필수적으로 필요하다. 물론 이 과정이 모든 사실에 대한 해석의 정답을 찾는 것은 아니다. 대부분의 토론과 대화는 완전 일치가 아니라 '타협'일 가능성이 많다. 그러나 이 과정은 사실이나 해석 자체가 주는 배움보다도 더욱 가치있는 공부가 될 수 있다. 하나의 사실에 대해 『탈무드』처럼 여러 해석과 주석이 붙는 것은 그만큼 많은 견해가 검증되어 오고 있다는 뜻이다. 이것을 모두 합쳐서 우리는 '지혜'라고 부른다. 지혜는 '사실'과 '해석' 그리고 그 사이에서 일어나는 '공부'의 종합인 것이다.

헤매는 것은 낭비가 아니다

아마 수험생들이라면 '누군가 내 공부를 좀 대신해줬으면 좋겠다', '공부도 대신해주고, 시험도 좀 대신 봐줬으면 좋겠다' 등의 생각을 하면서 공부를 해나가고 있을지 모른다. 이런 욕망을 자극해서 많은 일타 강사들은 쉽고 가장 빠른 방법인 '지름길'을 제시한다. 공부에 있어 그들이 말하는 '지름길'은 있을지도 모른다. 그런데 그 지름길도 결국은 스스로 걸어가야 한다.

답, 목적, 의미, 계획 이런 것들은 시작할 때부터 가질 수 없는 것들이다. 인식하든 인식하지 못하든 누구나 이런 것들에 대해 선명하게 갖길 원하는데, 이 과정에서 우리는 애매함 속에서 많은 시간을 보내게 된다. 그리고 그 시간이 생각보다 길 수 있다. 애매함 속에 있을 때 최소한 할 일은 주어진 반경 내에서 영적, 정신적, 육체적으로 최선을 다해 움직이는 것이다. 이 움직임이 없으면, 애매함 그 자체 속에서 질식할지도 모른다. 최선을 다해 움직이다 열 가지의 일을 시도해서 8개는 실패하고 2개가 성공했다고 치자. 당신에게 실패한 8개와 성공한 2개의 관계는 어떤 것인가. 실패한 8개는 시간적 낭비이고 상처이고 지우고 싶은 일이라고 생각하는가. 그렇지 않다. 실패한 8개 때문에 2개가 성공한 것이다. 이런 '성공'과 '실패' 사이의 관계를 우리는 다시 설정할 필요가 있다. 적대적이거나 마이너스 관계가 아니라 허물없이 서로 주고받을 수 있는 상호적이고 긍정적 관계로 재설정해야 한다. 새는 하루종일 자신이 몇 번의 날갯짓을 하는지 세고 있을까. 모를 일이다. 새가 하루 동안 날갯짓을 하는 총수가 수천 번일지 수만 번일지 갑자기 궁금해진다. 우리는 투입 대비 결과를 늘 따지는 세상에서 살고 있지만 새는 투입량을 따지지 않는 것 같다. 목적지가 분명하다면, 그리고 가야 한다면 날갯짓을 몇 번을 하더라도 문제가 되지 않는다. 새의 셀 수 없는 날갯짓 중에 낭비는 한 번도 없다.

한국은 가수 오디션 프로그램이 많다. 〈싱어게인〉, 〈K팝스타〉와 같은 프로그램은 해외에 있으면서도 꼭 챙겨보는 프로그램이다. 수많은 오디션 프로그램에서 매번 다양한 역대급 재능인들이 끊임없이 나오는 걸 보면 한국은 놀라운 나라다. 오디션 프로그램에서 지망생이 심사위원들 앞에서 원곡 가수와 똑같이 부르는 것으로는 합격을 받지 못한다. 똑같이 부르는 것은 암기이고 흉내다. 흉내는 곡을 습득하는 데는 필수적인 단계일 수 있지만 그것에만 집착한다면 다음 단계로 나아가지 못한다. 자기만의 해석으로 소화해서 자신의 스타일로 불러야 높은 평가를 받을 수 있다. 그런데 이 해석하는 능력은 지망자들이 어떤 이론을 보고 해석을 하는 것이 아니고 자신들의 헤매는 삶으로부터 나온다는 것을 볼 수 있었다. 많이 헤맸던 삶이 풍성하고 남다른 해석을 할 수 있는 재료가 되는 것이다.

유럽 지역의 기후 특성[37]때문에 잔디가 잘 자라기에 잔디 위의 길들은 대부분 잔디를 깔 때부터 사람이 다니는 것을 감안해 만들어지지만 어떤 길들은 사람들이 필요에 의해 자주 다니다가 자연스럽게 만들어지는 길들도 있다. 의도하지 않게 길이 만들어지는 것이다. 길을 계획할 때부터 사람들의 움직이는 동선이 모두 고려되어 길이 만들어지면 좋겠지만 여간해서는 쉽지 않다. 우리의 공부도 비슷하다. 우리 공부의 길도 의도한 대로 술술 풀려가면 좋겠지만 그렇지 못하다. 의도하지 않았던 것을 공부해보게 되고 의도하지 않았지만 그것을 계기로 인생의 커리어가 만들어지는 경우가 다반사이다. 어떤 공부는 의도했지만 그 공부를 통해 얻고자 했던 커리어는 완전히 의도하지 않은 방식으로 흘러가는 경우도 많다.

어느 정도 살아보면서 관찰을 해보니 헤매지 않는 인생은 없다고 확언할 수 있게 됐다. 명확한 목표를 가지고 있어도 헤매고, 없어도 헤맨다. 우리가 충분히 노력하지 않아서도 아니고, 충분히 영리하지 않아서도 아니다. 헤맨다는 것은 실패하고 있다는 의미가 아니라 탐험의 자유를 누리고 있다는 뜻이다. 필연적으로 헤맬 수밖에 없는 것은 우리에게 주어진 자유이자 특권이다. 그래서 우리는 스스로를 너무 자책하지 않아도 된다. 헤맬 수도

---

37 서안 해양성 기후. 온대 기후 중 하나로 여름에는 선선하고 겨울에는 비교적 따뜻하고 연중 강수량도 일정한 것이 특징이다.

있다는 것을 받아들이고, 헤맨다는 사실 자체에 묻히지 말고, 헤매면서 반경이 넓어짐을 흥미로워하자.

인생의 모든 문제를 한 방에 해결해주는 공부는 없다

'그때 서울대에만 합격했더라면', '그때 사법고시만 패스했었다면', '그때 의대만 들어갔었더라면'… 인생을 살다보면 누구나 과거에 대해 아쉬웠던 순간이 있다. 그때 그 일만 잘 되었더라면 현재의 인생이 더 나았을 것 같은 그런 아쉬움의 순간. 인생 모든 것을 걸고 공부했었던 그런 시간과 기억을 가진 사람들이 우리 주변에 많다. 그런데 미안하지만 인생의 모든 문제를 한 방에 해결해주는 그런 공부는 없다. 한때 공부를 좀 잘했던 것이 그 후로 몇 년간의 길을 다소 편하게 만들어주는 것에 대해서는 부인하지 않는다. 그런데 그 한때의 효과가 생각보다 오래 지속되지 못한다. 앞으로 그 효과의 지속 시간은 더욱 짧아질 것이다. 베스트셀러 『최재천의 공부』의 저자이자 이화여자대학교 생명공학과 최재천 교수는 2023년 서울대 졸업식 축사에서 다음과 같이 메시지를 전했다.

> "여러분은 자타가 공인하는 이 나라 최고의 수재들입니다. 대大서울대학교의 졸업장을 거머쥐셨습니다. 취업 전선에서 완벽하게 유리한 고지를 점령하셨습니다. 축하드립니다. 그리고 그간

의 노고에 경의를 표합니다. 하지만 거기까지입니다. 서울대 졸업장이 두 번째, 세 번째 직장을 얻을 때에도 그리고 70대에 할 일을 찾을 때에도 지금처럼 막강한 힘을 발휘할 것이라고 생각하십니까? 천만의 말씀입니다. 여기까지입니다."

100세 시대를 넘어 120세 시대를 바라보며 인공지능까지 등장한 현재, 우리의 공부는 장기전이다. 대학 입시나 특정 시험을 위해서 반짝 해내고 마는 이벤트가 아니고 어느 순간에나 호흡처럼 무의식적으로 해나가야 하는 라이프 스타일이 되어야 한다. 어차피 단타로 해결이 안되는 것이 공부이거나 인생이라면, 공부 자체를 좋은 습관으로 만들어 삶에 꼭 필요한 일부로 받아들이는 것이 여러모로 스트레스가 적다.

공부를 잘해도 문제가 있고, 공부를 못해도 문제가 있다. 공부를 잘한다고 돈을 잘 버는 것도 아니고 공부를 못한다고 돈을 못 버는 것도 아니다. 이쯤 되면 공부의 문제는 인생에 변수가 아니라 상수이다. 이제 공부는 공기와 같은 것이다. 공기는 제거 대상이 아니고 우리의 곁에서 늘 함께해야 하는 반드시 필요한 대상이다. 공기와 주먹을 휘두르며 싸우는 바보는 없다. 우리가 공부를 하는 목적은 원하는 것을 얻고 예상할 수 있는 것을 늘리고 상황들을 통제하기 위함이 아니다. 오히려 원하지 않는 상황을 견뎌내고, 예상치 못했던 것을 극복하고, 통제불가능한 상황을 헤쳐나가기 위함이다.

공부를 많이 해서 지식이 늘어나면 세상살이가 편해진다는 것은 환상에 가깝다. 공부를 많이 한다고 살아갈수록 쉬워지는 인생은 없다.

피상에서 본질로

공부를 시작하는 시작점이 본질부터면 좋겠지만 대부분의 시작점은 피상皮相부터이다. 본디부터 갖고 있는 사물 스스로의 성질이나 모습을 뜻하는 본질의 외면 어딘가에서 작은 점을 찍으면서 공부를 시작하게 된다. 우리 공부의 시작점이 피상의 어딘가라고 해서 절망할 필요는 전혀 없다. 절망할 것이 있다면 본질을 향하지 못하고 계속 피상의 외면을 표류할 때이다. 사실 곰곰히 생각해보면, 우리에게 본질적인 것과 비본질적인 것을 구별하는 능력이 있는지에 대해서도 의문이다. '팬시fancy'해보이는 여러 기법들과 방법론들을 쓰면서 어떤 사건의 원인과 결과를 분석하겠다고 노력하기는 하지만 분석해놓고도 이게 정말 그런 것인지 분별이 쉽지 않다. 이 분별을 명확하게 하기 위해서는 명백하게 관찰 가능한 현상들에 연쇄 관계를 부여하고 '원인'과 '결과'라는 라벨을 억지로 붙여야 하는데 이 과정 속에서 관찰 가능하지 않지만 더 진실에 가까운 현상들은 무시되기 십상이다. 보이지 않는 것들에 대한 데이터는 수집이 어렵고 보이는 것들에 대한 데이터는 수집이 상대적으로 용이하기 때문이다. 보여줄 수 없으면 '진실'이 아니라는 현대 사회의 특성을 추종하다 보면 결국은 눈에 보이는 고만고만한 데이터들을 억지로 짜집기해야 하는 상황이 발생한다. 더 심각한 것은 이렇게 짜집기해서 보여준다고 해서 해당 분석을 믿는 것도 아니라는 점이다.

본질로 향하는 것에는 그것을 방해하는 유혹들이 있다. 그중 하나가 겉모습을 모방하려 하는 것이다. 본질은 겉모습을 통해서 드러나기도 하지만 겉모습이 본질의 전부는 아니다. 2017년 10월에 사우디아라비아 정부로부터 처음으로 시민권을 받은 인공지능 로봇이 있다. 바로 '소피아Sophia'[38]이다. 로봇의 얼굴 표정이나 행동이 사람과 유사했다. 그런데 그 당시 우리에게 더 놀라움을 주었던 것은 이런 외적인 부분이 아니라 사람처럼 대화를 해나가고 농담도 할 수 있다는 것이었다. 인간의 본질은 외형이 전부가 아니기에 겉모습이 인간을 닮은 것이 처음에는 눈길을 끌 수 있을지 모르지만, 이 관심을 계속 유지해나갈 수 있는 것은 인간의 본질적인 내면을 닮았을 때이다. 현재 로봇의 경쟁은 이미 소프트웨어적으로나 하드웨어적으로 인간의 섬세함을 담아내는 본질적인 경쟁을 하고 있는 단계로 접어들었다. 테슬라의 휴머노이드 '옵티머스Optimus'는 지난 2023년 12월에 2세대를 발표했는데 단순히 외형만 인간의 모습을 갖추기 위해 노력한 것이 아니라, 스쿼트도 하고 계란을 조심히 집어 옮기는 등 1세대에 비해 인간의 섬세한 움직임이 구현되었다.

---

38 한슨 로보틱스Hanson Robotics라는 회사에서 2016년에 개발하여 일반에 공개했다.

공부를 한다는 것은 표면적으로 드러나는 현상을 통해서 그 '드러남'의 원인이 되는 '본질'을 발견하기 위해 나아가는 것이다. 현상과 본질은 서로 얽혀 있다. 우리는 '공부'라는 모습으로 현상에 대한 연구를 통해 본질로 나아간다. 어떤 본질은 모든 현상들에 적용될 수 있는 보편성이 있기도 하지만, 어떤 본질은 소수의 현상에만 적용되는 개별성이 있을 수도 있다. 그렇다고 해서 보편적 본질과 개별적 본질이 서로 독립적으로 존재하는 것은 아니다. 오히려 서로 의존하고 소통하며 각자의 본질을 강화시킨다. 이 관계들을 발견해나가는 것이 진정한 공부의 매력이다.

콘텐츠, 경험, 사람

공부는 어떤 상황에서도 일어날 수 있다. 꼭 책상에 앉아서 책만 보는 것이 공부는 아니다. 우리만 정신을 바짝 차리면 모든 상황이 우리에게 공부의 기회가 된다. 현재 우리의 공부 형태는 크게 세 가지 정도로 요약할 수 있다.

첫째는, '콘텐츠'를 통한 공부이다. 책이나 동영상, 강의와 같은 것들을 통해 배우는 것으로 우리가 공부를 한다고 했을 때 가장 먼저 떠오르는 공부에 대한 개념이 이 부분이다. 아마 가장 많은 시간을 사용하는 부분이기도 하다. 콘텐츠를 통해서 공부하는 것은 대부분 '간접적'이다. 누군가가 자신의 경험이나 연구를 서술해 둔 것이고, 자신의 이야기를 풀어놓은 것을 우리가 집중과 감정 이입을 하며 습득하는 것이다. 콘텐츠를 통한 공부를 할 때 염두에 둬야 할 것은 책에 남겨있는 문자Text를 이해하는 것뿐만 아니라 이 내용을 쓴 '사람'을 만나고 있다는 생각을 해야 된다는 점이다. 그래야 공부가 더욱 생동감이 있고 콘텍스트에 대한 이해가 깊어질 수 있다. 그리고 내용을 다 읽어갈 무렵에는 항상 '질문'을 해야 한다. 이 질문부터가 나의 이야기이기 때문이다.

콘텐츠를 통한 공부는 이제 매우 보편화되어 있고 평준화되어 있다. 누구든지 본인이 원하면 어떤 분야에 대한 대부분의 지식을 얻어가는 것이 너무나 쉽다. 지식의 확보 측면에서는 그야말로 '평등'의 시대다. 이런 상황에서 콘텐츠를 통한 공부를 차별화시키는 역량은 바로 이 보편적 지식으로부터 '세부적' 지식으로 그리고 '관계적' 지식으로 나아가게 하는 특유의 역량이다. 이것은 특정 분야에서 다른 분야로 점차 확대해가면서 남들이 미처 생각하지 못한 관계와 시너지를 만들어가는 일을 포함한다.

둘째는, '경험'을 통한 공부이다. 삶은 경험이다. 그리고 이 경험들이 우리의 삶이 된다. 우리가 가장 쉽게 놓치는 것 중의 하나는 경험을 공부로 연결하는 것이다. 이 형태는 정제되어 있지도 정형화되어 있지도 않다. 따라서 스스로 겪으면서 스스로 정제하고 정형화시켜 나가는 특유의 맛이 있다. 그동안 이 '경험'을 통한 공부는 상대적으로 가치절하되어 왔다. 이것은 '경험'이 주는 공부로서의 가치가 적어서가 아니고, 우리의 공부에 대한 관념이 과하게 '콘텐츠' 중심이었기 때문이다. 『유연함의 힘』의 저자인 수잔 애쉬포드Susan J. Ashford는 "경험은 가장 훌륭한 스승이며, 유연한 사람만이 '경험'에서 배운다."고 말한다.

마지막으로 '사람'을 통한 공부이다. 인간의 삶은 '관계' 없이는 형성될 수 없다는 점에서 이 공부는 삶의 본질과 가장 맞닿아 있다. 의식적이든 무의식적이든, 우연이든 필연이든, 목적적이든 비목적적이든 사람을 잘 만나면 우리의 공부는 달라지고 놀랍도록 다른 열매를 맺는다. 이 가치를 알기 때문에 우리는 좋은 학교를 찾아서 이사도 다니고, 좋은 선생님을 찾아서 학원도 다니고, 좋은 멘토를 구하기 위해 다양한 커뮤니티에 가입하는 등 많은 노력을 하는 것이다. 사람을 통한 공부는 먼 곳에서 배울 사람을 찾기보다는 가까운 곳에서 먼저 찾아야 한다. 주변을 돌아보면 어렵지 않게 긍정적으로 좋은 영향을 미치는 사람들이 있다. 주변에 있는 여러 사람들로부터 한 가지씩만 좋은 영향을 받아도 내 삶을 더 나은 방향으로 이끌 수 있다. 유명한 사람일 필요도 없고, 업적이 대단한 사람일 필요도 없다. 우수한 소수의 사람으로부터 모든 것을 배우려는 접근보다는 평범한 다수로부터 한두 개씩 배우려는 접근이 훨씬 실용적이고 효과가 크다.

또한 사람을 통해서 배울 때는 내가 충분히 다양한 사람들과 관계를 맺고 배우고 있는지를 점검해야 한다. 삶을 살아갈수록 더욱 많은 사람을 만나고 그에 따라 더 다양한 사람들을 만나야 할 것 같은데 현실은 그렇지 않다. 나와 비슷한 사고방식이나 배경을 가진 사람들이 대화도 잘 통하고 편하기 때문에 이것에 익숙해지다 보면 어느덧 내 주변에는 나와 같거나 비슷한 색의 사람들만 남아 있게 된다. 이렇게 되면 관계를 통해 새로운 것을 배우는 것이 없어지고 내가 생각하는 것이 맞다는 것을 확인시켜 주는 사람들만 있게 된다. 관계의 건강함은 치우침이 아니라 다양성에 있다. 관계를 맺고 있는 사람들 중에는 부자도 있어야 하고, 가난한 사람도 있어야 하고, 나이가 어린 사람도 있어야 하고, 나이가 지긋하신 어르신도 있어야 한다. 재벌도 있어야 하고, 재벌이 없다면 재벌 밑에서 일해본 사람이라도 있어야 한다. 박사도 있어야 하고, 고졸도 있어야 한다. 정치적으로는 보수도 있어야 하고, 진보도 있어야 한다. 직업적으로도 가능한 한 다양한 사람들과 교류해야 한다. 자신이 변호사라고 해서 주변에 법조인들만 있으면 변호사 사무실을 개원해도 영업이 되지 않는다. 공부도 마찬가지다. 자신의 전공이 컴퓨터 공학이라고 해서 주변에 엔지니어들만 있다면 배우는 것도 없고 시너지도 나지 않을 것이다. 따라서 우리는 다양한 분야에 종사하는 사람들과 다양하게 관계를 맺어가면서 그 속에서 많은 것을 배우고 우리의 삶을 풍부하게 구성할 수 있어야 한다.

지금 당신이 씨름하고 있는 그 공부가 앞으로 남은 공부 중에 가장 쉬운 공부이다

살아가면서 맞이하는 공부의 난이도는 현재 당신이 씨름하고 있는 그 공부가 가장 쉬운 공부일 가능성이 많다. 앞에 남아 있는 공부들은 종류도 더 다양해질 뿐만 아니라 난이도도 더욱 높아질 것이다. 그래서 현재 죽을 것 같이 어려운 공부도 거뜬히 해내야 한다. 이 공부가 지나면 더 쉬운 길이 앞에 있을 것이라는 희망은 버리는 것이 확률적으로 당신을 더욱 강하게 만들 것이다. 그래서 우리는 공부를 할 때 지금보다 더 큰 난이도의 숙제를 풀어야 할 운명이라는 것을 받아들이는 자세를 견지해야 한다. 직면하는 숙제가 갈수록 어려울 것이라는 이 절망적(?) 진리는 아이러니하게도 우리를 더욱 성장시킨다. 그릇을 크게 하고, 마음을 강하게 만들고, 처한 환경을 탓하기보다는 자신을 더욱 가다듬는 자세를 견지하게 만든다.

공부는 원래 즐거운 것이라는 주장이나 설득은 너무 이상적이다. 현실이라는 환경 변수를 제거할 수 있다면 공부 자체는 그럴 수 있다. 그런데 현실이라는 변수를 제거하는 것은 불가능하다. 우리의 삶은 진공관 속에서 일어나지 않는다. 어린 시절부터 공부가 너무 즐거운 가정 환경에서 자라고 길러졌다면 그럴 수 있지만 우리 대부분은 그렇지 못하다. 부모님과 선생님에게 혼나지 않기 위해 공부를 해왔고, 내신 성적을 좋게 유지하고, 수능을 잘봐서 좋은 대학에 입학해야 인생이 바뀐다는 절박감과 기대를 가지고 어쩔 수 없이 공부해 왔다. 대학에 입학한 다음에는 부모님들을 실망시키지 않기 위해 공부했고, 공부하지 않으면 닥쳐올 미래가 두려워서 억지로 공부했다. 이런 과정을 통해서 형성된 공부에 대한 감정과 선입견들이 그리 건강하지 못한 것도 사실이다. 이미 형성되어 버린 것들을 바로잡아야 된다고 말할 수도 있지만 이 또한 현실적이지 못하다. 바꿀 수 없다면 인정해야 한다. 그리고 그 인정을 시작점으로 삼아야 한다. 공부는 원래 쉽지 않은 것이고, 이 쉽지 않은 것을 하는 데는 에너지와 훈련이 필요하다. 현재 우리의 공부는 잘 해낸다면 즉각적인 보상을 받을 수 있다. 시험에 합격할 수도 있고, 좋은 직업을 얻을 수도 있고, 승진을 하는 원동력이 될 수도 있다. 그런데 이런 외적인 보상을 동기부여 삼아서 공부를 하는 것은 단기적으로는 가능하지만 중장기적으로는 지속가능하기가 쉽지 않다. 반면, 공부 '자체'를 보상이라 여길 수 있으면 동기부여와 보상의 역학이 스스로 지속 가능해지고 전체 과정의 진전에 추진력을 불어넣을 수 있다. 공부가 주는 최고의 보상은 공부 자체이다. 공부를 통해서 목표를 달성하는 것보다 공부를 해나갈 수 있는 사람으로 변화되는 것은 생각보다 본질적이고 강력한 보상이 될 것이다.

8 인공지능과 우리의 공부

아마존과 케임브리지대학교의 인공지능 저술에 대한 정책

사람들에게 인공지능의 존재가 챗GPT로 구체화되면서 인공지능에 대한 관심이 폭발하고 있다. 이러한 과잉 관심 덕분에 지나친 논쟁과 두려움 또한 커지고 있는 상황이다. 이러나 저러나 다가올 수밖에 없는 인공지능 시대에 대한 건강한 대응을 위해서는 한 가지 잊지 말아야 할 것이 있다. 인공지능의 출발점은 인간지능이라는 점이다. 어떤 대상이 모방 혹은 벤치마킹의 대상이 된다는 것은 그 대상이 더 우수한 존재라는 방증이다. 헐리우드 영화 관계자들이나 학자들, 기업가들이 인공지능을 '만능'처럼 말하는 경우들이 종종 있지만, 그 '만능'이 가장 흉내내고 싶어하는 것은 다름 아닌 인간의 지능이다.

우리 주변에서 챗GPT와 같은 생성형 AI 기반 기술을 이용해 콘텐츠를 만들어내는 모습은 이제 보편화된 것 같다. 생성형 AI는 텍스트, 이미지 또는 음악과 같은 새로운 콘텐츠를 만들 수 있는 인공지능 시스템을 말한다. 이러한 시스템은 훈련 과정에서 학습한 패턴과 정보를 기반으로 새로운 내용을 생성할 수 있다. 최근에 사용하면서 재미를 느끼고 있는 서비스 중의 하나인 감마앱Gamma.app은 몇 번의 클릭만으로 내가 원하는 주제의 목차를 생성해줄 뿐만 아니라 내용도 써주고 심지어는 웹 사이트도 자동으로 만들어 준다. 물론 콘텐츠의 정교함은 아직 떨어지지만 최소한 내가 정한 주제에 대해서 성의있는 답변을 하기 위해 노력하는 흔적을 볼 수 있다. 완성도가 높지는 않지만 인공지능이 초안을 작성해주면 그것을 시작점으로 나의 생각을 정교화하고 재구성하는 일을 시작할 수 있기 때문에 생각보다 유용하다.

최근 아마존은 자사가 운영하는 킨들에서 책을 출판할 때는 이 책이 인공지능을 사용했는지 여부를 공개적으로 밝히도록 했다. 즉, 감마앱과 같은 인공지능앱을 사용해서 내가 콘텐츠를 만들고 이것을 아마존 킨들에서 출간하기 원하는 경우 이 사실을 알리라는 것이다. 인공지능을 이용해서 만들어진 텍스트는 물론이고 이미지, 번역 등의 콘텐츠도 그 대상에 포함된다. 그리고 심지어는 AI를 이용해서 콘텐츠를 너무 많이 만들어 올리기 때문에 작가들이 아마존의 다이렉트 퍼블리싱Direct Publishing 서비스를 이용해서 출간할 수 있는 책의 수를 하루 3권으로 제한하기도 했다.[39] 아마존이 이런 정책을 만들게 된 배경에는 이미 정보와 지식을 공유하는 플랫폼들에 인공지능을 이용해서 만들어 낸 콘텐츠들이 넘쳐 나는 상황 속에서 혹시나 사람들이 콘텐츠들로 인해 불이익을 받게 될 것을 경계하기 때문이다. 현실적으로 이러한 정책에 대해 소비자들이 얼마나 호응할지는 모르지만 아마존 같은 최대 플랫폼이 이런 정책을 취하기 시작한 것 자체가 큰 의미가 있다.

그렇지만 인공지능이 창작한 콘텐츠와 인공지능을 활용해서 일정 부분 도움을 받은 콘텐츠는 그렇지 않은 콘텐츠와 구분할 필요가 있다. 시간이 지날수록 여러 가지 방식으로 인공지능을 활용할 가능성이 높기 때문이다. 인공지능이 창작한 것과 인공지능을 도구로서 일정 부분 활용한 것 사이의 경계가 아직 모호하기는 하지만 이 둘 사이의 긴장이 앞으로 더 치열하게 논의되어야 할 것으로 보인다.

2022년 11월 Open AI가 챗GPT의 새 버전을 발표했을 때, 그 기능의 수준에 놀란 영국의 임페리얼 칼리지 런던이나 케임브리지대학교와 같은 명문 대학교들은 챗GPT 사용을 금지하는 내용의 성명을 발표하기도 했다. 케임

---

39 Ella Creamer, “Amazon restricts authors from self-publishing more than three books a day after AI concerns”,2023. 10. 20., <The Guardian>.

브리지대학교의 경우 학생들에게 챗GPT를 숙제나 시험에서 사용하는 것에 대해서 경고하고 가이드라인을 발표했다. 이 가이드라인은 학생들이 챗GPT같은 AI 플랫폼을 사용해서 숙제를 한 것을 학생 자신이 자신의 능력으로 한 것으로 인정하지 않는다는[40] 내용이지만 그럼에도 불구하고 케임브리지대학교의 학생 언론인 〈Varsity〉의 조사[41]에 따르면 47.3%의 학생들이 챗GPT와 같은 AI 챗봇을 대학에서 학위를 마치기 위한 숙제 등에 사용했다고 한다. 그리고 AI 챗봇을 이용해 본 학생들의 75% 이상은 이것이 유용했다고 답했다. 마치 클래스에서 공부 잘하는 친구가 한 명이 생긴 것 같다는 응답이 있었다. 또 한편에서는 챗GPT가 시를 해석하는 것을 예로 들면서 '마치 5살짜리 어린 아이가 시에 대해서 얘기하는 것과 같았다'면서 인공지능의 수준을 폄하하기도 했다.

대학 측이 챗GPT의 사용을 제한한 것과 관련하여서는 67%의 학생들이 적절치 못한 가이드 라인이라고 응답했다. 이 학생들은 챗GPT는 새로운 도구이기 때문에 이것을 사용하는 것을 허용해야 한다고 생각했다. 이러한 정책에 대해 학생들의 찬반은 생각보다 팽팽하고 앞으로도 지속적으로 재고와 논쟁을 반복할 것으로 보인다. 불가피하게 학생들이 검색 목적으로

---

40 https://www.plagiarism.admin.cam.ac.uk/what-academic-misconduct/artificial-intelligence

41 Michael Hennessey, "Exclusive: Almost half of Cambridge students have used ChatGPT to complete university work", <Varsity>.

활용하는 것은 허용하고, 에세이나 논문을 생성하는 용도로 사용하는 것은 지양하도록 하는 방향이 당분간 이어질 것으로 예상된다.

챗GPT 때문에 이미 드래프트하는 능력은 잃었다

챗GPT는 텍스트를 기반으로 대화하는 생성형 AI의 응용 프로그램이라는 점에서 가장 막강한 기술이자 위협적인 기술으로 평가받는다. 기존 정보 기술의 솔루션들이 데이터베이스에 존재하는 자료들을 찾아주는 데 초점을 두었다면, 검색된 자료들을 재조합하고 재구성해서 완전한 글의 형태로 재창조할 수가 있다. 사용자가 입력하는 문장과 문맥을 기반으로 응답을 예측하고 인간과 유사한 답변을 하는 생성형 AI는 새로운 것을 만들어내는 창의적인 로봇과 같아 보이지만 사용자가 입력한 텍스트를 이해하고 인간과 유사한 답변을 생성할 뿐이다. 현재 우리가 무료로 사용할 수 있는 챗GPT 3.5 버전은 2022년 1월을 기준으로 업데이트된 정보만을 사용하기에 실시간 정보에는 접근할 수 없다. 따라서, 현재 챗GPT는 똑똑하고 도움이 되긴 하지만 항상 정확하거나 최신 정보를 가지고 있지 않은 셈이다.

우리가 글을 쓰는 과정을 생각해보면 관련 자료들을 찾고, 읽은 뒤 이를 재구성해 나의 메시지를 더하는 방식으로 자신의 산출물을 만들어 간다. 이 과정을 통해서 내가 접하는 정보와 지식은 나의 것이 되고 나의 공부가 된다. 앞서 말했듯 챗GPT와 같은 인공지능 도구들을 활용하면 사실 어느 정도 정제된 지식을 얻을 수 있을 뿐 아니라 사용자들이 원하는 답들에 대한 최소한의 초안 작업을 쉽게 얻을 수 있다. 하지만 이로 인해 초안 작업에 대한 능력들이 급격하게 떨어지고 있다.

요즘 학생들 사이에서는 리포트 작성을 위해 먼저 공부하고 생각하고 초안 작업을 하기 보다 챗GPT에 먼저 초안을 요청하는 경우가 일반화되고 있다. 학생들 입장에서는 이것이 빠르고, 쉽고, 실패가 없는 길처럼 보일테지만 챗GPT로부터 얻는 초안을 가지고 자신들의 생각을 더하고 빼서 리포트를 완성하는 일은 스스로의 학습 역량 성장을 제한할 가능성이 높다. 초안을 작성하는 과정 자체가 산만한 자신의 생각을 백지 위에 차근차근 새겨놓고 논리화하고 구체화하는 일이기에 가장 효과적이고 필수적인 공부의 한 과정이다. 이 과정을 인공지능이 대신 해주고 그 결과물을 가지고 이런저런 수정만 하는 것은 학습적인 측면에서 앞에서 얻고 뒤로 손해보는 방법이 될 것이다.

일본의 유명 IT비평가인 오바라 가즈히로Obara Kazuhiro는 『프로세스 이코노미』에서 이제 '결과물'을 파는 시장은 끝났고, 결과물을 만들기까지의 '과정'을 파는 시대라고 주장했다. 그런데 오늘날 우리를 끊임없이 유혹하는 학습 환경은 초안을 만드는 과정은 없애버리고 빠르고 쉽게 결과물을 만들어

주는 것을 선호하는 환경이 되어가고 있다.

최정상의 디자이너들이나 건축가들은 사물을 직접 관찰하고 손으로 스케치하는 과정이나 시제품을 만들어보는 과정을 낭비라고 생각하지 않는다. 인공지능 등 디지털 기술과 도구들이 비약적으로 발전하고 있는 현재에 종이와 펜을 사용해서 아날로그적 방식으로 메모를 하고 그림을 그리며 생각을 구체화하는 것이 구시대적이라고 생각한다면 그것이야말로 더 구시대적인 생각이 될 가능성이 많다. 워싱턴대학교 건축학과의 교수이자 건축가인 레인 프레이저Iain Fraser와 로드 헨미Rod Henmi는 그들의 책인 『Envisioning Architecture: An Analysis of Drawing(건축의 미래를 상상하다: 드로잉에 대한 분석)』에서 손으로 직접 그림을 그리는 과정은 단순히 생각을 형태로 투명하게 변환하는 것이 아니라 생각이 그림에 영향을 미치는 것처럼 역으로 생각에 영향을 미치는 매체라며, 사고 과정에서 손으로 직접 그리는 과정의 중요성을 강조했다.

챗GPT를 사용해 과제를 제출하는 데는 다소 효율적인 도움을 받을 수 있을지라도 결국 자신의 공부는 자신이 해야 한다. 단순히 작가 혹은 정리자가 쓴 자료를 내가 다시 참고한다고 생각하는 편이 좋다. 앞서 말했듯 챗GPT가 만들어내는 산출물 중 상당 부분 사실이 아닌 내용이 있어 이를 확인하는 과정에서 오히려 공부량이 늘어날 수도 있다. 그렇기에 예전에는 없었던 중간 정리자인 챗GPT가 있다고 해서 우리의 공부량은 줄어들지 않는다. 다만 문제는 챗GPT가 만들어 낸 그 산출물을 나의 것이라고 표기를 할지 말지이다. 이는 양심이 결정해야 할 문제다. 그 산출물을 주어진 대로 모두 내가 쓴 것이라고 할 수도 있고, 아니면 약간 수정하거나 상당 부분 다시 재구성해서 내가 쓴 것이라고 공표할 수도 있다.

만약 단순히 산출물을 만들어내는 겉핥기식 공부를 하고 싶다면 챗GPT는 일정 수준 도움이 될 수 있다. 그런데 본질을 이해하고 주어진 정보와 지식을 직접 소화하여 자신의 산출물을 만들어내는 제대로 된 공부를 하고 싶다면 챗GPT는 정보를 검색해서 좀 더 보기 좋은 형태로 받는 정보 소스 정도로 포지셔닝 될 것이다. 어느 쪽을 선택할지는 당신이 선택하면 된다.

개와 고양이를 구분하는 방법

여기 개와 고양이의 사진이 있다. 사진 중 어느 것이 개이고 고양이인가. 아마 당신은 이 질문을 듣자마자 바로 구분했을 것이다. 그렇다면 개와 고양이를 어떻게 알고 구분했는가? 사진과 똑같이 생긴 개나 고양이를 과거에 만난 적이 있는가? 당신은 어떻게 개와 고양이를 구분할 수 있게 되었는가?

개의 눈은 두 개, 고양이도 눈이 두 개이다. 둘 다 코도 한 개, 귀도 두 개다. 사진에는 다 보이지 않지만 다리 갯수, 꼬리 갯수도 같다. 표면적으로 갯수는 같아도 귀의 세부 모양, 눈의 색깔, 콧수염의 길이, 코의 모양 등 세부적으로는 모두 다르다. 물론 우리가 개와 고양이를 구별할 수 있는 것은 모든 종류의 개와 고양이를 만났거나 보았기 때문이 아니다. 어떤 메커니즘인지는 아직 다 이해할 수 없지만, 인간의 지능은 분명 몇 장 정도의 개와 고양이 사진을 보여주면 그 후에는 다른 어떤 종류나 어떤 모양의 개나 고양이가 나오더라도 분명히 인지하거나 구분할 수 있다. 심지어 사진이나 동영상이 아닌 동화책에 나오는 개와 고양이의 만화 같은 이미지만으로 학습을 하더라도 인간은 일상 생활에서 만나는 실제 개와 고양이를 대부분 정확하게 인지해낸다.

다음 질문으로 넘어가보자. '당신은 지능이 있는가?' 이렇게 물으면, 대부분의 사람들이 당황하거나 웃으며 지능이 있다고 대답할 것이다. 그렇다면 그 '지능'이라는 것은 무엇인가? 지능의 유무에 대해서는 쉽게 답하지만 지능이 무엇인지에 대해서는 상당 시간을 거쳐서 생각해야 답할 수 있다. 나오는 답변들의 예를 나열해 보면 다음과 같다.

> 논리적 능력 / 이해하는 능력 / 자기 인식 / 학습 / 추론하는 능력 / 계획하는 능력 / 문제를 푸는 능력 / 사물을 인식하는 능력

/ 창의적인 능력 / 감정적으로 느끼는 능력

위와 같은 의견들을 정리해보면, 지능이란 '학습을 통해서 무엇인가를 인지, 이해, 자각, 추론해서 문제를 해결하는 것' 혹은 '주어진 데이터나 정보를 분석해서 문제를 해결하는 능력' 정도로 정의해 볼 수 있을 것 같다. 그렇다면 위와 같은 지능에 대한 정의에서 더 나아가 인공지능은 무엇일지 생각해보자. 아직 자세히는 모르겠지만 말 그대로 인간이 가진 위와 같은 지능을 '인공적으로' 구현해보려는 시도 정도가 아닐까 싶다. 이 구현을 위해서 오늘날 우리는 컴퓨터라는 기계를 쓰는 것이다.

사실, 인공지능의 개념은 컴퓨터라는 개념이 생기고 개발이 이루어지면서 거의 동시에 발전을 시작했다. 현대적 컴퓨터 개발이 확고히 자리잡고 나서 인공지능 개념이 등장한 것이 아니다. 이 분야에서 영국의 컴퓨터 과학자인 앨런 튜링Alen Turing이라는 인물을 얘기하지 않을 수 없는데[42], 그는 세계 최초로 프로그래밍이 가능한 전자 디지털 컴퓨터로 평가받는 '콜로서스Colossus'를 1944년에 개발했다. 제2차 세계 대전 중 독일군의 암호 체계인 '에니그마Enigma'를 해독하기 위한 목적이었다. 그는 1947년에 런던에서 열린 최초의 공개 강연에서 컴퓨터 지능을 언급하며 '우리가 원하는 것은 경험을 통해

42 2015년에 개봉한 <이미테이션 게임>은 그의 이야기에 바탕을 두고 제작되었다.

배울 수 있는 기계'라고 말했다. 또한 1948년에는 <Intelligent Machinery (지능이 있는 기계)>라는 제목의 보고서에서 AI의 핵심 개념들을 소개하기도 했다. 그러나 튜링은 이 보고서를 출판하지 않았는데, 이후 이 보고서에 등장하는 그의 아이디어 중 많은 부분이 다른 사람들에 의해 재창조되었다. 튜링의 독창적인 아이디어 중 하나는 특정 작업을 수행하기 위해 인공 뉴런 네트워크를 훈련시키는 것이었다. 1950년에 발표한 「Computing machinery and Intelligence(컴퓨팅 기계와 지능)」이라는 논문에서 튜링은 컴퓨터가 지능을 가지고 있다는 사실을 어떻게 판단할 것인가에 대한 구체적이고 실제 적용이 가능한 튜링 테스트Turing Test를 제안했다. 그리고 그는 향후 50년 내에 인공지능 시스템이 등장할 것이라고 예측했다.

'인공지능'이라는 말이 처음으로 등장한 것은 1956년에 미국 동부의 다트머스대학교에서 개최된 워크숍에서부터이다. 인간과 같이 생각하는 기계를 처음으로 '인공지능'이라고 부르기로 한 것이다. 세계 최초의 범용 전자식 컴퓨터로 알려진 1만 7,000여 개의 진공관을 사용한 거대한 계산기 에니악ENIAC의 탄생으로부터 10여 년이 지난 시점이었다. 존 맥카시John McCarthy, 마빈 민스키Marvin Minsky, 앨런 뉴얼Allen Newell, 허버트 사이먼Herbert Simon이라는 4명의 저명한 학자들이 이 워크숍에 참가하였으며, 4명 모두 컴퓨터 분야의 노벨상이라고 불리는 튜링상을 수상할 정도로 인공지능 연구에 있어서는 선구자들이었다.

위와 같은 내용들을 종합해보면, 우리가 인공지능의 정의를 다음과 같이 해두면 큰 무리가 없을 것 같다. '컴퓨터를 통해 지능적인 행동을 시뮬레이션하는 컴퓨터 공학의 한 분야 혹은 기계로 하여금 지능적인 인간의 행동을 흉내내도록 만들려는 시도'. 사실 인공지능에 대한 정의를 '개를 훈련시켜서 편의점에 가서 신라면을 사오게 하는 것'이라 내리고 싶은데 그 이유는 반복적인 훈련을 통해 개에게 무엇인가를 가르치듯 인공지능도 그런 알고리즘을 바탕으로 열심히 훈련을 시키는 것이 지능적 도구로서의 현재 수준이기 때문이다. 그렇게 하더라도 그 개가 내가 원하는 심부름을 어느 수준까지 소화해줄 수 있을지는 미지수이다. 오가는 길에 길을 잃거나 심부름 내용을 잊어버릴 수 있다. 신라면을 사오라고 했는데, 진라면을 사오거나 아예 다른 물건을 사올 수도 있다. 인공지능 역시 충분히 훈련된 아주 좁은 특정 태스크에 대해서는 우수한 성과를 보이지만, 그외의 영역에서는 불확실성이 큰 편이다.

이렇게 '지능'과 '인공지능'에 대한 고민을 하고 나면, 자연스레 하게 되는 질문이 있다. 대체 인간은 어떻게 배우는가에 관한 것이다. 인간의 지능을 기계적으로 구현해내는 것이 인공지능의 주요 목표 중의 하나인데, 그 지능의 핵심에 있는 인간의 학습 방법에 대한 질문은 핵심적인 것이라 할 수 있다. 지금 당신이 어떻게 학습하거나 배우는지 생각해보자.

— 책을 읽는다.

— 수업을 듣는다.

— 사물을 관찰한다.

— 데이터의 패턴이나 특징을 파악한다.

— 유튜브를 본다.

— 전문가와 대화를 한다.

— 시험을 본다.

— 배운 내용을 실행해본다.

— 무엇이 잘 이해가 안되는지 정리한다.

— 습득한 것을 공유한다.

— 어떤 실수들이 있었는지 반추한다.

— 가르쳐본다.

— 반복한다.

프랑스의 심리학자인 스타니슬라스 드앤Stanislas Dehaene은 『우리의 뇌는 어떻게 배우는가』라는 흥미로운 책을 썼는데, 이 책에서는 인간이 학습하는 방법을 다음과 같이 크게 네 가지로 정리한다.

— 주의: 중요하다고 생각하는 것에만 집중한다.

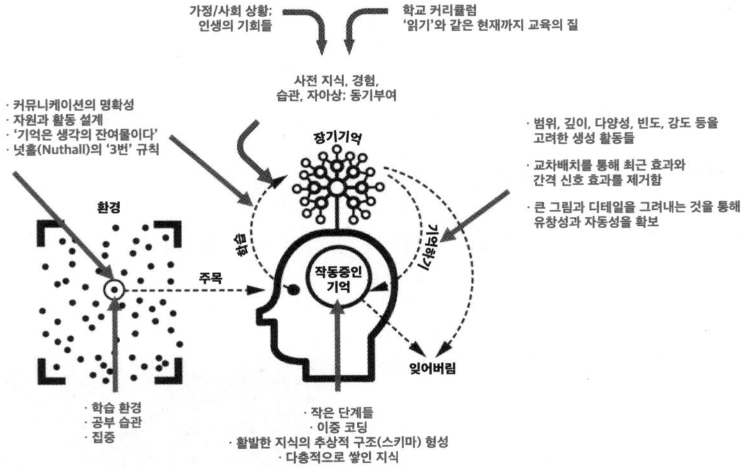

사람이 학습하는 과정 ©Tom Sherrington

— 적극적인 참여: 적극적으로 적용하고 행동하는 사람이 더 배운다.

— 에러 피드백: 학습한 것을 테스트하고 에러를 수정하는 것을 반복한다.

— 통합: 배운 것을 통합해가며 장기 기억화한다.

더욱 흥미로운 것은 위 네 가지 방법들을 인공지능 영역에서도 기계적으로 구현해가며 알고리즘화하고 있다는 것이다. 그렇다면, 기계도 개와 고양이를 구분할 수 있을까? 알다시피 답은 당연히 'Yes'이다. 인간보다 더 잘 구분할 가능성이 높다. 기계는 어떻게 구분하는 법을 배우게되는 것일까. 먼저 인간이 배우는 과정을 살펴보자. 우리들이 개를 개로 인지하기 위해서는 어떤 형태로든 여러 번에 걸쳐서 개를 보아야 한다. 만약 엄마든 아빠든 앞마

당에서 멍멍 짖으며 놀고 있는 강아지를 가리키며 어린 당신에게 '저렇게 생긴 게 멍멍이야'라고 알려줬을지도 모른다. 만약 더 구체적으로 가르쳐줬던 부모님들이라면 '개는 눈이 두 개고, 귀가 두 개고, 코와 입은 각각 하나씩이야. 그리고 털 색깔은 저렇게 누렁이 색깔이 많아'라고 말해줬을 수도 있지만, 대부분은 '저렇게 생긴 게 멍멍이야' 정도로 설명이 끝나지 싶다.

이번엔 어린 아이 입장에서 생각해 보자. 그 어린 아이는 어떤 정보를 학습하게 될까. 엄마나 아빠가 구두로 전달해주는 정보만 습득하게 될까? 그렇지 않다. 사실 그 어린 아이가 습득하게 되는 정보는 엄마나 아빠에 의해서 구두로 전달되거나 설명되는 정보보다 훨씬 더 방대한 양을 인지할 가능성이 높다. 텍스트를 통해 전달되는 정보는 대체로 1차원이나 2차원적이지만, 그외의 형태로 전달되는 정보는 3차원인 경우가 많다. 우리는 데이터 혹은 정보라고 하면 주로 텍스트 기반의 데이터 형태를 생각하지만, 이미지, 동영상, 소리 등의 타입의 데이터들은 훨씬 더 풍성한 정보를 제공한다.

앞에서 놀고 있는 강아지를 바라보면서 위와 같은 3차원적인 정보를 복합적으로 습득한 아이는 자연스럽게 개라는 동물의 핵심적이고 원형적인 특징들을 배우게 될 것이다. 이 원형적인 특징들을 파악하는 능력은 매우 중요하다. 이 지적 능력 덕분에 우리는 세상의 모든 개나 고양이를 직접 보지 않아도 개나 고양이를 인지하고 구분해낼 수 있게 되었다. 여기서 한 가지 짚고 넘어갈 부분은 이러한 원형 추론을 하는 데 얼마나 많은 데이터를 가지고 학습해야 하냐는 것이다. 분명한 것은 인간이 기계보다 훨씬 적은 양의 데이터를 필요로 한다. 다시 말해 인간의 지능이 더 효율적이라는 말이다. 이 부분이 인간이 가진 지능적 능력의 놀라움이다.

이와 관련하여 최근에 이루어진 흥미로운 연구들이 있는데 2022년에 MIT 연구팀이 진행한 연구로[43] 이들은 컴퓨터 비전Computer Vision 연구들에서 아주 잘 쓰이는 MINSTModified National Institute of Standards and Technology라는 데이터베이스를 활용하였다. 미국국립표준기술연구소가 만든 MNIST 데이터베이스는 손으로 쓴 숫자들로 이루어진 대형 데이터베이스로, 컴퓨터가 숫자를 인식하도록 훈련시키는 데 활용된다. MNIST 데이터베이스는 60,000개의 트레이닝 이미지와 10,000개의 테스트 이미지를 포함한다. MIT 연구원들은 이 거대한 데이터 세트를 작은 데이터 세트로 분산 및 압축하는 기술

43 Tongzhou Wang, Jun-Yan Zhu, Antonio Torralba, Alexei A. Efros, 「Dateset Distillation」, February 2020.

을 도입해 MNIST를 10개의 이미지로 압축했다. 10개의 이미지는 원래 데이터 세트에서 선택을 한 것이 아니라 원래 데이터 세트가 가지고 있는 내재된 정보의 양을 모두 포함할 수 있도록 신중하게 설계되고 최적화되었다. 그 결과, 10개의 이미지에 대해서만 훈련시켰을 때, 인공지능 모델은 모든 MNIST의 이미지에 대해서 훈련된 것과 거의 같은 정확도를 얻을 수 있었다.

관련한 다음 연구는 워털루대학교 연구팀의 연구[44]인데, 이들은 MIT 연구팀들이 60,000개의 이미지를 10개로 압축해서 성과를 내는 것을 보고 10개 이하로, 예를 들면 5개 이미지로도 성과를 내는 것이 가능한 것 아니냐는 의문을 가지고 연구를 진행했다. 그들은 여러 이미지를 혼합해 만든 다음 '소프트 라벨Soft Label'[45]을 추가적으로 인공지능 모델에 입력했다. 만약 숫자 3에 대해 생각해 본다면, '그것은 숫자 8처럼 보이지만 숫자 7과 전혀 비슷해 보이지 않는다'는 설명을 추가해주는 것이다. 그러면 인공지능은 '이 이미지는 숫자 3입니다'라고 말하는 대신, 우리는 '이 이미지는 숫자 3의 60%, 숫자 8의 30%, 숫자 0의 10%입니다'라고 대답하게 된다. 이런 방식으로 최

44 Ilia Sucholutsky, Matthias Schonlau 「'Less Than One'-Shot Learning: Learning N Classes From M<N Samples」September 2020.

45 학습 데이터에 정답(라벨)을 부여할 때 특정 하나의 범주를 지정하는 대신 여러 범주의 확률을 부여하는 방식이다. 이를 통해 모델은 더 복잡한 현실 세계의 데이터를 이해하는 데 도움을 받을 수 있다.

소한의 데이터를 가지고 인공지능도 인간처럼 인지할 수 있는 능력을 갖게 하기 위해 많은 연구가 진행 중이지만, 위 두 연구 모두 60,000개라는 방대한 이미지 데이터를 기반으로 10개 혹은 그 이하의 농축된 데이터를 만든다는 점에서는 한계가 있다.

관련하여 좀 더 이해를 돕기 위해, 왼쪽 이미지와 같은 그림들을 그리는 디자이너가 어떤 과정을 거쳐 그림을 그렸을지 생각해보자. 디자이너들마다 차이가 있을 수는 있지만 머릿속에서 대략적으로 다음과 같은 과정을 거칠 것이다.

— 관찰: 고양이들의 사진이나 살아있는 고양이들을 다양한 각도에서 바라보고 특징들을 눈여겨본다.
— 기억: 전체적인 형상부터 세세한 부분들 중 중요한 특징들을 기억해둔다.
— 상상: 더하거나 빼거나 강조하거나 축소할 특징들을 머릿속으로 그려보면서, 새로운 모습이나 형태를 상상해본다.
— 추론: 관찰과 기억을 통해 얻은 원형의 모습과 상상한 모습을 대비해가며 새로운 이미지들을 추론한다.

— 재관찰 및 재반영: 그림을 그려가면서 현재 그리고 있는 그림과 원형의 형태를 비교하면서 피드백하고 반영한다.

놀라운 점은 각각 그림 이미지들이 고양이의 원형적 특징을 각각 다른 모습으로 담아내고 있으며, 그림을 직접 그리지 않은 우리들도 이 이미지들이 고양이에 관한 것이라는 것을 안다는 점이다. 오늘날의 인공지능 기계가 개와 고양이를 구분할 수 있게 되기 위해 취하는 방법도 이와 유사하다. 전통적인 규칙 기반의 머신러닝은 엄마나 아빠가 아이에게 정보를 전달해주는 수준의 규칙들을 프로그래밍화한다. 여기서 중요한 점은 그 규칙들을 발견하는 주체가 인간이라는 점이다. 하지만, 최근 몇 년간 비약적으로 발전해온 머신러닝의 분야인 딥러닝의 핵심은 어떤 특징들을 추출해서 배울지는 기계의 알고리즘에 맡겨두고, 방대한 양의 개나 고양이에 대한 이미지를 기계에게 제공한다. 인간이 규칙을 발견해서 기계에게 알려주기 위해 노력하지 않아도 되지만 한 가지 해야 하는 노력이 있다면 가능한 한 순도 높은 데이터들을 구하거나 가공Preprocessing해서 알고리즘에 충분히 제공하는 것이다. 그 다음에는 반복적인 알고리즘 조정 작업을 통해 최대한의 정확도를 이끌어내는 데 초점을 둔다. 그러면 기계가 알아서 배운다. 물론 그 알아서 배우는 부분, 즉 학습 알고리즘이 한두 개가 있는 것이 아니다. 여러 알고리즘들 중에서 사람이 선택해 주어야 한다. 결국, 머신러닝의 과정을 크게 나누면 기계를 훈련시키는 과정과 이 훈련된 모델을 통해서 예측을 하는 과정으로 분류할 수 있다. 인간이 시험 준비를 위해 공부를 하고 시험을 치르는 것과 같은 맥락이다.

속을 모르는 인공지능

지금까지 도구는 대체로 규칙에 기반하여 인간이 설계한 방식대로 작동했기 때문에 기계 스스로 출력값의 처리 방식에 대해 추가로 설명할 필요가 없었다. 그런데 인공지능은 다르다. 뇌 구조를 모방한 신경망Neural Network 방식의 딥러닝은 뛰어난 성과를 내고 있지만, 이는 인공지능을 블랙박스로 만들었다. 인간의 뇌를 모방한 신경망의 노드와 레이어는 서로 연결돼 있으며, 수십억 개가 넘는 파라미터(매개변수)가 수학적 연산을 통해 상호작용하도록 만들어져 있다. 신경망에서 파라미터는 가중치, 편향, 학습률 등을 제어하고 조정하는 데 이를 통해 어떤 정보가 중요한지 파악하거나 과도한 학습으로 인한 오류를 방지하는 등 모델의 학습 경로와 의사결정 경로를 안내하고 최적화하는 데 중요한 역할을 담당한다. 또한 학습 및 결정 과정에서 복잡한 알고리즘을 사용하는데 이 과정에서 수학적으로 많은 연산이 발생하는데 그 과정과 결과를 설명하기 매우 어려워지면서 그 과정을 인지하는 것은 거의 불가능해졌다.

이런 이유로 챗GPT, 바드Bard와 같은 대규모 언어 모델 기반의 AI는 '블랙박스' 문제를 안고 있다. AI 분야에서 블랙박스란 머신러닝, 특히 복잡한 딥러닝 기반의 AI 모델에서 두드러지는 문제로, 모델이 내부적으로 어떻게 작동하는지 관찰하거나 이해하기 어려운 문제를 뜻한다. 알파고의 경우에도 특정 게임에서 왜 저러한 특정 수를 둔 것인지 알파고 개발자도 설명하기 어려운 경우가 있었는데, 그 이유가 바로 블랙박스 때문이다.

결과가 도출되기까지 중간 과정이 어떻게 이루어지는지 불명확한 것은 여러 문제를 유발한다. 첫째는, 신뢰성 문제다. 작동 원리를 명확히 이해할 수 없다면 사용자와 의사결정자들이 AI를 신뢰하기 어려울 수 있다. 예를 들어 신용평가에 딥러닝 모델을 사용하는 상황을 가정해 보자. AI의 결정 과정이 불투명하면, 개인이 왜 특정 신용등급을 받았는지 이해하기 어렵고 그 결과를 신뢰할 수 없다. 둘째는, 윤리적 문제다. AI가 중간 과정을 투명하게 보여줄 수 없기에 윤리적으로 편향된 데이터를 바탕으로 결정을 내리고 사회적 불평등을 유발할 수 있다. 셋째는, 규제 및 법적 책임의 문제다. AI의 결정 과정을 설명할 수 없다면 특히 금융, 의료 등과 같이 엄격한 규제가 존재하는 분야에서는 법적 요구 사항을 충족시키기 어려울 수 있다. 예를 들어 의료 분야에서 AI가 특정 진단을 내린 이유를 정확히 확인할 수 없다면, 잘못된 진단이 이루어졌을 때 환자에게 심각한 악영향을 미칠 수 있다.

이러한 블랙박스 문제를 해결하기 위해 다양한 연구들이 시도되고 있는데 그중 하나가 '설명가능한 인공지능Explainable AI'이다. 이것은 인공지능의 결정 과정을 이해하고 해석할 수 있는 방향으로 인공지능을 구현하거나 활용하는 기술을 말한다. 예를 들어 고양이 사진을 식별할 때 결과만 제시하던 것과 달리 설명 가능한 인공지능은 털·귀·수염 등 판단의 근거를 제시해 사람이 이해할 수 있는 인터페이스를 만드는 구조다. 이는 사회문제를 해결하고 인간과 인공지능의 협업을 확대할 획기적 도구로 전망되지만 이에 대한 과도한 기대 역시 위험하다. 일단 현재의 기술 수준으로는 충분한 설명이 불가능할 뿐만 아니라 인간이 이해할 수 있는 방식으로 설명하는 것도 난제 중의 하나이다. 또한 '설명'을 통해서 인공지능이 오히려 사람의 생각에 영향을 미칠 가능성도 배제할 수 없다. 설명 자체가 좋은 것과 결과를 도출하는 과정 자체가 좋은 것은 다른 문제이기 때문이다.

인공지능도 취약할 때가 있다

요즘은 소비자들과 접점이 있는 다양한 서비스마다 인공지능 기술을 사용했다며 홍보를 하는데 이는 자사의 서비스가 기술적 우수함을 증명하기 위한 하나의 수단이 되었다. 이러한 현상이 얼마 동안 유지될지는 모르겠지만 인공지능이란 기술이 주는 '최첨단의 결과물' 또는 '완벽함' 때문일텐데 그 완벽한 이미지 앞에서 우리들은 우리들의 일자리가 안전할지 인공지능이 세상을 지배하지는 않을지 걱정을 하며 열띤 토론을 하기도하지만 우리의 생각과는 달리 사람이라면 틀리지 않을 문제를 틀리는 등 인공지능은 취약한 면들이 많다.

한 예를 보자.[46] 다음 사진은 바다 위에 드러난 회색고래의 꼬리 부분을 보고 이 바다동물이 무엇인지 인공지능에게 맞추게 하는 실험이다. 왼쪽 사진의 경우, 대체로 91%의 확률로 이 꼬리가 회색고래의 꼬리임을 알아맞춘다. 그런데 문제는 오른쪽 사진이다. 오른쪽 사진에는 야구 글러브 안에 있는 하얀색 야구공 이미지를 사진의 왼편 상단 구석에 넣었다. 만약 왼쪽 사진의 결과를 알고 있는 사람이라면 이 오른쪽 사진의 결과도 당연히 회색고래여야 한다. 그런데 인공지능은 이것을 흰고래라고 판명해버린다. 수만 장의 고래 사진으로 인공지능을 학습시켰음에도 다른 색깔의 추가 이미지를 살짝 얹어놓으니, 인공지능의 판단이 흔들리는 것이다. 오른쪽 사진 결과에서 더 놀라운 것은 회색고래일 가능성을 심지어 4.1% 수준으로 예측했다는 것이다. 두 번째로 랭크되어 있는 '야구baseball'라고 판명한 답은 7.4%다. 확률이기는 하지만 오히려 맞는 답이다. 어쨌든 야구 글러브와 야구공이 있기는 하니까.

46 Shan Carter, Zan Armstrong, Ludwig Schubert, Ian Johnson, Chris Olah, 「Exploring Neural Networks with Activation Atlases」, Distill, March 6, 2019.

방해 이미지 첨가에 따른 결과 비교 ©Distill

사실 인간에게도 바다 위에 드러난 꼬리 부분만을 가지고 이 고래가 회색 고래인지 흰고래인지 알기는 쉽지 않다. 어지간히 고래에 대해 공부하지 않으면 어려운 일이다. 이 쉽지 않은 문제를 인공지능에게 학습시킴으로써 아주 정확하게 분류할 수 있도록 만들 수 있다. 아주 어려운 시험 문제를 인공지능이 풀게 되는 것이다. 하지만 아주 쉽게 '혼란'에 빠지는 인공지능의 약함(?)을 보면 우리가 얼마나 인공지능을 신뢰할 수 있을지에 대해 의구심을 갖게 된다.

이런 일이 왜 일어나는 것일까? 결국 두 가지 문제다. 하나는 인공지능 모델 혹은 알고리즘의 문제이고, 다른 하나는 데이터 자체의 문제이다. 먼저 인공지능 모델을 디자인하는 과정을 보면 여러 모델들을 테스트해보면서 그 결과에 따라 효율성과 정확성을 놓고 선택을 하게 된다. 과학적이고 정교한 방식으로 진행할 것 같지만 사실 어떤 정해진 규칙이 있는 것은 아니다. 이 과정에서 설명할 수 없는 블랙박스의 영역이 더 커질 수도 있고, 예기치 못한 모델상의 오류를 발생시킬 수도 있다. 충분히 테스트하는 것 말고는 뚜렷한 방법이 없다.

다음으로는 데이터 자체의 문제이다. 사실 인간 사회는 편견과 편향으로 가득 차 있다. 이것들은 데이터에 반영이 되어 이 데이터로 인공지능을 학습시키게 된다. 결국 객관적인 결과를 도출할 목적으로 인공지능을 활용하려 하지만 데이터에 이미 인간의 편견이 반영이 되고, 인공지능이 그 데이터를 학습하기 때문에 인공지능이 편향적인 결과를 도출하게 되는 것이다. 예를 들면, 우리는 '간호사'라는 직업을 떠올릴 때 이 직업이 여자들만을 위한 직업이라는 편견이 있다. 이러한 편견이 데이터 자체에 반영이 되고 이런 데이터로 인공지능을 학습시키면 인공지능도 자연스럽게 간호사라는 직업을 생각할 때는 여자라는 성별과 연관 짓게 된다.

인공지능은 데이터에 얼마나 의존적인가

이쯤해서 데이터에 대한 이야기를 할 때가 된 것 같다. 스탠퍼드대학교의 교수인 앤드류 응은 인공지능에게 데이터는 전기Electricity와 같은 존재라고 했다. 한국 사람들은 쌀밥 없이는 살 수 없는데, 앤드류의 비유 방식을 빌

리자면 데이터는 인공지능에게 쌀과 같은 것이다. 인공지능은 데이터를 먹으면서 크기 때문이다.

인공지능의 개념이 1950년대에 탄생한 이후에 연구의 진전과 정체를 여러 번 경험했다. 실제로 인공지능은 20여 년 전에 컴퓨터 공학을 공부할 때도 전공 과목에 있기는 했지만, 필수 과목은 아니었다. 선택 과목이거나 일부 다른 과목에서 한 개의 챕터 정도를 활용해서 설명했던 개념 정도였다. 그러다 2010년대에 와서야 비로소 인공지능이 컴퓨터 공학뿐만 아니라 우리 일상의 주요 화두가 되었는데 이는 사실 데이터 영역에서의 발전, 빅데이터Big Data의 성장 요인이 굉장히 크다. 아무리 인공지능 알고리즘이 발전한다해도 그 알고리즘을 훈련시킬 체계적인 데이터가 없다면 알고리즘 자체로는 할 수 있는 것이 별로 없기 때문이다. 데이터의 양이 많아진 데는 스마트폰의 성장과 큰 관련이 있다. 오늘날 우리의 거의 대부분의 일상이 스마트폰을 통해서 이루어진다. 당장 당신의 스마트폰을 분석하면 무슨 정보가 나올까? 스마트폰에는 어디에 가는지, 이동경로는 어떤지, 누구를 만났는지, 무엇을 먹었는지, 무슨 생각을 하면서 사는지, 오늘, 내일, 앞으로 일주일의 계획들은 무엇이 있는지, 무엇을 샀고 살 계획이 있는지, 누구랑 사진을 찍었는지, 무슨 메시지를 주고받고 있는지, 어떤 은행을 이용하고 있는지 등 말로 다 묘사할 수 없을 정도로 방대한 사적인 데이터들이 있다. 우리가 일상 생활을 하면서 생성해내는 데이터들의 대부분이 스마트폰에 의해 측정되고 관리된다. 이 데이터들은 여러 채널들을 통해서 빅테크, 소셜 미디어 등의 회사에 흡수되고, 그들은 이 데이터를 인공지능과 함께 분석하여 장사를 하느라 정신이 없다.

인공지능과 데이터에 관한 연구에 있어서는 도움이 될 수 있는 대체 데이터를 확보하려는 분야와 아예 데이터에 대한 의존률을 낮추려는 연구로 나뉜다. 데이터를 기반으로 투자하는 인공지능 헤지펀드는 투자 결정에 도움이 되는 데이터를 확보하고자 드론을 띄운다. 드론이 하늘을 날면서 수집한 정보를 바탕으로 로보어드바이저Roboadviser[47]가 투자의사 결정을 내린다. 데이터 의존을 줄이려는 연구로는 최근에 Open AI가 개발한 '앨리스'와 '밥'이라는 쌍둥이 로봇 팔의 사례를 들 수 있다. 이 둘은 서로 경쟁하면서 스스로 학습을 한다. 밥이 무엇인가를 실행해서 만들어 놓으면, 앨리스가 그것을 보고 똑같이 흉내내면서 학습을 하고 동일하게 만들어낸다. 즉, 매번 새로운 데이터를 공급해서 재훈련시키는 것이 아니라 두 로봇을 경쟁시켜 모방을 통해 학습하게 하는 것이다.

머신러닝이 겪는 편향이나 오류 중 80%는 데이터와 관련되어 발생한다고

47 로봇Robot과, 어드바이저Adviser를 합쳐 만든 단어로 컴퓨터 알고리즘을 사용하여 고객과 금융 데이터를 분석해서 어떤 투자 상품에 가입하면 좋을지 추천해주는 서비스를 뜻한다.

해도 과언이 아니다. 인공지능 개발단계에서 가장 많이 시간을 소요하는 프로세스도 알고리즘에 먹일 데이터를 사전 정비해주는 단계이다. 일반적으로 60~70%의 시간은 데이터를 사전 정비하는 데 쓴다. 이 단계에서 하는 작업들은 다음과 같은 것들이다.

— 중복되는 데이터 지우기
— 정보가 빠져있는 데이터 목록 지우기
— 상호 연관성이 높은 데이터는 하나를 지우거나 서로 합치기
— 단위나 부호 등을 표준화하기
— 결과에 영향을 미칠 가능성이 없는 불필요한 데이터 제거하기

특히나 결과에 영향을 미칠 가능성이 없는 불필요하고 무용한 데이터를 제거하는 일은 머신러닝의 효율성을 높이는 데 중요한 역할을 한다. 작은 양의 데이터를 이용해서 머신러닝을 할 때는 몇 개 더 지우고 말고 하는 것이 큰 효과를 보기 어렵겠지만, 머신러닝에 사용되는 데이터의 양은 보통 수만 개에서 수백만 개에 이르기 때문에 불필요한 데이터 항목을 미리 지우는 것은 머신러닝 시간을 단축시키고 그 정확도를 높이는 데 큰 영향을 미칠 수 있다.

이처럼 데이터에 의존적인 인공지능에게 혼란을 줄 수 있는 쉬운 방법은 기계를 혼란스럽게 만드는 데이터를 제공하는 것이다. 가령, 개를 인식하도록 훈련된 인공지능을 혼란스럽게 만들기 위해서는 어떻게 해야 할까? 아래 그림처럼, 개 이미지에 인간 눈에는 별다른 의미가 없어 보이는 노이즈Noise와 합성을 시키면, 기계가 개 이미지를 타조로 인식하게 된다.[48]

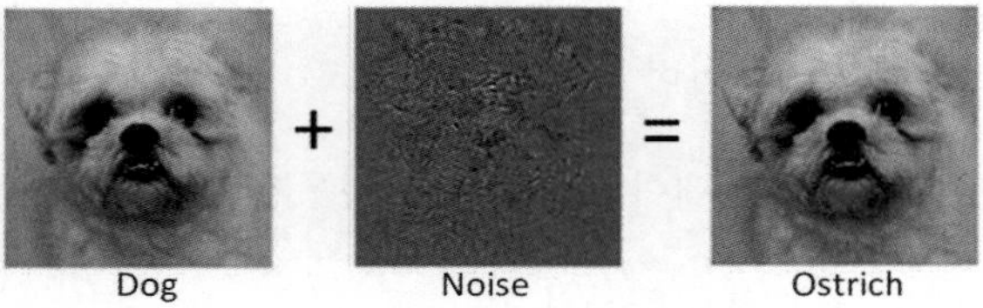

©Bengio's HLF 2019 lecture

이런 방법은 해커들이 인공지능을 바보로 만들기 위해서 얼마든지 활용할 수 있는 방법이다. 규슈대학교 연구팀에 의해서 실제로 실험을 해본 적도 있는데,[49] <실제 사진과 예측 결과 비교> 이미지와 같은 원 이미지들에 한 픽셀 노이즈를 추가해서도 인공지능이 해당 원 이미지를 잘못 인식하도록 만들게 할 수도 있다.

---

48 Yoshua Bengio, "7th HLF - Turing Lecture: Yoshua Bengio", Youtube, <Heidelberg Laureate Forum>, 2019. 9. 23., https://www.youtube.com/watch?v=llGG62fNN64.

49 Jiawei Su, Danilo Vasconcellos Vargas, Sakurai Kouichi, 「One Pixel Attack for Fooling Deep Neural Networks」, October 2017.

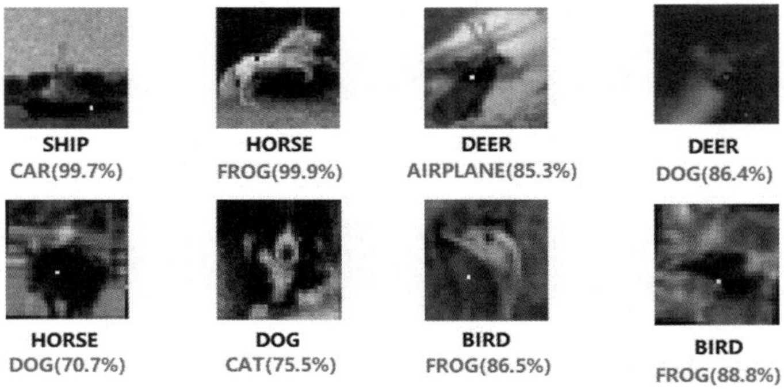

실제 사진(검은색 글씨)과 예측 결과(회색 글씨) 비교 (숫자는 확률을 의미함)[50]

만약 누군가 악의적으로 인공지능에 들어갈 예정인 데이터를 위와 같은 방법들로 노이즈를 추가시켜놓는다고 하자. 인간의 눈으로는 노이즈 첨가에 의한 이미지 변형을 인식할 수 없기 때문에 우리는 잘못된 결과가 나오면 그 원인을 모르고 의아해할 수밖에 없다. 현재는 데이터를 사전 가공하는 단계에서 위와 같은 경우까지 감안해서 사전 정비를 하지는 않지만, 머지않아 노이즈가 들어간 데이터를 걸러내기 위한 프로세스가 필수적인 상황이 펼쳐질 것이다.

이처럼 인공지능은 제공되는 데이터에 따라 행동한다. 미국에서 인공지능에게 다양한 사람들의 얼굴 사진을 보여주면서 범죄 가능성이 가장 높은

50 같은 논문.

사진을 골라보라고 하니 피부색이 검은색에 가까운 사람들의 비중이 높아서 논란이 된 적이 있다. 인간이 가지고 있는 편견이 그대로 데이터에 담기고, 이 데이터를 먹고 학습하는 인공지능이 이와 같은 결과를 내게 되는 것이다.

인공지능 vs 인간지능

인공지능이 인간지능보다 나은가. 이와 관련하여, 구글 딥마인드팀을 주축으로 2014년에 가정용 비디오 게임 콘솔의 원조격인 'Atari 2600' 비디오 게임 49개를 대상으로 한 흥미로운 실험이 있었다. 'Deep Q Network'라는 딥러닝 알고리즘을 활용해 기계를 훈련시켜 49개의 비디오 게임에 대해 인간보다 잘할 수 있는지를 실험한 것이다. 결과는 29개 정도의 게임에서는 기계가 인간보다 나은 스코어를 얻었고, 20여 개 게임에서는 인간이 더 나은 스코어를 얻었다. 이것은 이미 수년 전인 2015년의 실험이었으니, 오늘날 다시 업그레이드 된 알고리즘을 가지고 동일 실험을 한다면 대부분 게임에서 이미 기계가 인간보다 나을 것이라고 생각한다.

이처럼 인공지능과 인간지능을 비교하기 위한 이런 저런 실험과 비교들이 있고, 많은 경우에 인공지능의 우수성이 입증되고 있는 현상이 대세가 되고 있는 것 같지만 아직은 인공지능이 인간지능보다 단연 우수하다고는 말할 수 없다. 대부분의 실험들이 특정 환경을 설정해놓은 상태에서 시작하기 때문이다. 더 많은 게임 데이터를 가지고 알고리즘을 훈련시키면 결국에는 인공지능이 인간보다 나은 성과를 달성하게 되기에 게임의 규칙이 명확한 상황에서는 인공지능이 인간보다 훨씬 나을 수 있다. 그런데 특정 환경을 설정해놓지 않은 상태에서는 어떨까?

사이먼 사이넥Simon Sinek은 『인피니트 게임』에서, 인간 세계에서 있을 수 있는 게임을 유한 게임Finite Games과 무한 게임Infinite Games 이렇게 두 가지로 정의하고 비교를 했다. 간단히 설명하자면, 유한 게임은 참여 선수 신원, 참여 선수의 수, 정해진 규칙, 합의된 게임의 목표를 가지고 게임이 이루어진다. 축구 경기를 생각해보자. 같은 팀은 같은 유니폼을 입고, 참여 선수가 누구인지 쉽게 식별이 가능하고, 참여하는 모든 선수들 간에 합의된 경기 규칙들이 있다. 그리고 그 규칙들을 지키게 하는 심판들이 있으며, 참여하는 선수들이 만약 그 규칙을 어기게 되면 벌칙을 받는다. 정해진 시간 내에 더 많은 골을 득점한 팀이 이기는 것이 목표이며, 정해진 시간이 되면 게임은 끝나고 모두 결과에 승복하고 집으로 돌아간다. 그와 반대로, 무한 게임에서는 참여하는 선수가 알려지기도 하지만, 알려지지 않은 선수도 참여를 하고, 정확하게 서로 합의된 규칙이 없으며, 정해진 시간도 없고, 어떻게 승자가 결정되는지에 대한 규칙이나 합의도 없다. 이 게임에서 유일한 규칙이 있다면 게임 자체를 영원히 지속하는 것이다. 즉, 특정 환경을 설정해놓지 않은 상태가 무한 게임이다.

2018년 러시아 월드컵을 앞두고, 스위스 투자은행인 UBS는 〈Investing and Football(투자와 축구)〉이라는 연구 보고서에서 흥미로운 예측을 했는데 인공지능 알고리즘을 이용해 러시아 월드컵의 우승팀을 예측해보는 것이었다. 무려 10,000번의 시뮬레이션을 했으며 가장 우승할 확률이 높은 팀은 독일팀(24%)이었다. 그리고 그 뒤로 브라질(19.8%)과 스페인(16.1%)이 그 뒤를 이었다. 최소한 위 세 팀 중에서 우승팀이 나올 확률은 60%에 육박했지만 결과는 보기 좋게 빗나가고 말았다. 프랑스가 우승을 차지했으며, 그 뒤로 크로아티아와 벨기에가 자리했다. 브라질은 6위, 스페인은 10위, 그리고 유력 우승팀이었던 독일팀은 공교롭게도 한국팀에 2-0으로 패배함으로써 16강 진출도 하지 못한 채 22위에 머물렀다. UBS가 투자를 할 때 활용했던 알고리즘과 접근법을 활용한다고 해서 관심을 받았지만 그들의 예측은 보기 좋게 실패했다. 이외에도 관련하여 여러 다른 예측들이 있었지만 대부분 실패했다.

유한 게임에 해당하는 축구 경기를 예측하기 위해 10,000번의 시뮬레이션을 진행했는데도 예측에 실패했다. 모든 것을 맞추고야 말 것같은 인공지능의 예측이 실패하는 이유는 학습하는 데이터의 과거성, 수집할 수 있는 데이터의 한계성, 그리고 무엇보다 경기장 안에서의 경기는 경기장 안과

밖에서 일어나는 수많은 변수들에 의해서 영향을 받기 때문이다. 축구 경기 자체는 유한 게임일지 모르지만 경기에 영향을 미치는 수많은 변수들이 더해지면서 경기의 결과를 예측하는 일은 무한 게임화된다.

인간의 뇌는 스스로 학습에 대한 주도권을 가지고 속도를 조절할 수 있는 능력을 가지고 있어 자율적이고 자기주도적이다. 기계는 설정된 속도에 의해서만 학습하지만, 인간의 뇌는 그 속도를 스스로 필요에 따라 조정한다. 학습 방법에 있어서도 기계는 주어지는 데이터를 통해서 학습을 하지만, 인간의 뇌는 집중, 적극적 관여, 에러 피드백, 융합 등의 다양한 방법들을 통해서 콘텍스트에 대한 이해도를 포괄적으로 높일 수 있는 학습 능력이 있다. 이러한 인간지능의 학습 방법들에 대해 인공지능 영역에서도 도입되며 알고리즘으로 구현이 이루어지고 있지만, 아직까지는 생각보다 가야할 길이 멀다고 할 수 있다. 이쯤해서 다시 우리가 좋아하는 '개' 이야기로 돌아와 보자. 아래 사진은 어떤 사진인가?

- 개가 프리스비Frisbee에 맞은 상황
- 개가 점프를 해서 주인이 던진 프리스비를 잡은 상황
- 개가 프리스비를 입에 물고 달려가다가 점프를 한 상황

당신의 답은 무엇인가? 대부분의 경우 두 번째 상황을 고를 것이다. 기계 입장에서 생각해보자. 기계의 답변은 무엇일까. 그 답변을 하기 위해 기계는 어떤 것들을 학습해야 할까. 기계가 풀어야 하는 숙제는 다음과 같을 수 있다. 이 사진의 여러 부분들 중에서 어떤 것에 초점을 두고 인식을 해야 할지를 먼저 분석한다. 사람들은 이 사진을 보고 자연스럽게 개의 이미지에 집중을 할 가능성이 높지만, 기계는 이것을 학습을 통해 배워야 한다. 그렇지 않으면 개의 배경에 있는 흐릿한 나무 등의 사물에 초점을 맞추고 인지할 가능성도 많다. 또한 이 사진의 상하좌우 방향도 배워야 한다. 기계는 학습 과정이 없으면 어디가 상하좌우인지 인지하지 못한다. 인공지능은 다음 왼쪽의 이미지가 개가 점프를 해서 프리스비를 잡아채는 장면이라고 인식할 수 있지만 같은 이미지를 90도 회전한 오른쪽의 이미지는 땅에 떨어진 프리스비를 입으로 물어서 집어올리는 장면이라고 인식하기 쉽다. 이처럼 인공지능이 학습 없이 이미지를 파악하는 일은 쉬운 일이 아니며, 여러 변수가 적용된 같은 이미지도 완전히 다른 의미의 그림으로 인식될 수 있다.

여기에 인공지능은 사진 속 이미지가 개가 맞는지도 학습해야 한다. 이를 위해선 기계는 사전에 개에 대한 수만 장의 이미지를 보고 학습이 되어 있어야 한다. 이미지뿐 아니라 개가 점프할 수 있는 동물인지, 그렇다면 얼마나 높이 점프할 수 있는지, 날아오는 물체를 잡을 수 있는 능력과 판단력이 있는 동물인지 등 콘텍스트에 대한 이해를 높이는 과정 또한 필수적이다.

개가 프리스비를 잡는 원형 이미지

원형 이미지를 왼쪽으로 90도 회전시킨 이미지

마지막으로 인간은 할 수 있지만 기계가 못하는 중요한 한 가지가 더 있다. 바로 '질문'이다. 질문하는 것을 흉내는 낼 수 있지만, 지적 탐구에 대한 자기 주도권을 가지고 다음 단계 혹은 미지의 세계로 진입하게 해주는 안내자로서의 질문을 하지 못한다. 인공지능은 인간이 질문을 던지면 그 질문을 본인의 목적으로 삼아 열심히 자기 나름대로 분석을 해서 답변을 한다고 할 수 있다. 우리의 질문은 외부에서 오기도 하고, 자신의 내면에서부터 나오기도 한다. 이 질문을 지속하면서 스스로 답을 찾아가고 질문을 통해서 다른 세계의 문을 열어간다. 인공지능이 인간지능을 넘어서는 단계는 바로 인공지능이 스스로 질문을 하면서 문제를 해결해나가기 시작하는 시점이라고 생각한다. 이 단계부터는 인간은 기계를 두려워해야 한다.

인간의 뇌는 어떻게 배우는가

한참 대입을 준비했던 시절의 공부를 생각해보면, 기억의 수준을 높이기 위해 우리는 같은 책을 반복적으로 읽기도 하고, 머릿속에 텍스트를 심는 양 중요한 내용에 밑줄을 긋기도 하고, 노트에 따로 필기를 해두고 반복적으로 보기도 한다. 그리고 기억에 기반한 응용력을 높이기 위해 끊임없이 새로운 문제집을 사서 다양한 종류의 문제들을 풀어본다.

우리가 하는 공부의 일차적 목표는 '기억'하는 것이다. 그리고 우리가 치르는 대부분 시험의 상당 부분은 우리가 배운 내용을 얼마나 기억하고 있는지에 대해 테스트한다. 그리고 시험 문제에서 난이도가 높은 문제일수록 단순히 기억의 여부를 물어보기보다는 기억한 내용을 바탕으로 응용이 가능한지 여부를 테스트하게 된다.

하버드대학교의 신경과학자이자 교수인 제레드 쿠니 호바스Jared Cooney Horvath는『사람은 어떻게 생각하고 배우고 기억하는가』에서 인간의 학습 메커니즘에 대한 과학적 이해를 바탕으로 커뮤니케이션 현장에서 어떤 전략과 행동을 취해야 하는지를 분석한다. 이 책에서는 이 기억의 형성 과정을 크게 '암호화', '저장', '회수'라는 세 단계로 분류했다. 암호화 단계는 지식과 정보를 접해서 이를 뇌로 '들어가게' 만드는 단계이다. 스마트폰의 카메라로 사진을 찍으면 사진이라는 이미지가 컴퓨팅의 이진법 원리를 바탕으로 이미지의 존재 형태가 전환되는 것을 의미한다. 저장 단계는 이렇게 전환된 이미지가 뇌에 '박혀 있게 되는' 단계이다. 스마트폰의 저장 매체에 저장되는 과정이라고 생각하면 된다. 회수 단계는 이렇게 저장된 정보가 뇌에서 '다시 나와야' 한다는 것이다. 저장되어 있는 이미지가 자꾸 불려와 활용되는 것을 의미한다.

그렇다면, 같은 책을 여러 번 읽는 것이 기억에 도움이 될까, 아니면 한두 번 읽은 내용을 기억으로부터 끌어내는 회상이 더 도움이 될까. 우리가 공부하는 습관을 생각해보면 전자가 더 효과적일 것 같지만 실제로 실험을 해보면 후자가 더욱 효과적이다.[51] 그래서 책을 한 번 읽은 다음에 간단한 퀴즈를 본다거나 관련 내용으로 카드 게임을 하는 것이 배운 내용을 기억하는 데 더욱 유용하다. 노련한 선생님들이나 교수님들은 수업을 마칠 때쯤 되면 5~10분 정도 이 과정을 의도적으로 거친다. 여전히 책을 반복적으로 읽어야 한다면 같은 내용을 여러 번 접하는 게 의미가 있는 것이 아니라 그 읽는 행위를 통해서 반복적으로 회상할 수 있는 기회를 갖는다는 데 더 큰 의미와 효과가 있다. 반복해서 읽는 것보다 기억으로부터 회상하는 훈

---

51 Peter C. Brown, Henry L. Roediger III, Mark A. McDaniel, 『Make It Stick: The Science of Successful Learning』, Belknap Press: An Imprint of Harvard University Press, 13p.

련이 더 효과적인 것이다.

수많은 시험을 치러야 하는 인생에서 벼락치기는 빼놓을 수 없는 우리의 공부 모습이다. 벼락치기는 대부분의 시간을 암호화와 저장의 단계에 집중한다. 시험이 임박해 있기 때문에 가능한 한 여러 번 지식과 정보들을 눈에 익혀두는 데 집중한다. 눈치챘겠지만 벼락치기를 통해서 암호와와 저장 단계에만 집중하게 되면 이렇게 얻은 지식은 단기간 동안만 기억된다. 이런 벼락치기를 하면 일반적으로는 시험이 끝나고 나면 대부분의 내용을 잊게 된다. 만약 우리가 공부한 것들을 장기간 기억되게 하고 써먹을 목적이라면 '회수'라는 단계에 초점을 두어야 한다. 공부한 내용을 여러 가지 방식으로 자꾸 불러내 되새김하고 활용을 시도해야 한다. 제레드에 따르면 '회수는 깊고, 오래 지속되는, 접근하기 쉬운 기억을 형성하는 열쇠'라고 한다. 이 단계는 기본적으로 시간을 필요로 한다. 그래서 벼락치기를 해야 하는 상황에는 이 회수의 단계를 제대로 해내기가 현실적으로 쉽지 않다. 만약 어떤 사람이 외적으로는 벼락치기만을 하는 것 같은데도 늘 최상위 시험 점수를 획득한다면 둘 중 하나이다. 시험 문제의 수준이 암호와와 저장 단계에서 얻은 단순 기억 지식만으로도 풀 수 있는 수준의 문제들만 출제가 되었다거나 혹은 이 사람은 이미 사전에 어떤 방식으로든 회수 단계를 거치는 공부 방식을 했기 때문에 시험 전날 벼락치기를 해도 과거에 공부해 두었던 내용이 모두 기억나고 난이도 있는 문제에 대해서도 응용해가며 풀 수 있는 것이다.

기억은 재료다

한국에서 어떤 지식을 기억하도록 하는 교육, 즉 암기 위주의 교육은 오랜 시간 동안 비판의 대상이 되어 왔다. 이런 여파로 아직도 암기해서 보는 시험은 구시대적인 것처럼 보이기도 하고, 암기 위주의 교육은 심지어 나쁜 것처럼 보이기도 한다. 그리고 더 큰 부작용 중의 하나는 어떤 지식을 기억하도록 하는 암기 교육을 창의성 교육과 반대되는 개념으로 인식하게 만들었다는 것이다. 사실 알고 보면, 암기 위주의 시험 자체가 문제였던 것이 아니라 비판적, 창의적 사고를 훈련시키지 않는 암기 교육이 문제였다. 뿐만 아니라, 암기 교육과 창의성 교육은 서로 대치되어서 둘 중 하나를 선택해야 하는 성격의 문제가 아니다. 이 둘은 반드시 함께 가야하는 교육이다.

암기를 시키는 교육의 명분이 약화되는 또 하나의 원인은 컴퓨터와 인터넷의 발달이다. 컴퓨터는 암기를 잘하고 인터넷에는 없는 정보가 없다. 우리가 굳이 기억하지 않아도 컴퓨터와 인터넷에만 기억시켜 놓고 우리는 정보가 필요할 때 불러와서 우리 뇌를 통해 '사고 작용'을 하면 이상적일 것 같다. 그런데 안타깝게도 우리 인간의 지능은 그런 식으로 작동하지 않는다. 인간의 사고 작용에 있어 우리의 기억은 재료이고 연료이다. 우리의 뇌는 암기 훈련을 하면 할수록 더 많이 기억하게 되고, 이는 뇌의 사고 작용을 더욱 원활하게 한다. 우리가 책을 많이 읽고 경험을 쌓는 이유는 재료를 준비하기 위해서이다. 재료가 없으면 생각하거나 공유하고 가르칠 것이 우리 안에 없기 때문이다. 우리에게 컴퓨터 등과 같은 데이터를 저장하는 더 좋은 매체가 있다고 해서 우리 자신의 뇌에 데이터를 기억해야 된다는 명분을 약화시켜서는 안된다.

인공지능도 데이터라는 재료가 없으면 무용지물이다. 앞서 말했듯 2010년 즈음부터 인공지능이 급부상한 이유는 빅데이터, 클라우드 스토리지, IoT 등의 발전과 깊은 관련이 있다. 특히, 빅데이터는 1998년에 미국의 컴퓨터 공학자인 존 매쉬John Mashey가 현재 우리가 인식하고 있는 개념으로 빅데이터라는 용어를 보편화시킨 이후에 급격한 성장을 이루었다. 빅데이터란 기존 데이터베이스 관리도구의 능력을 넘어서는 대량(수십 테라바이트)의 정형 또는 데이터베이스 형태가 아닌 비정형의 데이터를 포함한 데이터로부터 가치를 추출하고 결과를 분석하는 기술이다. 오늘날 인공지능이 강력해진 이유는 인간의 뇌로 따지면 엄청난 데이터를 저장하는 기억력, 분석, 추론 능력을 가지고 발전된 알고리즘을 장착한 사고력의 조합 때문이다. 인공지능 프로젝트를 진행할 때마다 공통적으로 직면하는 가장 큰 당면 과제는 '데이터를 어떻게 확보하느냐'의 문제이다. 인공지능 엔지니어들이 한결같이 하는 말은 "데이터만 있으면 다 된다."고 한다. 인간지능에나 인공지능에나 기억은 필수 재료이자 에너지이다. 여러 매체에서 뇌과학 지식을 전달하고 있는 박문호 박사는 한 강의에서 다음과 같이 주장했다.[52]

"기억은 감정이다. 우리가 기억하는 것을 바탕으로 우리의 감정은 움직이고 이 감정에 기반하여 선택하고 판단한다. 선택하고 판단을 잘하기 위해서는 결국 기억을 많이 해야 한다. 기억이 풍부하면 감정이 풍부해진다. 우리의 뇌는 기억된 것만 지각하고 지각된 것만 기억한다. 예를 들어 독일말을 알지 못하는데 독일어로 된 책을 읽을 수 없다. 기억하고 있는 독일어가 없다면 글자가 있어도 지각을 하지 못하는 것이다. 그러므로 지각을 넓히는 것이 지각이 있는 사람이 되고, 세계를 넓게 바라보려 하면 기억이 풍부해야 한다. 또 역으로 지각된 것만 기억이 된다. 기억은 세계의 확장이다. 기억의 평수를 넓혀야 한다."

이런 측면에서 보면, 책을 읽는다는 것은 그 책에서 기억할만한 어떤 것을 찾는 행위이다. 나의 지각을 새로운 지식과 정보에 노출시키면서, 우리의 세계를 확장시켜 나간다. 그리고 책이라는 것은 결국 기억을 공유하기 위해 쓰여지는 것이다. 우리가 지닌 기억의 힘은 막강하다. 세상을 어떻게 보

---

52 "뇌과학으로 증명된 인류 최고의 학습법 (박문호 박사 1부)", Youtube, <지식인사이드>채널, 2023년 9월 27일, https://youtu.be/sJg8gor2Dho?si=QkRuW_q4o0SA3P-q.

느냐의 문제는 무엇을 기억하고 있느냐에 달려 있다.

모두에게 주어지는 도구는 비교우위를 만들지 못한다

제임스 와트James Watt는 영국 스코틀랜드의 발명가이자 기계 공학자였다. 그는 1769년에 증기 기관의 발명가인 토머스 뉴커먼Thomas Newcomen의 증기 기관을 개량하여 더욱 효율적인 증기 기관을 실용화하여 보급시켰는데 이것이 영국의 산업 혁명을 촉발시켰다. 와트가 개발한 증기 기관은 방적기와 방직기의 동력장치로 이용되면서 면직물을 대량 생산할 수 있게 됐고, 이 증기 엔진 기술은 1807년 로버트 풀턴Robert Fulton의 증기선과 1814년 조지 스티븐슨George Stephenson의 증기 기관차 등 운송 분야에 활용되어 근대적 기계 산업과 문명의 기반을 닦는 데 큰 역할을 했다. 이런 과거의 시대를 보면 하나의 혁신이 출현해서 다른 산업 분야로 옮겨가는 데 족히 30년 이상의 시간이 걸렸다. 이렇게 혁신이 전파되는 데 속도가 걸릴 때는 그 혁신을 보유한 곳은 충분한 비교우위와 경쟁력을 가지면서 발전할 수가 있었다. 그런데 오늘날은 그렇지 않다.

챗GPT가 2022년 11월에 일반 대중에서 공개를 한 이후로 2024년 4월까지 1억8천 명의 사용자들을 모으는 데 소요된 시간은 고작 1년 4개월이다. 그리고 이 기술을 기반으로 개발되고 적용되고 있는 응용 프로그램들은 이미 셀 수 없이 많다. 만약 챗GPT가 소수의 사람들에게만 주어지는 도구이자 무기라면 이것을 사용하는 사람들에게 상당한 비교우위 경쟁력을 가져다줄 것이 분명하다. 그런데 문제는 이 도구가 누구에게나 주어진다는 것이다. 모두에게 주어지는 도구는 비교우위를 만들지 못한다. 즉, 이 서비스가 필요한 사람들이라면 누구든 이것을 쉽게 사용할 수 있기 때문에 그냥 또 하나의 도구로만 남게 된다. 그리고 모두에게 주어진 이 도구를 가지고 누구나 경쟁하기 때문에 우리의 삶이 더 여유로워지지도 않고 오히려 더욱 바빠진다. 그렇기에 기술이 우리에게 더 많은 여가와 휴식을 줄 것이라는 이야기는 미신에 가깝다. 기술을 신뢰하지 못하기 때문이 아니라 우리가 살고 있는 세상의 시스템이 그렇지 못하기 때문이다. 몇 년 전 현대자동차가 인수한 미국의 보스턴 다이내믹스Boston Dynamics의 로봇들을 보고 있으면 머지 않아 로봇이 인간의 노동을 대신한다는 의견에 의심의 여지가 없어 보인다. 로봇으로 인해 우리의 업무들이 자동화되어 로봇 옆에만 서서 우리가 실직하지 않고 여전히 같은 월급을 받을 수 있다면 환영할 일이다. 그러나 이런 것은 현실적이지 않다. 로봇들이 우리에게 더 많은 여가와 휴식을 줄 수 있으면 좋겠지만 실상은 더 많은 실직과 실업을 줄 가능성이 명백히 높다.

우리의 공부 역시 인공지능을 활용하면서 약간의 편리성을 얻을 수 있게 됐지만 다른 사람들도 다 그렇다. 공부의 속도 역시 좀 빨라졌지만 다 같이 빨라졌기 때문에 의미가 없어졌다. 오히려 당신의 선생님이나 교수들, 직장 상사들은 인공지능을 활용한 아웃풋을 능가하는 당신의 생각과 통찰력을 기대할 것이기 때문에 머리를 싸매고 고민해야 할 시간은 더 많아질 것이다.

경쟁이나 전략은 기본적으로 차별화에 관한 것이다. 따라서 획일성, 동질성 등과는 어울리지 않는 개념이다. 차별화하려면 다른 사람들이 미처 닿지 못할 곳으로 도약해야 한다. 이곳엔 엄청난 다양성과 무한한 가능성이 있음을 깨닫고, 다른 사람들과는 완전히 다른 길을 택해야 한다. 널리 쓰이는 전략은 이미 전략이 아니다. 어떤 전략을 남들이 따라 하게 되면, 그 전략은 무용지물이 된다.

내 마음을 아는 유튜브

이 책을 마감하느라 스트레스 받는 나를 유튜브가 어떻게 알았는지 유튜브에 들어가보니 추천하는 동영상들이 죄다 '공부'에 대한 이야기를 담고 있었다. 또한 이 책을 써가면서 고민이 되는 부분들이 있었는데 그 고민과 관련된 동영상들이 유튜브 메인화면에 도배되어 있었다. 김정운 교수님, 박문호 박사님, 최재천 교수님, 김주환 교수님, 황농문 교수님 등의 동영상들과 심지어는 MIT 교수 등 해외 석학들의 학습에 관한 동영상들도 줄줄이 추천하고 있었다.

어떤 형태와 방식으로든 '나'는 분석되고 있었다. 넷플릭스의 한국 드라마 중에 〈썸바디〉라는 드라마를 잠시 본 적이 있는데, 그 드라마의 주인공인 김섬이 개발한 '썸원'이라는 챗봇은 독특한 기능이 있었다. 기존 챗봇과는 다르게 많이 사용된 단어 데이터 위주로 사용자를 분석하는 것이 아니라 사용자가 대화창에 적으려다 지운 단어까지 추적해 소심한 성격을 가진 이용자의 진짜 '본심'까지 파악한 챗봇이었다. 사용자가 대화창에 타이핑을 하고 엔터를 쳐서 챗봇에게 인식시키기 이전에 사용자가 쓸 내용을 생각하다 타이핑하고 지우는 내용도 챗봇이 모두 인식하고 사용자와 대화를 이어간다. 이런 기능을 가진 챗봇이 현재 나와있는지는 모르겠지만 상당히 섬뜩하다고 느꼈다. 내가 생각하고 고민하는 과정이 나도 모르게 모니터링되고 있기 때문이다. 우리가 어떤 사람과 채팅을 할 때 대화창에 맨 처음에 쓴 메시지가 본심에 가까울까 아니면 맨 처음에 쓴 메시지를 보내지 않고 수정해서 보낸 메시지가 본심에 가까울까. 사람마다 다르겠지만 맨 처음에 쓴 메시지가 본심에 가까울 가능성이 많은 것 같다. 맨 처음 메시지에서 수정을 하고 말의 표현을 바꾸는 이유는 상대방이 어떻게 받아들일까를 생각해서 이리저리 고민을 하는 과정이라 볼 수 있다. 드라마에서 주인공인 김섬은 챗봇 '썸원'과 항상 함께였다. '썸원'은 그녀에 대한 대부분의 '본심' 정보를 갖고 있었기에 항상 만족스러운 대화가 가능했다. 사람과의 소통 능력이 결여된 그녀에게 모든 것을 공감해 주면서 대화를 나눌 수 있는 썸원은 유일무이한 친구이자 연인 같은 존재였다.

유튜브는 2005년에 창립한 이후, 수십억 명의 사용자가 매월 수십억 시간의 동영상을 시청하는 플랫폼으로 성장했다. 유튜브의 알고리즘은 사용자의 취향과 기호를 끊임없이 분석하는데 그 근본적 이유는 결국 사용자가 플랫폼에 더 오래 머무르게 하기 위해서다. 유튜브의 현재 추천 알고리즘은 어느 날 갑자기 만들어진 것은 아니고 여러 과정의 역사가 있다. 2012년 이전에는 주로 사람들이 많이 본 동영상들을 추천했다. 이 당시에는 시청한 횟수가 핵심 지표였다. 즉, 사람들이 많이 본 동영상일수록 다른 사용자들에게도 해당 동영상들이 더 노출되게 된다. 여전히 사람들은 다른 사람들이 많이 본 동영상이라고 하면 웬만하면 따라서 보기 때문에 틀린 가정은 아니다. 문제는 사람들이 이 유튜브의 알고리즘을 너무 쉽게 간파했다는 것이다. 그래서 유튜브 크리에이터들은 어떻게든 사람들이 동영상을 클릭하도록 하는 데 초점을 맞추고 자극적인 타이틀을 다는 데 열중했다. 콘텐츠의 질을 고려하기보다는 일단 클릭하게 만들기만 하면 되었다. 보다가 중간에 떠나든 말든 상관하지 않았다.

2012년이 되어서 유튜브는 클릭만을 유도하는 악성 동영상들을 최소화하면서 사용자들이 플랫폼이 머무르는 시간을 더 늘리고자 했다. 그래야 유튜브 안에서 회전하는 광고를 볼 가능성도 높아지기 때문이다. 그래서 동영상 시청 시간과 유튜브 플랫폼에 머무르는 시간을 알고리즘에 반영하여, 사용자들이 더 오래 시청한 동영상을 추천하기 시작했다. 더 오래 볼 가능성이 높은 동영상을 추천하면, 플랫폼 체류 시간은 자연스럽게 개선된다. 정책이 바뀌자 크리에이터들은 러닝 타임이 긴 동영상을 최대한 많이 만들기 위해 애썼다. 유튜브 동영상을 만들어 본 사람들은 알겠지만 시간이 긴 동영상을 만드는 것은 그만큼 더 많은 시간과 노력을 요구한다. 이 정책 때문에 크리에이터들은 한정된 시간과 자원을 가지고 더 긴 동영상을 만들어야 했으므로 번아웃될 수밖에 없었다. 이 시기에 나왔던 새로운 장르들이 많이 있었는데 그 초점은 쉽게 긴 시간을 때우면서 만들 수 있는 것들이다. 예를 들면, 자신이 비디오나 온라인 게임을 하는 것을 보여주거나 맛있는 음식을 요리해서 먹거나 식당에 가서 음식을 많이 주문해서 먹는 것을 보여주는 먹방 프로그램 같은 것들이다. 여행을 가서 캠을 달고 자신이 보는 모든 것들을 찍은 다음 설명 자막을 달아 보여주는 '브이로그Vlog' 같은 동영상들도 이때부터 많아졌다.

유튜브가 본격적으로 인공지능과 머신러닝을 알고리즘에 반영하기 시작한 것은 2016년부터이다. 이 알고리즘은 머신러닝을 기반으로 시청자의 시청 이력, 선호도 등의 개인화 데이터, 플랫폼들에서 검색하는 검색어, 트렌드 데이터 등을 활용했는데 이는 유튜브의 성장과 인기에 큰 영향을 미쳤다.

머신러닝은 알고리즘의 효율성을 크게 향상시켜 시청자가 유튜브의 추천 동영상을 따를 확률을 높였다. 이 당시 한 설문조사 결과에 따르면, 유튜브 사용자의 80% 이상이 유튜브에서 추천하는 동영상을 시청한다고 한다. 사실 생각해보면 이 80%는 큰 의미가 있다. 우리가 TV 채널을 볼 때 우리 자신의 선택에 의해서 채널을 돌리면서 프로그램을 선택하는 과정을 거치는데 유튜브는 이 과정이 없이 앱을 여는 순간 눈에 자동으로 보이는 동영상들이 있다. 이 추천된 동영상들은 이미 알고리즘에 의해서 우리의 기호가 분석되어 추천되는 것이므로 클릭할 확률이 높다. 이 과정에서 이미 우리의 주체적 선택 과정이 생략됐다고 할 수 있다. 이것은 우리가 편하고 익숙해지면 문제가 될 수 있다. 극단적으로 생각해본다면 유튜브가 우리가 접하는 정보를 통제할 수 있고, 우리의 인식도 자연스럽게 그 통제에 의해 영향을 받을 수 있기 때문이다.

이런 알고리즘을 보면서 드는 생각은 내가 나 자신을 분석하는 것보다 인공지능이 나 자신에 대해 분석하기 위해 많은 노력을 기울이고 있다는 점이다. 내가 컴퓨터나 웹상에서 하는 행동 패턴이 분석되어 내가 무엇에 관심을 가지고 있고, 어떤 공부를 하고 있는지 나보다 인공지능이 더 잘 알고 있게 된다. 알고리즘이 아침에 추천하는 음악을 들으면서 하루를 시작하고, 출근길에 지하철에서 알고리즘이 추천하는 동영상을 보고, 업무나 공부 중에 필요한 정보가 있으면 챗GPT에게 물어본다. 사실상 하루 생활 중 우리가 생각하는 것보다 많은 부분에서 인공지능이 이미 많은 영향을 미치고 있다.

HOW

PART 3

어떻게 독학을 잘할 수 있는가

인공지능 시대에 아이들을 준비시키는 법

영국의 유수한 인공지능 콘퍼런스에서 패널토론자로 참여한 적이 있었는데 패널토론자 중 내가 유일하게 아시아에서 나고 자랐음을 인지한 한 청중이 내게 자녀 교육에 대한 질문을 했다.

"아시아에서 교육 관련해서 일어나는 일들을 보면 인공지능 시대에 대비해 어린 아이들에게 코딩을 가르치는 등 교육에 있어 다양한 시도들을 하는 것 같아요. 영국에서 우리는 아이들에게 어떻게, 그리고 무엇을 공부하게 해야 할까요?"

나의 대답들은 이랬다.

"영국와서 보니까 넓은 잔디에서 열심히 뛰어노는 아이들이 많은 것이 참 부러웠어요. 아침 일찍부터 오후 늦게까지 심지어는 밤 늦게까지 정해진 프로그램들을 수행해야 하는 싱가포르, 한국 등 아시아 교육 환경에서는 쉽지 않은 모습이죠. 저는 인공지능 시대여도 영국이 이것을 포기하지 않았으면 좋겠어요. 인공지능 덕분에 이제는 노는 것이 우리에게 창의성을 가져다주는 최고의 공부일 가능성이 높으니까요. 인공지능은 놀 줄을 모릅니다. 계속 잔디에서 놀이터에서 많이 놀게 하세요. 당신들의 방식대로요."

"인공지능이 가장 닮고 싶어하는 것이 인간지능인 것을 알고 계세요? 인공지능의 한 분야로 각광받고 있는 머신러닝이라는 분야가 사실은 인간 뇌의 화학적 작용에서 힌트를 얻어서 만들어진 것이에요. 그런데 인간이 오히려 인공지능처럼 되고 싶어하는 것은 좀 이상하지 않은가요?"

"코딩을 먼저 가르치려 하지 말고, 수학적 사고를 먼저 자연스럽게 체득할 수 있게 기회를 많이 만들어 주세요. 코딩 언어는 늘 변하기 때문에 지금 가장 인기있는 프로그래밍 언어인 파이썬 공부를 시킨다고 해서 어른이 되어서도 파이썬을 쓴다는 보장이 없어요. 그래서 수학적 사고가 중요합니다."

"같은 고민은 아시아의 엄마들도 치열하게 하고 있는 것 같아요. 다만 그

치열한 고민의 산물들이 코딩 캠프나 온라인 코딩 교육에 등록시키는 것이지요. 다들 무엇인가를 하는 것 같고 본인은 안하면 자신의 자녀들이 뒤쳐지는 것 같으니까 경쟁적으로 아이들을 추가적인 프로그램에 등록시킬 수밖에 없는 거예요."

"저는 우리 어른들처럼 아이들도 '공간'이 필요하다고 생각해요. 쉬면서 생각하고 심지어는 '멍 때릴' 수 있는 시간의 공간과 장소의 공간이 필요한 것이죠. 그런데 우리는 아이들의 이 공간들을 프로그램으로 잔뜩 채워놓으면 우리가 부모로서 일을 열심히 한다고 생각해요. 특히 아시아의 엄마들이 그런 성향이 많아요. 저는 영국 사회를 경험하면서 상대적으로 아이들의 '공간'을 잘 인정해주는 훌륭한 가치를 경험하고 있는데, 인공지능 교육이라는 이유로 이 부분이 훼손당하지 않기를 바라요. 아이들은 자신만을 위해 주어진 '공간'을 통해서 스스로 학습하는 능력과 시행착오를 통해 스스로 생각하는 능력을 기를 수 있어요. 이런 능력을 갖춘 아이들은 사실 공부를 잘할 수밖에 없어요. 혼자 놔두어도 공부를 잘하는 아이들은 모든 부모들의 꿈 아닌가요? 그런데 우리들은 그 능력을 기를 공간을 주지 않아요."

9 독학력 강화를 위한 마인드 준비

이제는 당신의 전공과 결별하라

한국 사람들과 교류하다 보면 빼놓지 않고 등장하는 세 가지 대화 주제가 있다. 나이가 어떻게 되는지, 어느 지역 출신인지, 그리고 어느 대학에서 무엇을 전공했는지이다. 한국 사람들은 이 세 가지 정보를 바탕으로 일종의 분류 작업을 하는 것 같다. 외국인들과 교류를 하면서 등장하는 대화의 주제를 감안해보면, 어느 지역 출신인지에 대해서는 공통된 관심사가 있다. 그런데 나이, 대학, 전공에 대해서는 좀처럼 대화의 주제가 되지 않는다. 그보다는 현재 무슨 일을 하고 있는지 앞으로 특별한 계획이 있는지 정도가 대화의 주요 주제다.

나이에 대한 인식에 있어서도 할 말이 많지만 일단 대학이나 전공에 대한 한국인들의 인식을 살펴보면 그 집착이 놀라운 수준이다. 대학을 졸업한 지가 20년이 지났어도 본인들의 진로 방향을 고민할 때 여전히 나는 어느 대학 무슨 전공자라는 그 경계선을 잊지 않는다. 20년 전 점수에 맞춰 입학한 그 대학과 그 전공에서 우리는 왜 자유롭지 못할까. 무엇을 배웠었는지 기억도 나지 않고, 심지어 기억이 난다고 한들 현재와 미래의 일에 어떤 역할도 하지 못하는 대학과 전공의 굴레에 우리들은 과도하게 자신들의 가능성을 묶어두고 있다. 이제 우리의 대학과 전공을 '그때 그 공부' 정도로 기억하고, 현재와 미래의 공부를 계획하고 실천해나갈 때는 항상 백지 상태에서 새로움을 맞이해야 하지 않을까.

따라서 대학 진학을 고민할 때는 이번에 선택한 전공이 자신의 인생 전체를 결정하지 않는다는 것을 인지할 필요가 있다. 입시 전문가들은 온갖 뉴스들을 짜집기해서 전공과 커리어를 연결지어 생각하게 만들지만 그냥 여러 소설 중의 하나라고 생각하는 편이 낫다. 미래는 아무도 모르기 때문이다. 대학에서 어떤 전공을 했다고 해서 졸업 후에 꼭 그 관련 분야에서 커리어를 이어간다는 보장도 없는 데다가 인공지능 시대에 우리의 공부는 선택한 전공에서 끝나지 않는다. 전공 하나를 공부하면 다른 전공을 공부해야 할 상황이 펼쳐지고, 학위 과정이 아닌 다른 형식으로도 새로운 공부를 끊임없이 해나가야 한다.

결벽과 완벽을 버려라

외서를 한국어로 번역해서 출간한 책들을 살펴보면, 원서 자체의 내용보다 번역이 잘 된 책들이 있다. 그런 책 중의 하나가 술라이카 저우아드Suleika Jaouad가 쓴 『엉망인 채 완전한 축제』라고 생각한다. 특히, 『The Between Two Kingdoms』라는 원서 제목을 '엉망인 채 완전한 축제'라고 번역한 것은 원서의 내용을 너무도 잘 살려냈다고 생각한다. 이 책은 저자인 젊은 여성이 암을 진단받고, 절망적인 상황 속에서 치유와 자신을 발견하는 여행을 떠나면서 겪은 경험과 깨달음에 대해서 나눈 책이다. 여러 깨달음들이 책에 적혀있지만 나에게 가장 인상깊었던 것은 몸이 아픈 상태와 몸이 건강한 상태, 그 두 세계 사이는 단절되어 있는 것이 아니라 서로 통하고 있다는 것이다. 인생의 어떤 시기는 아프기도 또는 건강하기도 하다. 이 둘 사이는 서로 분리되어 있는 세계가 아니라 서로 유기적으로 소통하는 세계라는 것이다. 그래서 우리는 서로 소통하는 관계인 두 세계 사이 어느 곳에 있든지 주어진 삶의 기쁨들을 충만히 느끼며 살아갈 수 있기에 엉망인 상태 속에서도 완전한 축제가 가능한 것이다.

우리는 '완전한 축제'를 누리기 위해서는 '완전한 조건' 가운데 있어야 한다고 믿고 있다. 공부를 해나가는 일에 있어서도 그렇다. '완전한 배움'을 위해서는 '완전한 조건'이 충족되어야 한다고 생각한다. 그리고 무엇인가에 대해 공부를 시작했다면 완전한 배움에 이르러야 하고, 이 완전한 배움을 위해서는 완전한 조건들을 충족해가는 일이 선행되어야 한다고 생각한다. 타당하게 보이지만 이런 착각이 우리 공부의 충만함을 놓치게 만든다.

독학을 해나가는 데 있어서 가장 피해야 할 것은 바로 완전한 조건을 갖추려는 결벽과 완벽의 추구다. 새로운 배움을 얻어가는 일은 기본적으로 자신의 무지한 영역을 더욱 더 발견해가는 작업이다. 이 과정에서 필요한 것은 정형화된 완벽무결한 방법론보다는 무지와 부족함을 기꺼이 직면하는 유연성과 열린 자세이다. '잘'하고 싶고 '잘'해야 일이 되어갈 것 같지만, 사실 곰곰히 생각해보면, 대부분의 일은 '그냥' 하면 일이 되어간다. 우리가 생각하는 '잘'한다는 것의 실체가 어떤 객관적인 기준이 있다기보다는 우리의 내면 속 감정 문제일 때가 많다. 동기부여를 충분히 받은 상태에서 즐거운 마음으로 열정을 가지고 어떤 일을 할 수 있다면 감정적으로 우리는 일을 잘하고 있다고 느끼게 된다. 그런데 그 감정이 있든 없든 그냥 해도 일이 되기는 마찬가지다. 그런 의미에서 어떤 일을 할 때는 '감정'과 일을 분리해도 상관없다. 특히 마음이 힘들 때는, 스스로의 감정을 에너지로 삼지 말고, 그냥 하는 것이 낫다. 그러면 그 '그냥'이 대부분의 경우 '잘'을 가져온다.

완성하는 것은 완벽한 것을 전제로 하지 않는다. 가수 오디션 프로그램을 보면 경연 참가자가 노래를 부르다가 가사가 틀렸다고 해서 거기서 노래를 멈추거나 흔들리는 모습을 보이면 심사위원들이 한결같이 강조하는 말이 있다. '틀린 것을 티내지도 말고, 아무 일 없던 것처럼 끝까지 노래를 마무리를 하라'는 것이다. 삶의 모든 레이스는 완벽 이전에 완주가 목표이다. 부족할지언정 완성은 해야 한다. 우리의 공부도 그렇다.

독학에 적당한 스트레스는 필수적이다

우리는 공부를 할 때 에너지가 필요하다. 그 에너지를 발생시키는 원료는 두 종류가 있다. 하나는 긍정적인 원료를 태워서 오는 에너지이고 다른 하나는 부정적인 원료를 태워서 오는 에너지이다. 긍정적인 원료는 자신감, 타인의 칭찬, 성공 경험, 기대감 등과 같은 것이고 부정적인 원료는 의기소침함, 실패 경험, 압박, 염려, 두려움 등과 같은 것이다. 어떤 인생이든 이 두 가지는 항상 공존한다. 긍정적인 것만 있다거나 부정적인 것보다 긍정적인 것이 압도적으로 더 많다면 좋을 것 같은데 인생살이가 우리가 원하는 대로만 이루어지지는 않는다.

외적으로 고생이라고는 한 번도 해보지 못한 것 같은 사람들을 만나보곤 하는데, '고생 안하고 잘 사신 것 같다.'는 부러움의 말을 전하면 열이면 열은 손사래를 치며 '내가 얼마나 고생을 많이 했는지 말로 다 표현할 수가 없다.'고 진심으로 말한다. 스티브 잡스 같은 불세출의 CEO들의 삶을 언급하지 않더라도 화려해보이는 성공의 이면에 속을 새까맣게 태워버리는 일상들이 가득하다는 것은 피할 수 없는 사실이다.

우리가 늘 간과하는 것은 부정적인 원료도 우리 인생과 공부에서 핵심적인 역할을 하고 있다는 사실이다. 즉, 부정적인 원료 역시 대체불가능한 연료로 쓰인다. 더 놀라운 일은 부정적인 원료가 긍정적인 원료보다 에너지 효율이 더 높다는 사실이다.

공부를 잘하기 위해 부정적인 것은 잊고 긍정적인 것에만 집중하라는 것은 눈가리고 아웅하는 것이다. 인간의 뇌나 정신은 그렇게 잊고 싶다고 잊을 수 있는 것이 아니다. 몸이 안 좋아서 병원에 가면 의사들의 처방 중 하나는 스트레스를 피하거나 최대한 스트레스를 받지 않도록 해야 한다는데 그건 '위로'를 해주기 위한 인사치레다. 그 말을 모르는 사람도 없을 뿐더러 스트레스를 피할 수 있거나 스트레스를 받지 않을 능력을 가지고 있는 사람은 지구상에 없다. 눈 가리고 잠시 스트레스를 안 받는 척은 할 수 있겠지만 정말로 스트레스에 있어 자유로운 사람은 없다.

오늘날 스트레스는 만병의 근원으로 여겨진다. 이런 탓인지 '제로 스트레스'를 표방하는 제품들과 서비스들도 넘쳐난다. '제로 스트레스'는 이 땅에서 호흡하면서 살고 있는 한 불가능한 일이다. 만병의 근원이 되는 것은 '과도한' 스트레스이다. 과도한 스트레스는 피할 수 있으면 피하는 것이 맞지만 적당한 수준의 스트레스는 오히려 우리들의 일상과 활동에서 필수적인 에너지가 될 수 있음을 인지하고 스트레스에 대한 접근법을 다르게 하는 것이 지혜로운 일이다. 특히, 독학을 하는 데 있어서는 이 스트레스의 수준을 적절히 관리하여 본인이 진행하고 있는 공부에 유익이 되도록 활용하는 자세가 필요하다. 그렇기에 우리는 부정적인 것들을 애써 피하는 데 초점을 두기보다는 부정적인 것들도 에너지를 생성할 수 있는 연료로 잘 사용하는 데 초점을 두어야 한다. 나무를 베어다가 땔감으로 쓴다면 우리는 그 땔감이 좋아 보이는지 안 좋아 보이는지 신경쓰지 않는다. 단지 좋은 화력을 내주기만 하면 된다.

'여키스 도슨 법칙Yerkes-Dodson Law'이라는 것이 있다. '법칙'이라고 명명되어 있기는 하지만 과학적 법칙이라기 보다 심리학적 개념에 가까운 이 법칙은 스트레스와 업무 성과의 관계에 관한 모델이다. 1908년, 심리학자였던 로버트 여키스Robert Yerkes와 존 도슨John Dillingham Dodson이 쥐를 대상으로 한 실험을 기반으로 만들어졌다. 이 실험은 쥐에게 전기 충격을 주면서 특정 행동을 배우도록 유도했는데 중간 수준의 전기 충격을 준 경우, 쥐는 빠른 속도로 특정 행동을 습득했다. 반면 전기 충격을 더욱 세게 주는 경우에는 오히려 더 늦은 속도로 특정 행동을 습득했다. 그 이유는 배워야 할 것을 배우기보다는 전기 충격을 피하기 위해 더 많은 노력을 기울였기 때문이다.

여키스 도슨 법칙의 커브를 보면 아래 그림과 같은 모습으로 표현이 된다. 왼쪽은 낮은 스트레스를 뜻하고, 오른쪽으로 갈수록 스트레스의 강도가 세진다. 커브의 한 가운데는 스트레스의 수준이 중간 수준일 때의 성과를 뜻한다. 즉 적당한 수준의 스트레스가 있을 때, 일의 성과가 최정점에 이른다는 뜻이다.

여키스 도슨 법칙 벨 커브

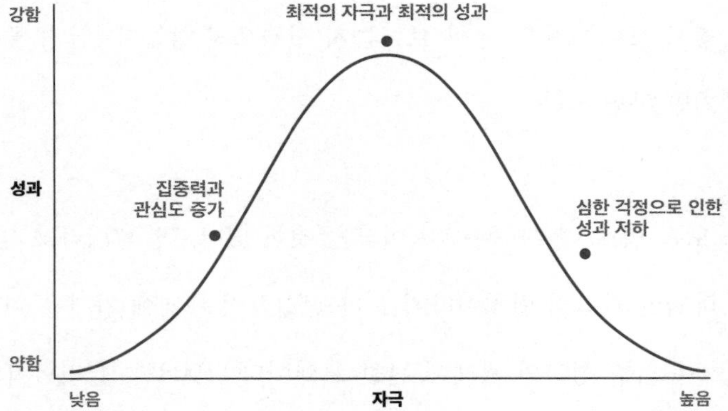

여키스 도슨 법칙의 커브 그래프 ©Robert M. Yerkes and John D. Dodson

우리들은 환경적으로 모든 것이 갖춰졌을 때 더 잘할 수 있을 것 같지만 사실은 그렇지 않다. 이미 우리 주변에는 어려움을 극복하고 최고의 성과를 내는 경우들이 많이 있다. 반대로, 극한의 압박이나 스트레스를 주면 더 좋은 성과들이 나올 수 있다고 생각할 수도 있다. 그런데 대부분의 경우 극한의 압박과 스트레스는 우리들을 극심한 염려와 두려움에 빠지게 해 하고자 했던 일을 포기하게 만들 수 있다. 실제로는 낮은 수준의 스트레스와 높은 수준의 스트레스 사이 어딘가에 그 최적점이 있다. 이는 사람과 상황마다 다 다르기 때문에 그 최적점이 어디인지를 과학적으로 밝혀내기는 쉬운 일은 아니겠지만, 이 법칙의 중요한 시사점은 스트레스가 없는 것보다는 적당한 압박과 스트레스가 있을 때 더 많은 성과를 낼 수 있다는 것이다.

비워둔 공간이 있나요

삶이 너무 촘촘한 사람들하고는 무엇인가를 같이 하게 되지 않는다. 무언가를 제안하면 과거에 다 해봤다고 하고, 뭔가를 더 하기에는 지금도 너무 바쁘기도, 또 새로운 것을 제안하기에는 앞으로 무엇을 할지가 너무나 명확한 사람들이기 때문이다. 내가 시간을 억지로 짜맞추지 않으면 좀처럼 무엇인가를 같이 해보기가 쉽지 않다. 나도 예전에는 그런 사람이었다. 돌이켜 보면 1년 계획, 5년 계획, 10년 계획, 20년 계획까지 다 짜두었다. 계획은 구체적이어야 한다고 해서 아주 세세하게 짜둔 계획들도 있었다. 그런데 한 가지 착각한 것이 있었다. 내가 세운 계획대로 진행되어야 일이 성공한다는 착각. 얼마나 세상을 만만하게 본 착오였는지 모른다.

세워둔 계획, 자기만의 철학, 자기가 생각하는 그 무엇에 몰입하는 것이 오히려 유연성과 가능성을 닫아버릴 때가 많다는 것을 깨닫지 못할 때가 있었다. 엄밀히 이야기해서 계획은 세울 수 있지만, 컨트롤을 할 수 있는 범위는 기껏해야 나의 시간과 행동 양식 정도이다. 그런데 그것만으로는 계획이 목표대로 움직여주지 않는다. 계획은 어찌보면 자기 관리를 위한 것이지 타인이나 상황 관리를 위한 것이 아니다. 그리고 계획 자체가 기회의 문을 열어주지도 않는다. 기회는 백지상태로 열어둔 공간을 통해서 타고 들어올 때가 많다. 그런 의미에서 비워둔 공간은 낭비하고 있는 비효율의 공간이 아니라 가능성의 공간이다. 그래서 계획에는 항상 빈 공간을 만들어 두어야 한다. 나에게 현재 비워둔 공간이 없다는 것은 열심히 살고 있다거나 잘나가고 있다는 뜻이 아니고 내가 공간의 주인이 아닐 가능성이 많다는 뜻이다. 주인은 결정하면 비울 수 있기 때문이다. 독학의 과정은 결코 혼자만의 계획으로 골방에 들어앉아서 하는 공부가 아니다. 많은 사람이 쉽게 들어올 수 있는 넓은 문과 그 문을 열고 들어왔을 때 함께 앉아서 교류할 수 있는 공간은 필수적이다. 이 공간이 있어야 혼자했던 공부가 열매를 맺고 자신의 공부가 어떠한 상태인지를 점검해 볼 수 있다.

영국에는 '갭이어Gap year'라는 제도가 있다. 학업을 병행하거나 잠시 중단하고 대학에 입학하기 전에 1년 정도 봉사, 여행, 인턴, 창업 등의 현실적인 활동들을 통해 향후 자신이 나아갈 방향을 설정하는 시간을 말한다. 본인이 원하는 다양한 경험들을 할 수 있도록 제도적으로 보장하고 있으며, 정부에서 공식적으로 상담도 해주고 있다.[53] 고등학교를 졸업하면 경주하듯이 대학에 진학해야 하는 한국의 현실에서는 약간 이해가 되지 않을 수 있지만, 이런 제도에 대해 영국 교육은 큰 자부심을 가지고 있으며, 사회적으로도 당연히 그래도 된다고 생각한다. 1960년대에 영국에서 처음 시작된 이 제도는 시행 후 학업 성취도의 향상, 대학 중도 포기율의 저하, 성적 향상 등의 가시적인 성과가 나타나, 현재는 아일랜드 등 유럽국가들뿐 아니라 미국, 캐나다, 뉴질랜드 등 많은 국가들이 도입하여 시행하고 있다. 영화 <해리포터>의 배우인 엠마 왓슨Emma Watson은 아이비리그의 명문 브라운대학교에 입학하기 전에 갭이어를 갖고, 영국의 공정무역 패션 브랜드인 피플트리People Tree에서 디자이너로 활동했다. 학생들만 갭이어를 갖는 것이 아니다. 이미 일을 하고 있는 사람들도 이런 기회를 가질 수 있다. 영국 드라마 <셜록>으로 유명한 배우 베네딕트 컴버배치Benedict Cumberbatch도 배우가 되기 전에 티벳의 수도원에서 승려들에게 영어를 가르치며 갭이어를 가졌다. 구글의 에릭 슈미트Eric Schmidt 회장은 2013년 초에 미얀마를 여행하면서 갭이어를 가졌다고 한다.

마하트마 간디Mahatma Gandhi는 '인생은 서두르는 것 말고도 더 많은 것이 있

---

53 https://nationalcareers.service.gov.uk/careers-advice/advice-on-a-gap-year

다'고 했다. 속도를 늦추거나 때로는 하던 것을 아예 멈추고 새로운 것을 잠시 해보는 것들은 오히려 우리들의 삶과 공부를 풍성하게 한다. 그렇기에 비워둔 공간은 '낭비'의 시간이 아니라 '투자'의 시간이다. 가장 불행한 사람은 비워둔 공간이 없어서 어느 한 길에만 매몰되어 있거나 해보고 싶었던 다른 길들에 발도 들여보지조차 못하고 인생의 대부분을 소진해버린 사람이다.

어떤 질문을 하느냐가 중요하다

질문은 중요하다. 질문은 새로운 세계, 모호한 세계로 문을 여는 일이다. 사고의 확장을 위해서도 필요하고, 흐릿한 세계에 빛을 비추기 위해서도 필요하다. 그런데 어떤 질문을 하느냐는 더욱 중요하다. 잘못된 질문은 오히려 우리를 잘못된 프레임워크에 가둬 쓸데없는 고민을 하게 만들 수도 있다. 내가 생각하는 그런 예들은 다음과 같은 것들이다.

— 돈이 중요한가, 의미가 중요한가

— 효율이 중요한가, 효과가 중요한가

— 열심히 하는게 중요한가, 잘하는게 중요한가

— 현재가 중요한가, 미래가 중요한가

— 계획이 중요한가, 실행이 중요한가

— 일이 중요한가, 휴식이 중요한가

— 꿈이 중요한가, 현실이 중요한가

이 질문들을 보면서 뭔가 이상하지 않은가? 우리가 자주 머릿속으로 되뇌는 질문일지는 모르지만, 둘 다 중요하거나 때에 따라 조율해서 선택하면 되는 것을 무조건 대립시키며 양자택일을 강요하고 있다. 손흥민 선수에게 'EPL에서 득점왕이 되기 위해서는 체력이 중요한가요, 기술이 중요한가요?'라고 묻는 것과 같다.

그런데 질문의 질은 질문을 함으로써만 좋아진다. 처음부터 수준 높은 질문을 하겠다는 것은 완벽주의의 산물이다. 기본적인 작은 질문으로 시작해서 수준 높은 큰 질문으로 진화하며 나아가야 한다. 다양한 국가의 학생들이 모인 수업에서 학생들을 관찰해보면, 한국 학생들은 좀처럼 질문을 하지 않는다. 신중하기도 하고, 공개적인 장소에서 말하는 것에 익숙하지 않고, 이런 질문을 하면 다른 사람들이 자신을 어떻게 생각할까 하는 걱정도 있는 것 같다. 또 자신의 영어 실력이 충분하지 않다고 느끼거나 수업이 끝난 후 질문사항에 대한 답을 따로 찾아보면 된다고 생각하는 것 같다. 그에 비해 미국이나 유럽권 학생들이나 인도 학생들은 꼭 알아야 할 기본적인 사항도 본인이 모르면 눈치 보지 않고 그냥 질문을 한다. 당신은 어떠한가.

일단 질문을 하는 사람인가? 그리고 어떤 질문을 하고 있는가?

과거에 비해서 나아지기는 했지만, 한국 사회는 전반적으로 질문을 받는 것을 자신의 의견에 도전하는 것으로 인식하는 경향이 있다. 그럼에도 불구하고, 우리는 납득이 안되면 집요하게 질문을 해야 한다. 만약 당신의 질문을 받는 사람이 자기를 무시하거나 놀린다고 착각한다면 그것은 질문하는 사람의 문제가 아니라 질문을 받는 사람의 문제인 것이다.

인간의 본질은 멀티 플레이어

지난 여름 32살쯤 된 청년과 커피를 마시는 중에, 본인의 커리어를 기업가로 가야 할지 아니면 박사 과정을 마치고 학계로 가야 할지 고민이 된다는 말을 들었다. 그는 유망한 인공지능 헬스케어 회사에서 엔지니어로 일하고 있었는데, 나이가 들기 시작하니(32살라는 나이가 벌써 그렇게 나이듦을 걱정해야 하는 나이인지 그때 알았다), 현재 하고 있는 일과 하고 싶은 일 사이에 고민도 되고, 안 가본 길에 대한 미련도 남아 있는 것 같았다.

나는 그냥 둘 중 하나를 선택하느라 너무 애쓰지 말고, 그냥 두 가지 모두 다 한다고 생각하고 계획을 다시 짜보라고 했다. 그 이유는 우리가 살고 있는 시대가 하나의 직업 혹은 하나의 역할만으로 우리 자신을 정의할 수 없다고 생각했기 때문이다. 우리는 '선택과 집중'이라는 공식에 너무 묶여 있어서 오히려 이것이 본인을 제한하는 경우가 많다. 선택과 집중은 인생의 모든 단계에 적용해야 되는 공식이 아니다. 이보다는 '발산과 수렴'이라는 말이 더 현실적일 때가 많다.

내가 좋아하는 프랑스의 철학자 블레이즈 파스칼Blaise Pascal의 직업을 검색해 보면 그는 수학자, 물리학자, 발명가, 철학자, 작가, 그리고 심지어 신학자이다. 현대의 직업에 대한 관념에서 보면 이것은 있을 수 없는 일이다. 더욱이 수학자, 물리학자, 발명가는 이공계에 속하는 직업이고, 철학자나 신학자는 문과에 해당하는 직업이다. 고등학교 때 이과냐 문과냐로 한 번 분리되면 평생을 따라다니면서 우리의 재능 성향을 분류하게 되는 한국 상황에서 보면 말이 안된다. 이는 비단 파스칼뿐만 아니라 우리에게 알려져 있는 유럽 대부분의 역사적 인물들의 직업은 투잡도 모자라서 5~6개의 타이틀을 가지고 있다. 오늘날보다 시간이 많아 여러 개의 전공을 공부한 것이 아니다. 파스칼은 40년 정도의 짧은 생을 살았고 그가 살았던 시대는 1600년대로 왕성한 지적 활동을 도울만한 어떤 도구도 없었던 시기였다. 그럼에도 그는 당당하게 여러 분야에서 엄청난 성과들을 이루었다.

이런 것을 미루어 보면, 우리는 커리어적 정체성을 형성하는 데 있어 '선택과 집중'의 공식에 집착할 필요가 없다. 중세 시대의 역사적 인물들에 비해 더 많은 시간과 기술적 도구를 가지고 있는 오늘날 우리이기에 하고 싶은 일, 안 가본 새로운 길에 대한 미련을 가지지 말고 다 도전해보는 것은 어떨까.

황희찬과 스토아적 삶

우연히 유튜브에 뜬 〈나 혼자 산다〉의 황희찬(울버햄튼)편을 보게 되었다. 오랜만에 한국 프로그램을 아주 재미있게 보았는데, 그중 가장 인상적인 것은 그의 식생활 통제였다. 소금, 설탕 등 조미료는 거의 먹지 않으며, 최소한의 맛을 포기하고 몸의 건강만을 생각했다. 또한 대부분의 운동선수가 식사하는 양은 어마어마하다고 알고 있었는데 운동선수가 저 정도만 먹어도 되나 싶을 정도로 적게 먹었다. 그리고 축구 외의 일에는 시간을 거의 쓰지 않으며 유일한 취미는 옷을 사는 것이라고 한다. 자기 절제를 완벽하게 하는 모습을 보며 세계 최고인 영국 프리미어리그EPL에서 주전급 선수로 자리잡을 수 있는 이유를 찾을 수 있었다.

프리미어리그에는 20개의 팀이 있고, 약 500여 명의 선수가 등록되어 있다. 축구는 11명이 하는 것이니까 500명 중 대략 220명 정도만 주전급 선수이다. 이 선수들은 전 세계에서 축구로는 난다 긴다 하는 선수들이다. 그런데 실력이 좋은 선수들만 모아놓으니, 자기 나라에서는 국가대표여도 프리미어리그에서는 주전으로 자리잡기가 쉽지 않다. 아시아 국가들 중에서는 한국 축구가 최고 수준인데, 손흥민과 황희찬 정도의 선수만 뛰고 있다. 한창 젊은 나이에 돈도 많고 하고 싶은 것도 많을텐데, 식욕부터 대부분의 욕구를 포기하고 단순하게 축구에만 전념하는 황희찬 선수의 삶을 보면서 스페인의 마르코스 바스케스Marcos Vázquez라는 헬스 트레이너가 쓴 『스토아적 삶의 권유』라는 책이 떠올랐다. 작년에 이 책을 보고 금욕과 절제를 지나치게 강조하는 것 같아 너무 맹목적으로 보였던 스토아 철학에 큰 호기심이 생기게 되었다.

요즘 시대는 절제하는 것을 행복을 포기하는 것으로 생각한다. '자기 계발', '자기 관리' 같은 말들은 마땅히 해야 할 일들로 여겨지지만, 절제는 구시대적으로 보이기도 한다. 그런데 자기 관리를 위해서 우리가 끊임없이 실천해야 되는 미덕은 결국 절제하는 것이다. 절제의 철학 없이 이룰 삶은 많지 않다는 것을 황희찬 선수의 삶을 보면서 다시 한번 배웠다.

반복만큼 강한 것은 없다. 그러나 꼭 'Every Angle'로

개인적으로 가장 힘들어 하는 것 중의 하나는 반복하는 것이다. 러닝을 하러 밖에 나가서도 같은 코스로 여러 번 달리는 것이 싫어서 달리는 와중에도 다른 코스를 선택하려고 애를 쓴다. 영어 공부를 할 때도 마찬가지다. 사실 언어 공부의 핵심은 유창해질 때까지 같은 문장이나 단어를 반복 연습하는 것이 가장 중요한데 이 과정이 얼마나 힘든지 모르겠다.

어떤 일이든 익숙해지려면 반복이 필수적인데 그 과정이 힘들 때 한 번씩 들여다보는 그림이 있다. 마케팅 및 기획 분야 컨설턴트이기도 한 리즈 포슬린Liz Fosslien의 그림이다. 이 반복이 내가 제자리를 맴돌고 있다는 것을 의미하는 것이 아니라 다른 측면에서 보면 분명히 성장하고 있다는 것을 확인시켜 준다. 반복하지 못하고 늘 새로운 것을 찾아나서려는 것은 새로움을 좋아하는 것이 아니라 인내하지 못하는 성격일 가능성이 높다.

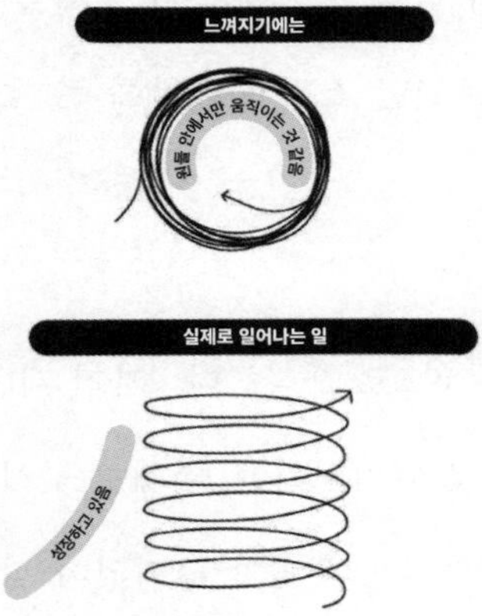

성장에 관하여 ©Liz Fosslien

영국에서 프리미어리그를 보다 보면 골 장면을 중심으로 편집한 하이라이트 영상이 있는데 이 중 'Every Angle'이라는 타이틀이 써있는 동영상들이 있다. 이런 동영상들을 클릭하면 골을 넣는 결정적인 장면을 다양한 각도에서 촬영한 모습을 보여준다. 이 영상을 처음 접할 때는 저걸 왜 보여주나 싶었는데 그 영상을 보다보면 골을 넣는 상황과 그 골에 대한 반응뿐 아니라 보지 못했던 영역들을 보게 될 수 있어 선수가 왜 저런 동작을 했는지를 심도있게 이해할 수 있다.

우리가 공부를 할 때 반복을 하는 이유가 바로 이 지점에 있다. 중·고등학교 시절에 수학에 대해서는 홍성대 선생님의 『수학의 정석』이 유명했고, 영어에 대해서는 『맨투맨 종합영어』이나 『성문 종합영어』가 유명했다. 공부를 좀 한다는 학생들 사이에서는 『수학의 정석』을 열 번 넘게 본 사람들도 많았고, 『성문 종합영어』를 너덜너덜해질 때까지 반복적으로 본 것을 자랑했던 친구들도 있었다. 이렇듯 우리가 공부를 할 때 반복을 하는 이유는 무엇일까. 반복을 통해서 기억력을 높이는 것도 있지만 바로 같은 지식도 다양한 각도에서 보면서 이해도를 높일 수 있기 때문이다.

머릿속의 복잡함은 비워지지 않는다

오늘날 우리의 머릿속은 복잡할 때가 많다. 세상이 복잡해서도 그렇지만 원래 인간의 머릿속 자체가 그렇다. 20세기 근대 철학 운동 중 하나인 '현상학'의 창시자 에드문트 후설Edmund Husserl의 사상 가운데 '의식의 지향성'이라는 개념이 있다. 이것은 의식이 고립되어 있지 않고 늘 무엇인가를 향하고 있다는 것이다. 눈을 감고 아무 생각도 하지 않으려고 시도해보면 이상하게도 온갖 잡생각들이 더욱 떠오른다. 깨어있는 의식은 늘 무엇에 대한 의식, 무엇인가를 지향하고 있는 의식이지 그 자체만으로 고립되어 존재할 수 없다는 것이 바로 의식의 지향성이다. 데카르트Descartes가 의식 혹은 생각을 고립되어 있는 사물이나 움직일 수 없는 고체처럼 다루는 반면 후설은 의식을 어떤 지향성을 가질 수밖에 없는 액체 상태의 흐름 같은 것으로 인식했다.

이런 후설의 의식에 대한 개념을 받아들이면 한 가지 오히려 편한 것이 있다. 애써서 머릿속의 복잡함을 비우려 하지 않아도 된다는 점이다. 비우려 해도 비워지지 않는 것이 사람의 머릿속이라는 것을 받아들이고 그 의식의 지향하는 내용을 서서히 바꿔주기 위해 가벼운 관련 행동을 해보자. 공부를 해야 하는데 온갖 상념에 휩싸여 빠져나올 수 없을 때 그 상념들을 하나하나 비워내기 위해 눈을 감고 명상을 하는 것이 아니라 공부하는 책상에 그대로 앉아있으면서 만화책이라도 보는 것이다. 혹은 밖으로 걸어 나와서 공부하는 영역에 대한 간단한 유튜브 강의를 하나 들으며 산책을 하는 것이다.

머릿속의 복잡함에 가장 많은 원인을 제공하는 것 중의 하나는 '걱정'이다. 공부를 잘하든 못하든 부자든 가난하든 잘생겼든 못생겼든 우리 모두는 걱정을 한다. 공부를 방해하는 걱정을 관리하기 위해 내가 스스로 주입하는 마인드는 '걱정 총량의 법칙'이다. 모든 인간은 태어나 살아가면서 같은 양의 총량만큼 걱정하며 살다가 죽는다고 생각하는 것이다. 일생을 살면서 해야 할 걱정의 95%를 이미 다 해버렸다고 스스로에게 인지시킨 뒤 나머지 생을 살면서 남은 5%를 잘 쪼개서 사용하면 된다. 스스로 생각하기에 이미 걱정을 많이 하는 습관을 가진 사람이라면 95% 이상 소진했을 가능성도 있다. 5%만 잘 나누어서 쓴다고 생각하고 걱정하느라 하지 못했던 공부를 가벼운 마음으로 그냥 시작하면 된다. 진로, 미래, 돈, 관계 등 이 모든 것들에 대한 걱정이 그동안 자신이 해오던 일이었다면 이미 95%를 했으니까 5%만 남은 것이다. 당신이 20대라면 이미 80%, 30대라면 90%, 40대 이상이라면 95%의 걱정을 이미 다 소진해버렸다고 생각하면 이상한 자신감이 생긴다.

사실 걱정은 어떤 유익을 가져오는 일을 하지 않는다. 걱정은 비효율적인 것이 아니라 효율성이 '제로'에 가깝다. 네덜란드의 시계 기술자였던 코리 텐 붐Corrie ten Boom 여사는 "걱정은 내일의 슬픔을 덜어주는 것이 아니라 오늘의 힘을 빼앗아 간다."고 말했다. 많은 사람들은 걱정하는 것이 '일을 하는 것'이라고 착각한다. 그것이 일종의 '마음 씀'이라고 생각하는 것이다. 어떤 사람들은 심지어 그것이 사랑이니 헌신이니 노고니 하는 거창한 단어들도 가져다 붙인다. 걱정하는 사람은 없던 문제를 찾아내고, 관심을 갖는 사람은 있는 문제를 해결한다. 대부분의 고민은 실제 일어난 사실때문이 아니라, 그 사실에 대한 생각때문에 발생한다.

무지에 대한 자세

'무지無知'는 대부분 부끄럽거나 부정적인 말로 쓰인다. 누군가는 '모르는 것은 죄가 아니다'라고 말할지 모르지만, 현실 세계에서는 '죄'가 될 때가 많다. 우리의 '무지'에 대한 인식 자체가 그렇다. 그런데 알고 보면 어떤 지식에 대해 모르는 것은 그리 큰 문제는 아니다. 정작 큰 문제는 무엇을 모르는지를 알지 못하는 것이 더 큰 문제다. 공부를 잘하는 학생들일수록 공통점이 있는데 자신이 무엇을 모르는지 잘 알고 있다는 점이다. 이런 학생들은 자신이 무엇을 모르는지 잘 알고 있기 때문에 그 부분에 에너지를 집중한다. 그리고 관련하여 날카로운 질문들도 많이 한다. 그래서 성적이 좋은 것이다. 과학자 역시 마찬가지다. 훌륭한 과학자일수록 자신이 알고 있는 영역은 모래 백사장의 좁쌀만큼도 안되고 자신이 모르는 영역이 광대하다는 것을 자각한다. 어쩌면 진정한 겸손은 바로 이 지점에서 나오는 것 같다. 우주와 세상의 크기에 비해서 자신이 인지하고 있고 알고 있는 세상은 비교조차 불가능할 정도로 작다는 그 진실을 뼛속 깊이 자각하는 그 지점에서 말이다.

물리학자 데이비드 그로스David J. Gross는 2004년 노벨 물리학상 수상 연설에서 노벨상을 계속 유지하기 위한 필수 조건 두 가지를 제시했는데, 첫째는 노벨 재단Nobel Foundation의 무한한 '돈'의 공급이고, 둘째는 과학자들의 멈추지 않는 과학적 발견이었다.[54] 그리고 이 과학적 발견의 원동력을 '무지'에 대한 자각이라고 했다. 그는 "우리가 더 많이 알수록, 우리가 아직 모르는 것에 대해 더 많이 인지하게 된다. 실제로 지식의 가장 중요한 산물은 '무지'이다."라고 말했다. 무지는 새로운 질문들을 만들어 낸다. 그리고 그 질문들을 해결하는 과정 속에서 새로운 질문들이 생긴다. 즉 무지로 시작된 질문들이 그 자체로 끝나지 않고 발견을 위한 행동으로 연결된다면 우리는 새로운 질문들을 맞이하면서 미지의 영역을 탐험하게 되는 것이다. 데이비드 그로스는 노벨상 수상을 기념하는 한 강의에서 다음과 같이 주장했다.[55]

"과학의 진보는 대부분의 역사책에 묘사된 것보다 훨씬 더 혼란스럽습니다. 이것은 특히 이론 물리학에 잘 적용이 됩니다. 그 원인은 부분적으로 역사는 승리자에 의해 기록되기 때문입니다. 결과적으로 과학사가들은 사람들이 헤매던 수많은 대체 경로, 그들이 따라온 수많은 잘못된 단서, 그들이 가졌던 수많은 오해를 종종 무시합니다. 이러한 대체 관점은 최종 이론보다 덜 명확하게 전개되어 이해하기 어렵고 잊어버리기 쉽습니다. 특히

---

54 David J. Gross, "Banquet Speech", The Nobel Prize in Physics 2004, https://www.nobelprize.org/prizes/physics/2004/gross/speech/

55 David J. Gross, "Nobel Lecture : The Discovery of Asymptotic Freedom and the Emergence of QCD", December 8, 2004.

모든 것이 실제로 의미가 있는 몇 년 후에 볼 때 더욱 그렇습니다. 따라서 역사를 읽는 사람은 코미디의 요소가 승리의 요소만큼 과학적 발전에서 큰 역할을 하는 진정한 속성을 거의 느끼지 못합니다."

컬럼비아대학교의 교수이자 신경 과학자인 스튜어트 파이어스타인Stuart Firestein은 그의 책『이그노런스』에서 이 '무지'의 문제를 다루고 있다. 특히, 뛰어난 과학자들이 무지를 생산적으로 다루는 노하우를 설명하고 있다. 책에 소개된 과학자들의 노하우는 크게 네 가지이다. 첫째는 모형 시스템이다. 이것은 아주 커다란 문제를 해결하기 위해 작은 모형에 집중해보는 것을 뜻한다. 예를 들면 사람의 아주 복잡한 뇌를 완전히 파악하기가 어렵기 때문에 곤충이나 동물들의 특정한 기능에 초점을 맞추어 연구해보는 것과 같은 것이다. 둘째는 '힐끗 쳐다보기'다. 과학자들이 처음부터 완벽하게 가설을 세우고 순서에 따라 증명해내는 과정을 진행하는 것이 아니다. 가설을 너무 확고하게 세울수록 가설에 맞지 않는 변칙을 관찰하지 못하는 경우가 많기 때문이다. 정작 중요한 발견들은 이런 변칙에서 발견되는 경우가 많다. 특히 동물의 행동을 연구하는 학자들은 사람이 동물에 대해 가진 편견을 최대한 배제하고 바로 보기 위해 '힐끗 쳐다보기'를 아주 중요하게 생각한다. 셋째는 '어둠에 주목하기'이다. 어떤 문제의 돌파구는 '우리가 모르는지조차 모르는 어둠' 즉, 전혀 예상치 못한 영역에서 나올 수 있다는 것이다. 신경 과학자 존 크라카우어Jon Krakauer는 엘리베이터 버튼을 누를 때 가장 먼저 수축하는 근육은 팔이 아니라 장딴지 근육이라고 한다. 팔을 올리기 전에 지렛대처럼 장딴지 근육을 수축시켜야 넘어지지 않기 때문이다. 넷째는 '엉뚱한 것에 집중하기'이다. 실제로 위대한 발명을 낳은 아이디어들은 처음엔 아주 엉뚱한 취급을 받는 경우가 많다. 정부가 한 펀딩 지원을 날려버린 바보 같은 과학 연구에 수여하는 '황금 양털상'이라는 것이 있다. 콜로라도주 아스펜의 거리 모습을 촬영해 도시의 가상투어를 체험하게 하는 '아스펜 영화 지도'라는 프로젝트가 이 '황금 양털상'을 수상했다. 하지만 이 연구는 훗날 구글 어스Google Earth의 기초가 되었다고 한다.

파이어스타인에 따르면 지식은 거대한 주제이지만 무지는 이보다 더 거대한 주제다. 그렇기에 과학의 엔진은 지식이 아니라 바로 무지다. 그는 책에서 다음과 같이 말했다.

> "과학은 무지를 만들고, 무지는 과학을 나아가게 하는 힘이다. 우리는 무지의 품질을 재는 척도가 있다. 우리는 과학이 규정하는 무지를 통해 과학의 가치를 판단한다. 무지는 클 수도 작을 수도 있고, 온순할 수도 도전적일 수도 있다. 무지에 대해 상세하게 생각할 수 있다. 과학을 행하거나 이해하는 데 성공하려면 무지를 편안하게 대할 수 있어야 한다. 사실이 아닌 무지에 초점을 맞춤으로써 엄청나게 많은 과학을 이해할 수 있다는 점이다.

> 사실을 무시하라는 말이 아니라 사실에만 매달리지 말라는 뜻이다."[56]

과학자들만이 무지와 싸우는 것이 아니다. 우리의 공부도 '무지'를 발견해 나가는 과정이다. 자신이 모른다는 것에서부터 시작해 하나하나 지식을 쌓아야 한다. 더 많이 알아가는 것은 더 많이 모른다는 자각을 전제로 한다. 무지는 질문을 던지게 하는데 이는 때론 난감함을 불러올 수 있다. 그러나 이 난감함은 당면하고 있는 지식을 제대로 소화하는 데 보약과 같은 것이다. 알고 있다고 생각했지만 질문을 접하는 순간 난감해진다면 그 질문은 내가 알고 있는 것의 한계점을 깨닫게 해 줄 수 있다. 그래서 난감함을 삼키고 계속 무지에 직면해야 하며, 동시에 질문을 던져야 한다.

독학은 지능의 근육이 아니라 마음의 근육에 의해 좌우된다

테크 스타트업에 투자하는 일을 해오다 보니 종종 예비 창업자들과 만나는 경우가 있다. 아이디어도 구체화해주고, 멘토링도 해주고, 가지고 있는 계획도 점검해주는 등의 일을 하는데 종종 황당한 경우를 경험할 때가 있다. 가장 황당한 사례들 중 하나는 계획한 사업이 너무 크다고 포기하고 자

56 파이어스타인 저, 장호연 역(2017),『이그노런스』, 뮤진트리, 99p.

신이 마음 편한 규모의 목표를 추구하는 것이다. 이런 사람들을 볼 때면 비즈니스를 왜 하나 싶다. 비즈니스의 기본은 스케일업scale-up인데 자신의 통제 범위를 벗어난다고 스케일업하지 않고 비즈니스를 자신의 작은 목표에 묶어둔다. 성장의 과정에는 자신의 통제 범위를 벗어나는 일들이 많이 발생하는 그 상황이 두려운 것이다. 이런 것들을 보면, 마음의 그릇이 지식의 그릇보다 더 커야 할 필요가 있다. 테크 스타트업 창업자들을 보면 명문대학교 출신에 어려운 기술을 가지고 창업을 준비해왔기 때문에 지식적으로는 모자란 부분이 없는 것이 분명한데 마음의 그릇이 준비되지 않았다면 그들의 비즈니스 역시 성장할 수 없는 것이다.

성장의 원리를 가장 직관적이고 가시적으로 볼 수 있는 예시 중 하나는 헬스장에서 육체의 근육이 어떻게 커지고 자라나는지를 볼 때다. 내가 다니는 헬스장에는 날마다 같은 시간대에 와서 본인이 짜놓은 루틴대로 운동을 하는 제임스라는 친구가 있다. 날마다 와서 다소 힘들어 보이는 운동 루틴을 소화한다. 그 친구를 매일 만나다 보면 사실 어떤 변화가 있는지를 알아차리기가 쉽지 않다. 그러다가 해외 출장으로 인해 한 달 정도 헬스장을 나가지 못하다가 한 달 후에 돌아와서 그 친구를 보니 팔을 비롯한 상체 근육의 양과 모양에 있어서 확연한 변화가 있었다. 그러고 나서 그 친구가 하는 운동 루틴을 보니 우리가 날마다 하는 운동의 종류가 어떻게 우리 몸을 만들어가는지에 대해 가시적으로 이해를 할 수 있었다. 헬스장에서 근육을 키우는 사람들은 날마다 일정 수준의 고통과 상처를 일부러 근육에 준다. 그러면 몸은 그 상처를 자연 치유하는 과정에서 근육의 양과 강도가 강화된다. 즉, 고통과 상처가 근육 성장의 원동력인 것이다. 이것이 육체의 근육이 성장하는 원리이다.

마음의 근육도 같은 원리로 성장한다. 연세대학교의 김주환 교수는 국내에 '회복탄력성Resilience'의 개념을 처음으로 도입한 학자로 알려져 있다. 그에 따르면, 회복탄력성은 자신에게 닥치는 온갖 역경과 어려움을 오히려 도약의 발판으로 삼는 힘이다. 또한 성공은 어려움이나 실패가 없는 상태가 아니라 역경과 시련을 극복해낸 상태라 정의한다.[57] 우리가 살고 있는 세상은 우리를 진공의 상태에 놓아두지 않는다. 우리를 끊임없이 자극하고 여러 문제들과 어려움들로 시험한다. 이런 상황들 속에서 이기는 것은 본질을 다루는 것이다. 본질은 마음속에 있다. 이는 주로 신념, 가치, 가능성, 목적 등과 같은 것들로 이루어져 있으며 실체를 확인하기가 어렵다. 실체 확인이 어려운 것을 무기 삼아 싸워 나가는 일은 확실히 마음에 관한 것이다.

공부를 하는 것도 마찬가지다. 그냥 공부 말고 진짜 살아있는 독학을 해나가기 위해서는 마음 근육이 가장 중요하다. 왜 지능 근육이 아니냐고 물을

---

57 김주환, 『회복탄력성』, 위즈덤하우스.

지도 모른다. 물론 지능 근육도 필요하다. 그런데 마음 근육이 충분히 단련되지 않은 상태에서는 지능 근육 자체만으로는 독학을 지속할 수가 없다. 왜냐하면 세상은 복잡하고, 그 복잡함 앞에서 우리가 온전히 공부에만 집중할 수 없기 때문이다.

마음 혹은 내면의 소리에 귀를 기울이라는 말은 멋지고 심오한 말처럼 들린다. 심지어 지혜로운 사람들이라면 무조건 해야 하는 그 어떤 것처럼 여겨지기도 한다. 그런데 정말로 자신의 마음에서 그렇게 귀를 기울여 들을만한 그 어떤 것이 생산될 수 있는지 궁금하다. 마음은 스승이 아니라 학생에 가깝다고 생각한다. 귀 기울일 대상이라기보다는 가르쳐야 할 대상에 가깝다. 마음이 미숙함이 자신의 존재와 삶을 좌지우지하지 않게 하려면 마음을 가르치고 훈련시켜야 한다. 독학은 지능의 근육이 아니라 마음의 근육에 의해 좌우된다.

정말 중요한 공부는 속도가 중요하지 않다

한국인들에게 '속도'는 자부심이자 경쟁력이다. 모든 것이 느린 유럽 사회를 경험해보니 더욱 그렇다. 속도라는 가치는 중요할 때가 있지만 항상 그런 것은 아니다. 한국 사회에서 속도라는 가치는 필요 이상으로 과대평가되어있는데 공부에도 동일하게 적용된다.

벤 올린Ben Orlin이 지은 『이상한 수학책』에는 한 가지 흥미로운 에피소드가 나온다. 저자가 영국에서 코레이Corey라는 12살짜리 학생에게 수학을 가르칠 때였는데, 그 학생은 내성적이고 통찰력이 있는 아이였다. 공부에 있어 숙제들을 열심히 해내고, 주제들 간의 관련성을 표로 그릴 정도로 탁월함을 보였다. 그런데 이 학생이 중요한 수학 시험 시간에 모든 문제들을 풀 수 있었고, 다 풀어내었음에도 불구하고 주어진 시간 내에 다 적지 못하는 바람에 겨우 70점대 초반의 점수를 받았다. 시험을 마친 다음 날, 그 학생은 '왜 시험 보는 시간이 제한되어 있느냐'는 질문을 했다. 자신은 시간이 더 주어져 있으면 모든 문제를 다 풀 수 있었다고 했다. 속도가 중요한 것이 아니라 시간이 얼마가 걸리든 다 풀어내는 것이 중요한 것 아니냐는 것이다. 이 질문에 대해 저자는 속도가 중요하기 때문이 아니라 학생들이 다른 도움없이 스스로의 힘으로 얼마만큼 할 수 있는지를 보기 위함이라고 답하기는 했지만 사실 시간의 제한을 두는 일은 큰 의미와 효용성이 없는 것이라는 사실을 저자도 인정할 수밖에 없었다고 한다.

우리들의 공부 환경은 의미 없는 속도 경쟁을 부추겨 왔다. 그 덕에 주어진 시간 내에 최대한 많은 문제를 정확하게 풀어내는 일에는 로봇처럼 익숙해졌지만, 정작 세상을 바꿀 중요한 문제 앞에서는 별다른 힘을 쓰지 못했다. 속도보다 지속적으로 생각하고 끊임없이 새로운 방식들을 탐구하는 방법과 공부하는 과정을 훈련 받아 오지 못한 것이다. 이제 사회는 정해진 공식과 프로토콜내에서 빨리 해내는 것은 갈수록 저부가가치 일이 되어가고 답과 경계가 없는 문제에 대해 끊임없이 고민하며, 창조적인 해법을 찾아가는 일은 고부가가치 일이 되었다.

세상의 문제들 중에는 생각의 속도보다는 생각의 깊이로 승부해야 하는 것들이 더욱 많다. 그리고 심각한 문제들일수록 생각의 깊이가 더욱 필요하다. 현재 전 세계를 혼란에 빠뜨리고 있는 기후 변화의 문제가 속도전으로 해결될 일이었다면 이 문제는 벌써 해결되었을 것이다. 정작 중요한 문제 앞에서 우리의 속도전은 의미가 없어져 버렸다. 가장 불행한 공부는 속도 경쟁을 하느라 그 깊이와 넓이, 폭을 탐험하는 재미를 알지 못한 채 매번 인생의 숙제를 해치우듯이 하는 공부이다. 지금까지 우리들의 공부가 그래왔다.

존 듀이John Dewey 이후에 최고의 교육학 이론가로 손꼽히는 하버드대학교 교육학과의 하워드 가드너Howard Gardner 교수는 '다중지능' 이론을 주창했는데, 이는 기존의 지능 검사가 인성을 포함한 여러 영역의 다양한 지능을 포함하고 있지 않은 것에 대한 문제의식을 기반으로 만들어진 이론이다. 언어지능, 논리수학지능, 공간지능, 인간친화지능, 자기성찰지능, 자연지능, 음악지능, 실체운동지능 등 다양한 지능의 종류를 포괄하고 있고, 특히나 인간친화지능이나 자기성찰지능과 같은 인성에 관련된 요소들도 아주 중요한 요소로 포함하고 있는 것이 그 특징이다. 교육 이론 측면에서 이런 인식의 전환은 우리의 공부가 어떻게 달라져야 하는지에 대한 획기적인 방향성을 제시한다.

과거 수십 년 동안 우리에게 지능은 주어진 수리 문제를 얼마나 빨리 푸느냐 정도에 초점을 맞추고 이런 지능이 다른 인성지능 등에 비해서 더욱 중요한 것으로 인식되어 왔다. 하지만 누구나 학교를 졸업하고 인생을 살아가다 보면 기존 학교의 교육 체계를 기반으로 우리에게 생성되었던 지능이 현재 세상을 헤쳐나가기에는 너무 편협하고 왜곡되어 있으며 심지어 아무 힘도 쓰지 못할 때가 많다는 것을 깨닫게 된다.

부모가 아이의 공부를 위해 해줄 수 있는 것 - 의미와 목적, 성실성, 그리고 재미

오래전 한 한국 영화에서, 아이가 아빠에게 전화를 해서 "아빠, 영어 백점 맞았어요."하는데 운전 하면서 전화를 받은 아빠는 "와 정말 잘했네."하며 질문 하나를 더한다. "그런데 너희 반에 백점이 몇 명이나 되니?" 이 질문에 아이가 "저 하나 밖에 없어요."라고 답하자 그제서야 정말 기쁘게 더욱 칭찬하며 행복해하는 모습을 보았다. 이 장면을 보면서 한국인들이 생각하는 자녀 교육에 대한 인식과 철학을 아주 잘 보여주는 장면이라 생각했던 기억이 있다.

영국 부모들이 아이들을 교육하는 것을 직접 보면서 '크게 잘한 것 같지 않은데 '원더풀Wonderful', '브릴리언트Brilliant', '어메이징Amazing'같은 말들을 남발할까?'라는 생각을 종종 했었다. 영국이나 유럽 교육도 문제도 많고 이슈가 많지만 이들로부터 한 가지 눈여겨 볼 것이 있다면, 비교의식이 덜하고 긍정적인 피드백을 주기 위해 노력한다는 점이다. 칭찬의 기준이 다른 사람보다 얼마나 더 잘하느냐에 있지 않다. 그 아이가 자신의 속도대로 해내면 그 자체를 칭찬해주는 경향이 강하다. 인공지능 시대의 교육이라고 해서 기존 교육이 추구하는 가치들이 크게 바뀌지는 않는다. 오히려 지속적으로 추구해오던 가치들이 더욱 중요해질 가능성이 많다. 인공지능은 우리 교육의 의미와 목적 혹은 '왜Why'의 중요성은 그 비중을 더욱 늘릴 것이다. 인공지능이라는 기술은 다른 기술들보다 '인간다움'이라는 것이 무엇인지에 대한 도전과 질문들을 더욱 촉발시키고 있기 때문이다.

한국의 교육은 그동안 '무엇What' 과 '어떻게How'에 매몰되어 왔다. '왜'는 나중에 원하는 대학에 입학한 다음 고민하려고 했는데, 문제는 대학에 가서도 그때는 그때대로의 '무엇'과 '어떻게'가 있기 때문에 여전히 '왜'를 고민할 시간이 없다. 대학을 졸업하고 직장에 가서도 마찬가지다. 남들 하는 대로 살아가기 바쁘기 때문에 내가 이 공부와 왜 이 일을 선택했는지를 진지하게 고민해보지 않는다. 삶의 밀도는 의미와 목적을 통해서 높아지는데, 우리 스스로 삶의 의미와 목적을 생각해볼 기회는 늘 미뤄져 온 것이 현실이다. 따라서 우리의 아이들부터라도 공부의 의미와 목적 혹은 '왜'를 생각해볼 수 있도록 안내하는 것이 필요하다. 이것은 필수적인 과정으로 많은 시간이 필요할 수 있다. 여기서 중요한 점은 만약 내재적 동기부여 요소를 찾지 못했을 때에도 공부를 멈추지 않도록 하는 것이다. 이것은 성실성에 대한 것으로 감정적 혹은 이성적 동기부여가 없더라도 주어진 일을 묵묵히 해나갈 줄 아는 자세가 필요하다. 이 성실성을 유지하는 것 자체만으로도 공부에 대한 동기부여 요인이 될 수 있기 때문이다.

수능 성적 중심으로 전공을 선택하는 한국보다는 좀 더 유연하게 자신이 좋아하는 전공을 선택해서 강의실에 앉아 있는 영국의 학생들도 사실 그 과목을 왜 공부하고 있는지 명확하게 답하지 못한다. 자신의 성향과 향후 진로를 고려해서 선택한다고 하지만 실제 입학해서 공부를 하다 보면 공부의 내용이 예상과는 다른 경우들이 많기에 공부를 하면서 불확실성을 줄이고 한 발 한 발 진로를 찾아가는 것이다. 이런 애매모호한 과정 속에 뚜렷한 동기부여 요인 없이도 주어진 공부를 거뜬히 해내는 학생들이 있다. 그것을 왜 공부하고 있는지 뚜렷하게 묘사할 수는 없지만, 자신에게 주어진 공부를 그냥 성실하게 하는 것이다. '회색 지대'에 있을 때에도 성실한 사람이 이기기 마련이다. 그리고 이 성실함 덕분에 현재 주어진 일들에서 좋은 결과들을 가져오고 이것이 선순환되어 동기부여가 될만한 일들을 발견하고 자신의 길을 더욱 효과적으로 찾아간다.

부모가 아이들에게 해줘야 하는 또 하나의 최선은 공부의 과정을 재미있게 만들어 주는 것이다. 어려서부터 성적에 대한 부담 때문인지 우리의 교육은 좀처럼 재미있는 것으로 인식되지 않는다. 재미있게 다양한 경험을 하라고 만들어진 제도들도 결국에는 대학 입시 때 이력서를 화려하게 만들기 위한 활동으로 축소되고, 그러다 보면 재미있게 어떤 것을 배우기보다는 의무나 부담감을 가지고 배우게 된다. 재미를 잃지 않으면서 작고 다양한 경험을 많이 쌓을 수 있도록 하는 것이 오늘날 부모가 각별히 신경써야 할 부분이다. 특히 어린 아이들에게 있어서 어떤 주제에 대해서 예상치 못한 방향으로 깊고 폭넓게 뻗어나가는 데는 성과주의적 압박보다는 호기심을 자극하는 재미를 지속적으로 유지하게 하는 것이 핵심이다. 이 재미는 몰입을 유도하고 이 몰입은 창의적 생각과 시도를 가능하게 한다. 이 경험을 많이 하는 아이들이 꾸준히 스스로 공부해나갈 수 있다.

일론 머스크의 공부 - 실행 중심의 현장형 독학

1971년 남아프리카공화국에서 태어난 일론 머스크는 열두 살에 독학한 컴퓨터 프로그래밍으로 '블래스터Blaster'라는 비디오 게임을 만들었다. 그는 이 프로그램을 한 잡지사에 500달러에 팔았다. 열일곱 살에 캐나다로 이주한 그는 퀸즈대학교에서 경영학을 공부하다 미국 펜실베이니아대학교에 편입해 경제학과 물리학 공부를 한다. 1995년에 스탠퍼드대학원에 응용 물리학과 재료 공학 박사 과정에 입학하지만 불과 이틀 후에 자퇴를 하게 되는데 사유는 인터넷 시대가 도래하는 것을 보고 관련 사업을 하기 위해서였다. 그는 실리콘밸리로 이사한 후 창업에 도전한다.

창업한 첫 번째 회사였던 집투ZIP2는 인터넷 기반 지역정보 제공 서비스였다. 일론 머스크는 이 사업을 1999년에 컴퓨터 제조사인 컴팩Compaq에 2,200만 달러(약 276억 원)에 매각했다. 다음으로 온라인 금융 서비스 사업에 나선 그는 1,000만 달러(약 130억 원)을 투자해 엑스닷컴X.com을 설립하고, 1년 만에 핀테크 업체인 경쟁사 콘피티니Confinity를 인수한다. 여기에는 오늘날 온라인 결제 서비스인 페이팔Paypal이 포함되어 있었고, 페이팔 서비스가 잘되자 회사 이름을 아예 페이팔로 변경했다. 그리고 3년 후, 온라인 쇼핑몰 이베이eBay가 페이팔을 15억 달러(약 1조 8,700억 원)에 인수한다. 이 매각으로 일론 머스크는 1.65억 달러(약 2천억 원)를 번 것으로 알려져 있다. 이렇게 번 돈을 기반으로 2002년 6월, 일론 머스크는 민간 우주 항공 기업인 스페이스XSpaceX를 설립했다. 그가 스페이스X를 설립하면서 세운 목표 중 하나는 우주선 발사 비용을 10분의 1로 줄이는 것이었다.

이를 위해 재활용 가능한 로켓 발사 시스템 개발을 진행하였고, 2015년에 팰컨9 로켓의 1단 부스터를 지상에 착륙시키는 쾌거를 이루었다. 테슬라는 2003년 마틴 에버하드Martin Eberhard와 마크 타페닝Marc Tarpenning이 창업한 회사로 초기 창업자들이 회사를 떠나면서 2004년 투자자로 참여했던 일론 머스크가 CEO가 되어 지금까지 회사를 이끌고 있다. 그는 2015년 12월에는 현재 인공지능으로 전 세계의 패러다임을 바꾸고 있는 챗GPT를 개발한 Open AI를 공동 설립했으며, 2016년 12월에는 인간의 뇌와 컴퓨터의 연결을 연구하는 회사인 뉴럴링크 코퍼레이션을 공동 창업해서 이 또한 성과를 내고 있다.

학교에서 금융이나 컴퓨터 공학을 공부하지 않았지만, 세계 최고의 금융기술 회사 중 하나였던 페이팔을 창업하고 매각했으며, 학교에서 우주공학을 공부하지 않았지만 전 세계 우주항공 산업에서 획을 그은 스페이스X를 창업하고 경영하고 있다. 학교에서 자동차를 공부하지 않았지만 세계에서 가장 잘나가는 전기차 기업인 테슬라에 투자하고 CEO로써 기업을 이끌고 있다. 학교에서 인공지능을 배우지 않았지만 현재 세계에서 가장 주목받는 인공지능 회사인 Open AI를 공동 창업했고, 학교에서 뇌 과학이나 생명공학을 공부하지 않았지만 인간의 뇌와 컴퓨터의 연결을 연구하는 회사인 뉴럴링크를 공동 창업했다. 그는 하나만 잘하기도 어려운 영역에서, 매우 다른 카테고리에 있는 영역들을 모두 성장시켰다. 또한 놀라운 것은 한 번에 한 가지만 하는 것이 아니라 동시에 여러 분야의 프로젝트를 겸직하며 진행하고 있다는 점이다.

학교 혹은 시스템이 주는 공부는 유연성에 한계가 있고 형평성, 보편성, 공정성 등의 문제를 따져 보면 학교의 교육은 평범해지고 비효율적일 수밖에 없다. 일론 머스크를 보면 개인의 공부가 학교가 주는 공부보다 커야한다는 생각을 하게 된다. 그는 시대의 흐름을 읽어내고, 기회를 포착하면 새로운 아이디어와 목표를 만들어냈다. 목표를 달성하기 위해 공격적으로 팀을 꾸리고 실행 중심의 현장형 독학을 통해 매번 이질적인 분야에서 새로운 도전을 이어가고 있다.

10 독학력 강화를 위한 행동 시작점

단기 목표의 힘

단기 목표는 본질적인 것처럼 보이지 않고 대세에 큰 의미가 없어 보일 때가 많다. 그래서 계획을 세웠다가도 쉽게 바꾸기도 하고, 자주 미루기도 하면서 '작심삼일'을 반복한다. 반면에, 중장기 목표는 대세에 관한 것이고 그 중요성 또한 가볍지 않게 보일 때가 많다. 그런데 과거에 기업들의 전략을 세워주는 경영컨설팅 일을 할 때 가장 부담이 없었던 프로젝트는 중장기 전략을 수립해주는 일이었다. 일단 10년, 20년 뒤 미래를 위한 방향성을 세워주는 일이기 때문에 내가 세워주는 전략이 맞는 것인지 아닌지 치열하게 검증받을 필요가 없었다. 보기도 좋고, 먹기도 좋아 보이는 청사진을 만들어 주면 되는 일이었다. 그것을 실행해서 결과를 낼 수 있을지 없을지는 나의 고민이기보다는 그 기업 임직원들의 숙제였다.

반면, 단기 전략이나 실행 전략을 수립해주는 일은 까다로웠다. 중장기 전략에 비해 훨씬 더 구체성을 가져야 하고 수립된 아이디어들에 대해 고객사 현업에서의 판단도 날카롭기 때문이다. 그리고 이 단기 목표들을 해나간다면 정말로 중장기 비전을 달성할 수 있는 것이 맞냐는 끊임없는 질문들에 직면해야 한다. 단기 목표나 전략은 현재 이미 기업에서 진행하고 있는 일들일 가능성이 많기 때문이다. 또한 아무리 혁신적인 전략이라 하더라도 단기적으로 해낼 수 있는 목표로 나누다보면 막상 그 실행과제들은 너무나 평범해 보이기도 한다. 중장기 목표나 전략의 난이도가 어려운 일이라고 해서 그 목표를 이루는 데 늘 난이도가 어려운 일들만 필요한 것이 아니다. 난이도가 쉬운 여러 가지 일들과 목표들의 조합일 가능성이 더욱 많다.

우리의 공부도 마찬가지다. 중장기 목표가 중요한 것은 맞지만 단기 목표의 힘을 압도하지는 못한다는 것이 나의 생각이다. 어떤 분야에 10년 후 최고 수준의 대학에서 학위를 받는 목표라 하더라도 당장 오늘의 목표는 아주 미약해 보이는 일들을 하나씩 해나가는 것 뿐이다. 그래서 독학을 계획하는 데 있어서 평범하고 쉬워보이는 단기 목표들을 잘 설정하고 묵묵히 해나가는 것이 답

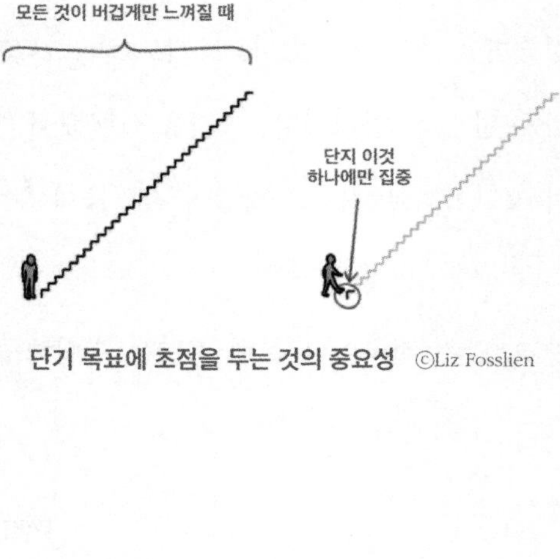

단기 목표에 초점을 두는 것의 중요성 ⓒLiz Fosslien

이라고 말하고 싶다. 이 평범해 보이는 단기 목표들의 조각조각이 모여서 우리가 인지하지 못하는 사이에 큰 목표를 달성해내는 일은 독학하는 사람들이 누릴 수 있는 즐거움 중의 하나이다.

프란츠 카프카Franz Kafka는 "존재하는 것은 오직 목표뿐이다. 정해진 길이라는 것은 없다. 우리가 길이라고 부르는 것은 망설임에 불과하다."고 했다. 우리는 '길'을 계획하는 데 많은 고민을 하고 돈과 시간을 쓰는데, 그것은 그냥 망설이는 것일 수 있다. 그냥 단순하게 실행하면 되는 것을 하지 않고, '깊은 생각' 혹은 '숙고'라는 명목으로 정작 아무것도 하지 않을 때가 얼마나 많은가.

빌 게이츠는 "사람들은 1년 안에 할 수 있는 일은 과대평가하고, 반면 10년 안에 할 수 있는 일은 과소평가한다."고 말했다. 1년이 10년에 비해 단기라면, 이 1년을 위해 우리는 과대평가하지 않을 만한 실행 가능한 목표를 세우고 날마다 실행하는 데 집중해보자. 이 일을 10년 동안 반복하며 실행한다면 우리에게 과연 어떤 일이 일어날까.

아주 작은 점 하나를 최대한 진하게

정보가 많고, 생각이 넘칠 때는 막상 그것들을 구체화된 실체로 만들어가는 것이 쉽지 않다. 시작점이 애매하기 때문이다. 그럴 때는 의도적으로 작은 점 하나를 시작점으로 잡고 그것을 최대한 진하게 만들어봐야 한다. 가장 진한 점 하나가 주변의 흐릿한 점들을 흡수하거나 연결하며 의미를 부여하기 시작한다.

이런 접근법은 매우 실용적일 뿐만 아니라 효과적이다. 그런데 시작점을 정했다 하더라도 그것을 일정 시간 이상 밀고 나가지 않으면 우리는 방해받게 된다. 바로 시작점을 다른 데에 두라는 유혹이나 새로운 방법론을 적용하는 게 낫지 않겠느냐는 주변의 소음과 같은 것들이다. 그래서 일단 시작점을 정했으면 마음으로 정한 기간 동안은 무조건 그 점 하나에만 집중해야 한다. 그 점이 어느 정도 커지고 나면 자연스럽게 주변의 사변적인 점들은 이 점에 흡수가 될 것이다.

읽어야 할 책들이 많다면, 눈을 감고 손이 가는대로 책 하나를 집어야 한다. 그리고 그 책을 읽기 시작한다. 선택한 책을 읽는 동안 다른 책들은 한동안 쳐다보지도 말아야 한다. 3~4일 정도 손에 잡힌 책 하나만 읽다보면 생각이 정리되기 시작한다. 책을 읽어나가다 보면 리스트에 있는 책들 중에 현재 읽는 책과 연결될만한 책들이 생각나기도 하고, 이 책을 다 읽으면 다음에는 어떤 책을 봐야할지도 정리가 된다. 이것은 행동으로 실체를 만들어 가는 방법이다. 우리의 행동은 결정과 함께 하는데 아무것도 선택하고 결정하지 않으면 모든 것이 변수로 남아 있게 된다. 그러나 한 가지를 선택하고 정하면, 최소한 선택한 한 가지는 변수가 아니라 상수가 되게 된다. 이 상수를 중심으로 변수들은 움직이기 시작한다.

일단 걸으면서 파악해라

> 영감Inspiration이 오기를 기다리지 말라.
> 영감은 열중하고 있을 때 찾아온다.
>
> \- 앙리 마티스Henri Matisse

프랑스의 혁신적인 예술가 앙리 마티스는 예술적 영감을 얻기 위해 가만히 무엇인가를 기다리지 않았다. 영감을 얻기 위해서는 무조건 일을 하라고 했다. 가만히 정자세로 앉아 있는 명상의 자세를 하고 있으면 영감이 많이 생길 것 같지만 오히려 잡생각이 생길 때가 더 많다. 영감을 얻기 위한 '일'의 최소 단위 중의 하나는 바로 '걷는 것'이다. 뛰는 것도 아니고 산책하듯 천천히 걷는 것만으로도 '일'의 효과를 거둘 수 있다. 하버드대학교 의과대학의 한 연구는 규칙적으로 걷는 것만으로도 뇌의 작용을 활성화시킬 뿐만 아니라 인지 능력 저하를 막을 수 있다고 했다. 이를 입증하는 연구는 수도 없이 많다. 독일의 저명한 철학가이자 시인인 프리드리히 니체Friedrich Nietzsch는 30대 초반에 심한 메스꺼움과 편두통으로 인해 종종 며칠씩 어두운 방에 누워있어야 했다. 읽거나 쓸 수도 없었는데 그때 이 상태를 호전시킬 수 있는 유일한 치료제는 바로 오랜 시간 동안 혼자 걷는 것이었다. 니체는 33세의 여름에 유럽의 이곳저곳을 떠돌면서 아침에는 한 시간, 오후에는 세 시간씩을 숲속을 거닐면서 자신과의 대화와 생각을 적어 내려가며 글을 썼다. 아프면 누워 있어야 나을 것 같지만 오히려 천천히 걸으며 활동을 할 때 호전되는 경우가 많다. 특히나 지적인 활동은 그렇다. 독학과 걷는 것은 별다른 관련성이 없는 것 같아보이지만 특히 자신에게 필요한 공부를 스스로 찾아하는 독학의 입장에서 그 학문의 깊이가 깊어질수록 걷기는 큰 힘이 될 것이다.

글을 쓰면서 비슷한 경험을 하고 있는데 인간의 뇌는 생각하는 뇌와 일하는 뇌가 따로 있는 것 같다. 머릿속으로 쓰는 글과 쓰는 행위로 쓰는 글은 다르다. 머릿속으로 생각해서 쓸 내용을 막상 쓰기 시작하면, 다른 내용이 추가적으로 쓰이고 미처 생각하지 못했던 방향으로 글을 쓰게 되는 경우가 많다. 심지어 쓸 내용이 없어도 쓰기 시작하면 무엇인가가 쓰인다. 왜 이런 현상이 있을까를 고민하며 관련 내용을 찾아보다가, 캐나다의 임상 심리학자이자 토론토대학교의 심리학과 교수인 조던 피터슨Jordan B. Peterson의 〈Essay Writing Guide(에세이 작성 가이드)〉라는 자료에서 그 이유를 찾았다. 그에 따르면, 우리는 "글을 쓰는 것을 통해서 기억을 확장하고, 용이하게 편집할 수 있으며 명료하게 사고할 수 있다."고 한다. 또한 "쉽게 기억할 수 있는 양보다 더 많은 양을 글로 쓸 수 있으며, 그렇게 함으로써 많은 아이디어를 동시에 고려할 수 있는 능력을 넓히게 된다."고 한다.

운동을 해야 하는 줄 알면서도 하기 싫을 때 해야 하는 일은 일단 걷기 시작하는 것이다. 아무 효과가 없어보일 것 같은 이 걷는 움직임이 몇 분 정도 지속되면 살짝 뛰고 싶은 욕구를 불러 일으킨다. 그러면 슬슬 뛰기 시작하면 된다. 한 움직임을 통해 다른 움직임을 자극하는 것이다. 움직임을 관장하는 뇌의 영역이 따로 있고, 이 영역이 활성화되면 하기 싫었던 고난이도의 움직임까지 자극하는 것이 아닐까. 그렇기에 우리는 가만히 있으면 안된다. 자꾸 몸을 움직이고 일해서 자극해야 한다.

주기적으로 낯선 길을 걸어라

어느 날 아침 일찍 출근을 위해 집을 나서는 순간 문득 날마다 똑같은 경로로만 사무실에 간다는 생각이 들었다. 이곳에 살기 위해서가 아니라 여행을 왔다면 무엇인가 하나라도 더 발견하고 보기 위해 열심히 다른 길들을 볼텐데 말이다. 한 번도 가본 적이 없는 길을 걷게 되면 어떨까 하는 호기심이 생겨 무작정 집에서 사무실로 가는 길이 아닌 새로운 길을 걷기 시작했다. 누구든지 목적지에 가는 길을 선택할 때는 최단 경로를 선호하기에 새로운 길로 간다는 것은 그동안 다녔던 지름길들을 포기해야 한다는 것을 의미한다. 샛길이나 옆길 등 평소 잘 다니지 않는 길을 선택해 걷다보니 작고 아름다운 카페, 부티크 매장, 골목 구석의 작은 중고 서점 등을 새롭게 발견했다. 신선함과 경이로움이 가득한 소중한 시간이었다. 그럼에도 낯선 길을 걸으면서 새로운 길로 가는 것에 대해 가장 위협적이고 지속적인 유혹은 내가 걸어온 오래되고 익숙한 길에 합류하려는 욕구라는 것을 깨닫는 데 그렇게 오랜 시간이 걸리지 않았다. 어떤 길을 선택해서 가다가 그 길에서 실패를 했을 때 우리는 다른 길을 선택해야 하는 것이 정상일 것 같지만 그렇지 못할 때가 많다. 실패를 했던 그 길 위에서도 전혀 변화하지 않고도 우리는 여전히 익숙함이 가져다 주는 일정 수준의 위로를 받을 수 있기 때문이다. 실패했던 그 길 위에서는 철저히 불편함을 느끼며 다른 길을 선택해야 한다. 나도 모르게 익숙한 길을 찾는 모습이 우리가 실패를 하고도 다시 같은 실패를 반복하는 이유일 것이다.

새로운 길을 걸으며 얻은 깨달음이 마음을 가다듬는 데 도움이 되었기에 출근길 외에도 익숙한 길이 아닌 새로운 길을 택해 걸었다. 그러다 보니 매번 더 많이 걷게 되었다. 먼 길을 택해서 더 많이 걷다 보니 의도적으로 계획한 일은 아니었지만 다리 근육이 튼튼해지는 등의 유익을 얻을 수 있었다. 또한 항상 다녀보고 잘 닦여진 길만 선택하는 고집과 게으름으로 가득찬 나 자신을 발견한 것은 큰 소득이었다. 누군가는 그것이 긍정적이고 좋은 것으로 여겨질 수 있는 '루틴이나 습관'이라고 말할 수도 있다. 물론, 그럴 수도 있지만 그것이 새로운 가능성과 관점을 탐구하지 않는 것에 대한 핑계가 되어서는 안 되는 것이다.

지난 한 주간 어떤 길을 다녔는지 생각해보자. 출·퇴근 길, 쇼핑하러 가는 길, 친구 만나러 가는 길 등 대부분의 길은 우리가 늘 다니는 길이다. 목적지에 가는 길이 단 하나만 있는 것이 아니기 때문에 한 번쯤 다른 길로도 가볼 법한데 우리 대부분은 구글맵이 안내해주는 최단거리 길로만 다닌다. 같은 길로만 다녀서는 새로운 발견도 없고 새로운 관점도 생기지 않는다. 같은 목적지라도 다른 길로 가는 것을 경험해보면 일상에서도 새롭게 알게 되는 것들이 많다.

새로운 길을 다니다 발견한 작은 동네 서점. 일반 서점에서는 찾기 힘든 희소성있는 책들을 판매한다. 서점의 이름이 한국말로는 '희귀새 서점'이다.

어떤 사람은 다른 나라에 여행을 갔다 와서도 조금도 달라지지 않은 채 돌아온다. 어디를 가든 한국인으로서 편리한 한식당만 찾아다니고 한국인 관광객과 어울린다. 다른 나라에서 보게 되는 모든 것들을 한국인의 시각에서 보고 비교하고 판단한다. 그런 사람들이 말하는 좋은 여행지의 기준이란 것은 '한국과 얼마나 비슷할까'이다. 아주 좋은 소세지와 치즈를 먹을 수 있는데도, 외국의 한식당을 일부러 찾아가서 김치 맛이 형편없다고 불평한다. 그러고 모든 여행의 결론을 한국이 제일 좋다고 내린다. 만약 당신의 여행이 그래왔다면 이제는 현지 전통 음식을 먹고 그 지방에서 생산한 포도주나 위스키를 마시며 현지 주민의 눈으로 새로운 것을 경험하고 누려보자. 현지 주민들과 가벼운 대화도 나누며 그 나라의 정서를 느끼고 역사적으로 어떤 어려움들이 있는 나라였는지 알게 될 수 있다. 이런 여행을 한 후에 돌아올 때는 나의 세계가 확장되고 성장한 모습일 것이다.

공부도 이와 같다. 관점을 바꾸어 다른 사람의 신발을 신어 보지 않는 공부는 아무리 공부를 해도 조금도 달라지지 않는다. 새로 접하는 모든 지식이 하나의 관점에 의해서 해석되기 때문에 자신의 현재 상태, 기준, 관점 등이 더욱 고착화할 뿐이다. 책을 볼 때는 그 책 속에 있는 지식을 만나는 것이 아니라 그 책을 쓴 작가를 만나는 것이라는 의식적인 노력이 필요하다. 책의 텍스트 뒤에는 그 텍스트를 생산하고 조합한 작가의 경험과 정신세계, 그리고 관점이 있다. 어떤 의미에서 텍스트와 콘텍스트와의 관계라 할 수 있다. 따라서 책에 쓰여진 텍스트만큼이나 중요한 것은 그 텍스트의 이면에 있는 작가라는 콘텍스트를 엿보는 것이 더 깊은 이해와 깨달음을 가져다준다. 이 과정에서 작가의 신발을 신어보는 것은 자신에게 잠시나마 다른 관점을 선물하는 것이고 이런 공부는 자신을 성장시킨다.

편견과 편향에 빠지는 것은 '노화'와 같다. 속도는 늦출 수 있지만 결국 피할 수는 없기 때문이다. 과학, 의료 기술이 날마다 발전하고 있지만 인간의 노화는 막지 못하고 있다. 러시아 출신의 억만장자 유리 밀너Yuri Milner가 미국과 영국에 설립한 노화 방지 기업 '알토스랩스Altos Labs'는 호기롭게 노화를 막는 일을 하겠다고 도전하고 있지만 그 일이 그리 호락호락할 것 같지는 않다. 결국 모든 인간의 끝은 일정 수준의 편견과 편향을 지닌 채 육체적 종말을 맞이하는 것이다. 이 지적인 편견과 편향을 늦추기 위해 종종 하는 일 중 하나는 내 분야와 전혀 관련 없는 분야의 포럼이나 세미나에 참여하는 일이다. 의학, 디자인, 건축, 패션, 문학 등 여러 분야에 대해 기회가 닿는 한 참여하고 강의를 듣는다. 잘 알지 못하는 낯선 내용들 속에서 나의 분야와 접점을 발견하게 되고 이를 통해 새로운 인사이트와 직업적 경험까지 연결되기도 한다.

1890년에 하버드대학교의 심리학 교수였던 윌리엄 제임스Willian James에 의해 소개된 개념인 '뇌가소성 이론'은 인간의 뇌는 고정되어 있지 않고 지식이나 경험이 쌓이면서 변화한다는 뇌신경학의 이론이다. 뇌는 외부 환경 변화, 또는 학습 과정에 의해서 유동적으로 변화할 수 있고, 심지어는 뇌가 손상되었을 때에도 손상된 뇌 영역에서 다른 부위로 기능이 재조직될 수 있는 등의 구조적, 기능적 변화가 가능하다. 뇌 신경세포는 시냅스라는 연결 부위로 서로 연결되어 뇌신경망을 이루는데, 뇌가소성이 높다는 것은 이 연결 부위가 학습과 같은 외부 자극에 따라 얼마든지 유연하게 바뀔 수 있다는 것을 의미한다. 새로운 분야를 공부하고, 걷기 등 육체적 활동을 자주 하는 등의 활동은 뇌를 더욱 건강한 모습으로 변화시킨다.

설탕과 밀가루

공부 이야기를 하다 갑자기 먹는 이야기를 하려니 논점을 벗어난 것 같지만 공부는 먹는 것과 아주 큰 관련성이 있기에 이야기를 안할 수 없는 부분이다. 대부분의 부모들은 자녀의 공부 문제를 다룰 때 좁은 시각에서 문제를 다루고 원인과 해결책을 찾는 데 익숙하다. 자녀가 공부를 못하면 단순히 머리가 나쁜 것인지, 평소 책을 많이 안 읽힌 것은 아닌지, 공부 시간에 딴짓을 하는지, 다니는 학원에 문제가 있는지 등과 같은 것에서 그 원인을 찾으며 좀처럼 이 경계선들을 넘어서지 못한다.

자녀가 배고프다고 하면 치킨과 피자를 아무 생각없이 배달시켜 주고, 스트레스 받은 것 같으면 매운 떡볶이를 사준다. 공부하면서 먹는 초콜릿과 사탕에도 관대하다. 오히려 아이들이 공부하다가 기분 전환용으로 먹는 사탕과 커피 같은 음료들은 공부에 도움이 된다거나 그 정도는 다들 먹으니까 먹어도 문제가 없다고 생각한다. 이런 습관에 대한 관대함은 비단 아이들에게만 적용되는 것은 아니다. 성인들도 본인의 학습 능력이나 인지 능력이 떨어지는 이유를 먹는 습관에서는 찾지 않는다. 그러나 우리가 먹는 것들 중 특히 설탕과 밀가루는 치명적으로 우리의 학습 능력과 인지 능력에 관련이 있다. 개인적으로는 '설탕과 밀가루를 줄인 만큼 성적이 오른다'는 과격한 주장을 하고 싶다.

당 함량이 높은 식단을 유지하면 학습과 기억을 담당하는 뇌의 능력이 감퇴한다는 연구들은 차고 넘친다. UCLA의과대학원의 한 연구[58]에 따르면 과당을 과잉 섭취하면 뇌의 시냅스 활성에 문제가 생겨 뇌세포 간의 신호 전달 능력이 떨어질 뿐 아니라 과도한 당 섭취가 인슐린 저항성을 높여 혈당 조절에 문제를 일으키고 이로 인해 뇌세포의 기능이 떨어진다고 한다. 즉 당 섭취량이 늘어날수록 기억력 등 인지 기능에 손상을 입게 된다는 것이다. 또한 당을 많이 섭취하게 되면 혈당 수치가 급격히 높아졌다가 급격히 떨어지게 되는데 이러한 현상은 감정을 오락가락하게 만들고 집중력을 떨어뜨리며 과한 피로감이 지속되어 이로 인한 불안감과 우울감이 커지기도 한다. 당의 해악에 대해서 이야기 하자면 끝이 없다. 결론을 말하자면, 당이 우리의 인지 능력을 파괴한다는 것이다. 공부를 잘하고 싶으면 과도한 당 섭취를 줄여야 한다.

---

58 UCLA의 페르난도 고메즈 피닐라Fernando Gomez-Pinilla 교수팀의 연구 결과

당만큼 입에서 끊어내야 하는 물질이 하나 더 있는데 우리가 평소에 즐겨 먹는 라면, 과자, 빵, 파스타, 떡볶이, 튀김, 면류 등을 구성하고 있는 밀가루이다. 밀가루는 복합 탄수화물로 포도당 분자들이 가지를 친 사슬 구조의 아밀로펙틴Amylopectin이 70%, 포도당 분자들이 직선 사슬을 이룬 아밀로스Amylose가 25%로 구성되어 있다. 침에서 나오는 소화 효소인 아밀라아제Amylase가 아밀로펙틴과 아밀로스를 소화시키는데 아밀라아제는 아밀로펙틴을 매우 효율적으로 소화시켜 빠른 속도로 포도당으로 변환해 혈류에 흡수시킨다. 이 역시 혈액 내 당 수치를 빠르게 올리면서 세포를 손상시키는 활성 산소를 대량으로 발생시키면서 이로 인해 신체 내 염증 매개 물질의 양이 늘어나게 된다. 뇌의 경우 미세혈관이 영향을 받아 받아 뇌로 가는 혈류가 줄고 인지 기능이 떨어지는 등 뇌 기능이 저하된다.

우리가 먹는 음식들이 워낙 다양하기에 무엇 때문에 영향을 받는 것인지 모두 찾아내기란 어렵다. 그럼에도 불구하고 우리의 몸이 어떤 음식을 먹고 있고 있는지를 면밀하게 살펴봐야 할 필요가 있다. 먼저는 몸의 건강을 위해서도 그렇고 우리 삶에서 현실적으로 너무 중요한 우리의 공부를 위해서도 그렇다.

실제 공부 시간과 우선 순위에 집중하라

스콧 영Scott Young은 MIT에 입학하지 않고도 MIT 컴퓨터공학 4년 과정, 33개 수업을 1년 만에 독파해 획기적인 학습법으로 미국 전역에 화제를 불러일으켰다. 이 과정에서 얻게 된 학습에 대한 노하우를 2019년에 『울트라러닝』이라는 책으로 출간했다. 스콧의 독학 이야기를 읽으면서 가장 인상적이었던 부분은 MIT 4년의 과정을 1년 만에 마무리지었다는 것이다. 그렇다면 역으로 질문할 수 있다. 왜 스콧이 1년에 해내는 과정을 다른 사람들은 4년을 꼬박 공부하냐는 것이다. 4년을 공부하고 졸업한 사람들은 시간 낭비를 한 것일까? 그렇지는 않겠지만 이 스콧의 시도는 우리가 얼마나 사회가 규정해놓은 시간에 적응되어 살고 있는지에 대해 깨우침을 주었다. MIT의 컴퓨터공학 과정은 공부만 집중적으로 열심히 한다면 1년 정도에 끝낼 수 있는 공부의 양인 것이다. 4년 중에 1년 만이 실제 공부에 할애하는 시간이고 나머지 3년은 여름 및 겨울 방학, 학교의 개강 일정을 기다리는 시간, 친구 및 가족들과 보내는 시간, 과제 제출 후 교수의 피드백을 기다리는 시간 등이 포함되어 있다. 어찌보면 실제 공부에 쏟는 시간보다 '사회적 시간(?)'에 쏟는 시간이 더 많은 것이다.

우리가 공부에 있어 얼마나 많은 시간들을 미루고 있는지 생각해보자. 시간은 제한적이고 재생이 불가능한 원재료이다. 늘 바쁘다고 생각하며 살아가는 우리는 막상 시간이 부족한 것이 아니라, 많은 시간을 낭비하고 있을 뿐인지도 모른다. 하루의 일상 중 중요한 일을 하기 위해서 얼마나 몰입해 시간을 사용했는지 구체적으로 측정해본다면 적나라한 현실을 깨닫는 데 큰 도움이 될 것이다. 사실 우리에게는 돈보다 시간이 중요한데, 우리가 시간을 관리하는 방식은 돈을 관리하는 방식보다 마인드와 기술적 측면에서 너무 허술하다. 우리는 돈을 내는 물건만 '산다'고 생각하고, 시간으로 지불하는 건 '공짜'라고 생각한다.

생각해보면 시간 부족이라는 핑계는 건강 관리에 실패한 사람들이 가장 많이 이야기하는 것 중 하나이다. 돈 관리에 실패한 사람들은 시간 핑계를 잘 대지 않는다. 시간이 부족해서 돈 관리에 실패했다고 하지 않는다. 이런 사람들의 대부분은 판단을 잘못했다거나 운이 없었다거나 하는 식의 핑계를 댄다. 이런 것을 보면 우리가 염두하는 우선 순위를 알 수 있다. 우리에게는 시간보다 돈이 중요한 것이다. 아무리 건강이 돈보다 중요하다고 해도, 대부분의 사람들은 시간이라는 자원의 중요성을 가장 가치절하하는 형태의 핑계로 건강은 돌보지 않는다.

마찬가지로 삶을 살다보면 공부가 가장 중요한 시기가 있는데, 그때는 꼭 공부할 시간이 부족하다는 핑계를 입에 달고 산다. 우리는 하루가 짧다고 불평하면서도, 마치 하루가 무한한 것처럼 행동할 때가 많다. 문제는 시간이 부족한 게 아니라 우리가 생각하는 우선순위의 문제다. 정작 중요하지 않은 일들에 무의식적으로 시간을 쓰고 남은 시간에 중요한 일을 하려는 잘못된 시간 관리에서 오는 현상이다.

우선순위를 중심으로 시간 관리를 하는 핵심 기술은 당연한 이야기일 수 있지만 우리에게 중요한 것을 먼저하는 것이다. 이를 위해 우리가 생각하고 있었던 여러 계획과 활동들 중에서 중요한 것을 먼저 골라내야 한다. 선택된 중요한 것들을 먼저하되, 먼저해야 한다고 해서 꼭 마무리는 지어야 한다는 강박은 버려라. 시간을 쓰면서도 성과가 잘나지 않는 구간이 오면 그 다음 중요한 것을 먼저 하다가 다시 돌아오면 된다. 이렇게 교차 또는 배치하는 방식을 통해 중요한 일들에 먼저 시간을 쓰는 것은 시간 관리에 유연성을 줄 뿐만 아니라 효과성을 극대화할 수 있다.

공간을 구체적으로 확보하라

우리가 공부할 때 언제 어디서든 관계없이 집중할 수 있다면 공간의 중요성에 대해 고민할 필요가 없다. 하지만 우리 대부분은 그렇지 못하다. 집중도 높은 공부를 하기 위해 가장 중요한 출발점은 공간을 확보하는 일이다. 그 공간이 거창할 필요는 없다. 집안에 조용한 책상 한켠이면 충분하다.

자기만의 공부에 착수하려면 가장 먼저 일상의 가장 보잘 것 없고 단순한 부분을 새로운 시각으로 살펴보아야 한다. 먼저 자신의 책상에 앉아서 그 동안의 나의 공부가 어떤 모습이었는지 책상이 보여주는 대로 생각해보자. 책상 위에는 이런 저런 책들이 두서없이 펼쳐져 있을 수도 있고, 무엇인가 적어내려가다가 멈춘 노트의 흔적들이 있을 수도 있다. 아니면 책상에 앉은지 오래되어서 책상 표면에 먼지만 내려앉아 있을수도 있다. 아니면 공부와는 상관없는 물품들이 책상 위에 가득 놓여 있을 수도 있다. 나의 책상은 생산적인 공부나 생각을 정리하면서 글을 쓰게 하고픈 마음이 들게 하는가?

공부에 있어서 환경은 중요하다. 카페든, 도서관이든, 자신의 방이든 자신이 좀 더 집중할 수 있는 환경을 찾아내야 한다. 엄밀히 얘기해서 환경은 싸우고 극복하기보다는 타협하고 확보해야 한다. 정작 우리가 의지를 발휘해야 하는 것은 공부 자체이지 환경 자체는 아니기 때문이다. 공부가 잘 되는 시간대가 있고, 공부가 잘 되는 공간이 있음을 받아들여야 한다. 그리고 그 공간이 꼭 한 곳일 필요는 없다. 두세 군데를 정해놓고 바꾸어 가며 공부에 집중해가는 공간들을 확보하는 것이 좋다. 세계적 베스트셀러 『해리포터』 시리즈 작가인 J.K. 롤링J.K. Rowling도 글을 쓰기 위해 늘 카페에 갔다. 그 카페들 중 하나가 에든버러의 'The Elephant House' 라는 곳이다. 글을 쓰기 위해 카페에 자리를 잡고, 유모차에 딸 아이를 재워놓고 글을 썼다. 그녀는 언론사와의 인터뷰에서 "제 생각에는 글을 쓰기 가장 좋은 장소가 카페라는 것은 비밀이 아닙니다. 커피를 직접 만들 필요도 없고, 독방에 갇힌 듯한 느낌을 받을 필요도 없으며, 글을 쓰다 막혀도 에너지를 재충전할 시간을 확보하고, 다음 카페로 걸어가며 뇌에는 생각할 시간을 줄 수 있습니다. 글쓰기 좋은 카페는 다른 사람과 어울릴 만큼 붐비지만, 다른 사람과 테이블을 공유해야 할 만큼 붐비지 않는 곳입니다."

이런 장소를 정하는 데 있어서 한 가지 유념할 것이 있다. 한 장소에서 너무 여러 가지를 하지 않는 것이다. 인간의 의식은 가급적 하나의 장소와 하나의 행위를 연결할 때 의도한대로 작동을 잘한다. 『아주 작은 습관의 힘』의 저자 제임스 클리어James Clear는 우리의 습관은 행동을 둘러싼 '맥락'과 연결된다고 한다. 마음은 행위가 일어나는 장소들과 연결된다. 장소에 놓인 사물들과도 특정한 관계를 맺게 되고, 주변 환경에 존재하는 사물 그 자체가 아닌 맺고 있는 관계에 따라 행동하게 된다고 한다. 이런 이유로 가급적이면 공부를 하는 책상에서는 공부만 하는 것이 좋다. 공부하는 책상에서 밥도 먹고 유튜브도 보면서 시간을 보내는 것은 좋은 방법이 아니다. 밥은 식탁에서 먹고, 휴식을 취할 때도 거실의 소파에서만 하는 등 구분을 지어야 한다. 한 책상에서 밥 먹고, 공부하고, 휴식을 한다면 여러 맥락들이 섞이다가 그중 가장 쉬운 것만을 하고 싶은 유혹을 끊임없이 받게 된다. 그래서 우리는 종종 집을 벗어나 도서관이나 카페에 가서 공부를 한다.

이처럼 새로운 환경을 찾아 나가면 기존의 환경 신호와 다투지 않고 좀 더 쉬운 방법으로 공부 습관을 만들어 갈 수 있다.

기회는 행동으로 반응할 때 실체가 된다

비트코인에 대해서 처음으로 진지하게 접한 것은 2013년 여름쯤이었다. 그 당시는 비트코인 가격이 개당 한국 돈 10만 원 정도를 오가고 있었다. 평소 잘 알고 지내던 싱가포르의 벤처 투자자가 폭발력있는 트렌드가 분명하니 비트코인을 10개라도 사두는 것이 어떠냐고 농담 반 진담 반 제안을 했다. 그 당시에는 이 '10개'라는 것도 어떤 의미가 있는 것인지 몰랐다.

지금은 몇 천만 원씩 하는 비트코인이지만 2009년에 소개될 당시에는 그 가격이 0원이었다. 그러다가 2010년 7월 17월이 되어서야 그 가격이 0.09달러가 되었다. 그 후로 2011년 4월 13일에 1달러가 된 후로 약 3개월이 지난 2011년 6월 7일에 29.60달러가 되었으므로 석 달 만에 약 30배가 오른 것이다. 내가 처음 접한 2013년쯤이면 이미 비트코인의 가격은 사실상 2011년과 비교해봐도 100배가 오른 가격이었다. 그러니 10개라도 사놓아 보라는 그 제안이 그다지 설득력이 있지 않았다. 눈 딱 감고 사두고 잊어버렸으면 큰 돈이 되었을텐데 말이다.

2010년 5월 22일에 라스즐 핸예츠Laszlo Hanyecz이라는 사람이 제레미 스터디번트Jeremy Sturdivant라는 사람한테 10,000개의 비트코인을 주고 파파존스 피자 두 판을 주문했다는 이야기는 블록체인 세계에서 여전히 전설적이다. 그 10,000개의 비트코인이 오늘날 가격으로 따지면 족히 한국 돈으로 8천 7백억 정도(2024년 4월 기준) 되기 때문이다. 물론 그 당시에는 피자 두 판을 살 수 있다는 것만으로도 큰 횡재라고 생각을 했을 것이다.

세상에 이런 일들이 일어나는 것을 보면 늘 새로운 기회들에 열려 있어야 하고 가능한 한 많은 공부를 해두어야 한다. 그런데 한편으로 드는 생각은 이게 그 당시에 내가 비트코인에 대해 공부를 열심히 했었다 하더라도 과연 내가 이 비트코인의 가치를 알아차릴 수 있었겠냐는 것이다. 수많은 혁신적인 기술들이 날마다 쏟아져 나오는 이 상황에서 비트코인도 사실 그중의 하나였을 뿐이다. 새로운 기술들이 나올 때마다 이 기술이 세상을 바꿀 것이라고 떠들어대는 것을 감안해보면 비트코인의 외침도 그리 새롭지 않았다. 거기에다 그 당시에 비트코인은 정부, 전통 금융, 사법 기관 등으로부터 끊임없는 공격을 받고 있었다.

기술들 중에는 패러다임을 바꾸는 기술이 있고 기존 틀 내에서 진화를 시킨 기술이 있다. 그 둘 사이에 흑백으로 명확한 선을 그어서 설명하는 것은 어렵지만 패러다임을 바꾼 기술을 보면 블록체인을 포함해 스티브 잡스의 아이폰, 테슬라의 전기차, 스페이스X의 우주로켓발사 서비스와 같은 것들이다. 2009년 1월 12일에 비트코인의 창시자로 알려진 사토시 나카모토는 2008년 세계 금융 위기 당시에 그 위기의 근본이 경제 시스템 자체의 작동 방식에 문제가 있다고 생각하고 그 시스템을 바꿀 목적으로 비트코인을 만든 것으로 알려졌다. 비트코인 기술의 핵심은 블록체인이라 불리는 분산 저장 기술이다. 블록체인이라는 단어가 금융 세계에서 워낙 부정적 방향으로 인식되고 부정적인 관련 뉴스가 많다보니 영국 등 유럽 국가들은 블록체인이라는 표현보다는 'DLTDistributed Ledger Technology'라는 표현을 더 많이 쓰는데 한국말로는 '분산형 장부 기술' 정도가 되겠다. 흥미로운 사실 중 하나는 아직도 사토시 나카모토가 누구인지 신원이 밝혀지지 않았다는 것이다. 여러 사람들이 자신이 사토시 나카모토라고 주장하기도 하고 주장되기도 했지만 아직도 확실하게 밝혀지지 않았다. 2024년 4월 기준 비트코인이 개당 한화 기준 7천만 원에서 9천만 원 사이를 오가고 전 세계 경제의 한 축이 된 자산임에도 불구하고 그 창시자의 실제 신원이 누구인지 밝혀지지 않았다는 것은 놀라운 미스터리 중 하나이다.

이 블록체인 기술의 핵심을 간단히 설명하면, A라는 학생이 B에게 1,000원을 빌려주고, 그 사실을 큰 소리로 공표한다. "A학생이 B학생에게 1,000원을 빌려주었다!" 그리고 이 사실을 들은 주변 친구들은 자신의 공책에 이 사실을 기록한다. 이렇게 되면 이제 A학생이 B학생에게 1,000원을 빌려준 사실이 주변 학생들에게 퍼져 있을 뿐만 아니라 물리적으로도 그 주변 학생들의 모든 공책에 기록되어 있기 때문에 이 사실을 속일 수도 없고, 거짓말도 할 수도 없게 된다. 만약 이 사실을 되돌리기 원하면 이 사실을 들은 주변 친구들을 모두 설득해야 할 뿐만 아니라 공책에 기록된 정보를 바꾸도록 해야 하는데 혹 이 친구들이 한두 명이면 가능할지 모르겠지만 숫자가 많아지면 불가능한 일이 된다. 이런 원리이기 때문에 블록체인 기술을 분산형 장부 기술이라고 부른다. 사실 이 기술은 비효율적인 것처럼 보인다. 공책 하나에 기록해두고 필요할 때마다 주변 학생들이 그 공책을 열어보게 하면 되는데 모든 학생들이 자신들의 공책에 모두 기록을 하는 중복이 발생하기 때문이다. 최근까지의 데이터베이스 관리 시스템은 중앙집중형 서버에 의존하여 데이터의 중복을 최소화하고 효율성을 높이는 방향으로 발전해왔는데, 블록체인의 이런 방식은 탈중앙집중형이므로 기술의 철학적 패러다임이 완전히 다르다고 할 수 있다. 이러한 이질성 때문에 비트코인이나 블록체인 기술이 초기에는 크게 주목받지 못했었다.

아무튼 문제는 비트코인을 '10개'라도 사둬보라는 지인의 제안을 내가 기회로 인식하지 못했다는 것이다. 일단은 그 당시에 이 기술에 대해 대충이라도 공부해보지 않았다. 왜 그랬는지 지금도 잘 모르겠다. 호기심을 가질 만큼은 충분히 사회적으로 이슈가 되던 기술이었는데 차일피일 미루었다. 그리고 2009년에 개당 0.1원 가격으로 시작된 가격이 이미 10만 원 정도가 되어있던 시점이었으니 이 가격이 더 높게 올라갈 것이라고는 상상하기 어려웠다. 이해를 위해 공부를 좀 하든, 이해가 안되도 포트폴리오로 넣어두는 것이 맞았다. 이후 내가 놓친 이 기회를 수업료라고 생각하기로 했다. 이처럼 어떤 경험을 얻기 위해서는 수업료를 내야 한다. 그 수업료는 큰 돈일 수도 있고 작은 돈일 수도 있지만 전혀 하지 않는 것과 무엇을 하는 것 사이에는 하늘과 땅같은 큰 차이가 있다. 우리는 학교의 학비는 어떻게든 내야 한다고 생각하면서 정작 자신의 내면이 원하는 공부나 자신의 인생을 바꿔 줄 진짜 공부에는 인색한 편이다. 전부 이해해야 행동할 수 있는 것이 아니다. 전부 이해할 수도 없을 뿐더러 전부 이해해야 행동할 수 있다고 믿는 것은 어리석은 철학 중 하나이다. 아주 약간 아는 상태에서 그 수준에 맞는 행동의 규모로 움직이고 그 움직임이 주는 정보를 가지고 더 큰 움직임을 이어가는 전략이 필요하다.

호기심은 독학의 연료이다

'새롭고 신기한 것을 좋아하거나 모르는 것을 알고 싶어 하는 마음'을 뜻하는 호기심은 나이와 상관없이 유아에서부터 노인까지 모든 연령대에서 발현되며, 동물 등과 같은 다른 생명체에서도 흔히 볼 수 있다. 이처럼 본능에 가까운 호기심은 특히 인간에게 있어 모든 지적 활동의 근본적이고 강력한 에너지를 공급한다. 특히나 독학의 과정에서 호기심은 결정적인 역할을 하기에 이 능력을 유지하거나 발전시키는 훈련은 중요하다.

현실적으로는 우리 공부의 많은 부분은 호기심없이 시작했다 마무리되는 경우가 많다. 왜냐하면 억지로 주어지는 공부들을 많이 하기 때문이다. 자체적으로 호기심이 생겨서 공부를 하게 되면 좋지만 그런 경우가 많지는 않다. 그럼에도 불구하고 어떤 형태로든 지적 호기심을 유지하고 있으면 주어지는 대부분의 공부들도 생각보다 지루하지 않게 해낼 수 있다. 호기심을 유지하고 키우는 최고의 방법은 다양한 사람, 아이디어, 문화 및 관점에 노출을 시키는 것이다. 비슷한 생각을 가진 사람들과 어울리거나 스스로 받아들이기 편안한 정보들에만 익숙해지면 호기심이 사라진다. 따라서 우리의 시야를 넓히고 호기심을 유지시키기 위해서는 다양한 배경을 가진 사람들과 함께 어울리고 다양한 관점을 적극적으로 모색하고, 다양한 정보 소스를 탐색하는 자세가 필요하다.

경영혁신 전문가인 그렉 옴Greg Orme이 저술한 『휴먼 엣지』에서 저자는 인공지능이 대체할 수 없는 인간의 능력을 4C라고 했다. 4C는 의식Consciousness, 호기심Curiosity, 창의성Creativity, 협업Collaboration'이다. 그런데 사실 창의성이나 협업 부분은 이미 인공지능에 의해 침범되기 시작했다. 인공지능도 창의성을 발휘하고 있고, 협업도 충분히 가능하다. 다만 의식과 호기심 부분에 대한 연구는 활발하게 진행 중임에도 아직은 미비하기에 우리에게 이 두 분야는 시간이 좀 더 남아있는 것 같다. 예를 들면, MIT의 불가능한 AI 연구소Improbable AI Laboratory와 MIT 컴퓨터과학 및 인공지능연구소Computer Science and Artificial Intelligence Laboratory, 핀란드 알토대학교 등의 공동연구팀은 인공지능이 너무 호기심이 많아 주어진 작업에 산만해지는 문제를 극복하는 알고리즘을 개발하고, 「Redeeming Intrinsic Rewards via Constrained Optimization(제한된 최적화를 통한 내재적 보상의 실현)」이라는 제목의 논문을 발표했다. 이 알고리즘은 필요할 때 자동적으로 호기심을 증가시키고, 에이전트가 환경으로부터 충분한 감독을 받아 무엇을 해야 할지 알게 되면 호기심을 억제할 줄 안다.

의식과 호기심 이 두 영역은 인간의 본능에 더 가깝기 때문에 인공지능이 이런저런 방식으로 '흉내를 내는 것'에 불과하다. 특히 이 호기심은 그 실체가 복잡하고 불명확하다는 측면에서 모방해내기가 만만치 않은 작업일 것이다. 이 연구를 주도한 풀킷 아그라왈Pulkit Agrawal 박사는 "호기심의 심리적 토대에 있어서 미묘한 차이를 포괄하는 것은 어렵다. 도전을 추구하는 행동의 근본적인 신경 상관 관계는 잘 이해되지 않는 현상이다."라며, "행동을 분류하려는 시도는 우리의 충동, 박탈 민감성, 사회적 스트레스 내성을 연구하는 데 이미 깊이 파고들고 있다."고 말했다.

오늘날 우리들의 '호기심'은 큰 시험에 직면해 있다. 우리가 호기심을 발현하는 형태가 주로 인터넷을 검색하는 모습으로 나타나기 때문이다. 별다른 고민없이 검색만 해도 얻고 싶은 답을 쉽게 얻을 수 있다. 너무 쉽게 답을 얻는 것이 당연시되면 우리의 뇌는 우리 안에서 생기는 호기심도 소중하게 생각지 않게 된다. 호기심이 생겨서 어떤 지적 활동을 한다 하더라도 쉽게 그 호기심을 잃어버리고 흥미도 없어진다.

'스포일러Spoiler'는 게임, 영화, 소설, 만화 등에 대해 이야기의 줄거리, 중요 사항, 반전 요소, 결말 등을 미리 알려주어 이야기를 감상하는 재미와 흥미를 떨어뜨리는 행위를 말한다. '망치다, 망쳐버리다'라는 뜻의 영단어 'Spoil'의 의미를 생각해보면, 스포일러에 당한 사람 입장에선 이보다 적절한 뜻은 없을 것이다. 요즘은 유튜브나 인터넷 등에 스포일러들이 많이 분포되어 있어 드라마나 영화를 볼 때 결말까지 호기심과 흥미를 유지하는 것이 어렵다. 여기서 드는 한 가지 의문이 있다. 호기심이 있다는 것은 빨리 결과를 알고 싶어하는 욕구가 강하다는 것이고 그렇다면 이것을 빨리 충족시키는 것이 더 좋은 것이 아니냐는 것이다.

이런 의문과 관련하여, 듀크대학교 심리학·신경과학과 아비가일 시웅Abigail

Hsiung 교수팀은 흥미로운 실험을 진행했다.[59] 이 연구팀은 실험에서 인스타그램과 틱톡 등에서 인기 있는 짧은 요리 동영상에서 영감을 얻어 펜으로 타코나 강아지 등을 그리는 30초짜리 선 그리기 동영상 25편을 제작한 뒤 이를 미국 전역의 성인 2천여 명에게 시청하도록 했다. 이어 참가자들에게 이 동영상에 대한 호기심과 느낌, 그림이 어떻게 완성될지 추측해보도록 했다. 시청자들이 최종 그림을 미리 볼 수 있는 '스포일러' 버튼도 배치해 이들이 이 버튼을 누르는지도 조사했다. 이 실험 결과 사람들은 호기심이 클수록 중간에 그림의 최종 결과를 서둘러 알려고 하기보다는 끝까지 기다리며 시청하는 것으로 나타났다고 밝혔다. 이 결과가 의미하는 바는 호기심은 답을 얻으려는 동기를 부여할 뿐만 아니라 답에 이르는 과정 자체의 가치도 높이 평가하게 만든다는 것이다. 즉, 답을 얻기까지 하나 하나의 과정에서 재미를 느끼고 각 단계마다 몰입을 하며 의미를 찾기 때문에 최종 결과를 빨리 아는 것이 그렇게 중요한 일이 아닌 것이다. 또한 이 연구는 호기심이 높으면 뇌가 새로운 정보를 받아들일 준비를 해 기억력을 강화할 수 있다는 것도 증명했다. 이처럼 호기심은 우리가 공부를 조바심내고 서두르게 하는 것이 아니고 오히려 더 인내하게 하고 결과보다는 과정에 몰입하게 만들어 준다.

---

59 Abby Hsiung, "What an Animated Taco Reveals About Curiosity and Patience", <Duke TODAY>, October 24, 2023.

의심과 반문

우리는 의심하는 공부에 대해 익숙하지 않다. 우리가 지식을 습득해온 체계가 대개는 권위에 의존한 체계이기에 지식을 의심하는 것은 머리가 나쁜 학생이나 태도가 안 좋은 학생으로 여겨졌기 때문이다. 중·고등학교 시절을 생각해보면 교실에서 우등생이고 모범생이었던 애들은 대체로 선생님이 말하는 것을 받아 적으면서 외운다. 배운 것에 대해 의심하는 것은 대학 갈 생각이 별로 없는 애들이 하는 짓이었다. 늘 빡빡한 교과 진도 일정 속에서 즉각적인 수용이 아니라 의심을 한다는 것은 생각지도 못한 일이었던 것 같다.

호기심과 의심을 통해 나오는 것은 어떤 '질문'들이다. 배우거나 공부하는 내용에 대한 반문을 가지고 씨름하는 것은 공부 내용에 있어 이해도를 높여주고 새로운 시각을 견지하게 만들어 준다. 대학 강의실에서 제대로 된 공부를 하고 있는 학생들은 교수가 어떤 주장 하나를 던지면 항상 습관적으로 반문한다. 이 학생의 사고방식이나 태도가 반항적이어서 그런 것이 아니라 순수하고도 혁신적인 그리고 정상적인 학습에 필수 과정이다. 이 필수적인 과정을 학생의 태도와 연결지어 판단을 해버리면 학생들은 위축하게 된다. 유럽 대학의 강의실이 한국에 비해서 자유롭고 즐거운 이유는 이 반문하는 자세를 독려하는 문화 때문이다. 우리의 공부가 한 단계 성장하는 지점은 그 공부가 의심과 반문을 통해서 역설, 모순, 갈등을 불러오는 단계에 도달할 때이다.

이런 것들을 만나는 것이 뭔가 잘못된 것은 아닌지 생각할 수 있다. 그러나 사실 우리들의 일상은 역설, 모순, 갈등으로 가득 차 있다. 일단 인간이라는 존재 자체가 그렇다. 이중적인 것은 기본이고 심지어 삼중적일 수도 있고 다중적일수도 있다. 이중적이라는 말은 부정적으로 들리지만 늘 역설, 모순, 갈등을 안고 살아가는 우리를 가장 정확하게 표현한 말이다. 우리에게 역설, 모순, 갈등은 공부의 동기이자 에너지가 될 수 있다. 독학을 한다는 것은 '의심과 반문'을 통해서 역설, 모순, 갈등을 품어내는 그릇으로 성장해간다는 것이다.

최소한의 방법론만으로 일단 작게 시작하라

'공부를 잘하는 방법론'에 대해 공부하느라 정작 해야 하는 공부를 하지 못하는 것을 피해야 한다. 사실 많은 방법론들은 개개인의 경험에 따른 것으로 아는 것이 별 의미가 없을 가능성이 높다. 따라서 방법론에 대한 연구를 멈추고, 최소한의 방법론으로 행동을 시작하는 편이 훨씬 큰 결과를 가져올 가능성이 많다. 또 어느 방법론을 선택했다면 자신이 쉽게 적용할 수 있는 한두 가지 방법론을 일정 시간 지속하는 것이 중요하다. 분명 그 실천이

다른 방법론을 자연스럽게 습득해가도록 하는 '연쇄작용'이 일어날 것이기 때문이다. 공부에 대한 생각이 공부를 하게 하는 것이 아니라 공부를 하는 행동이 또 다른 공부를 하게 한다. 공부에 대한 방법론을 익히고 습득하는 데 너무 많은 시간과 에너지를 사용하지 않기를 권하는 이유는 공부를 가장 잘하는 방법은 공부를 일단 하는 것에서 시작되기 때문이다.

아무리 좋은 것들도 선택해서 버리지 않으면 엉망이 된다. 'GeekCulture.com'이라는 하이테크 관련 유머 사이트를 운영하는 니트로작Nitrozac과 스내기Snaggy는 애플사가 만약에 민주주의였다면 현재의 아이폰이 어떤 모양이었을지를 그려내어서 큰 웃음을 주었다.

모든 사람들이 있었으면 한다는 기능들을 아이폰에 모두 구현해낸다면 아

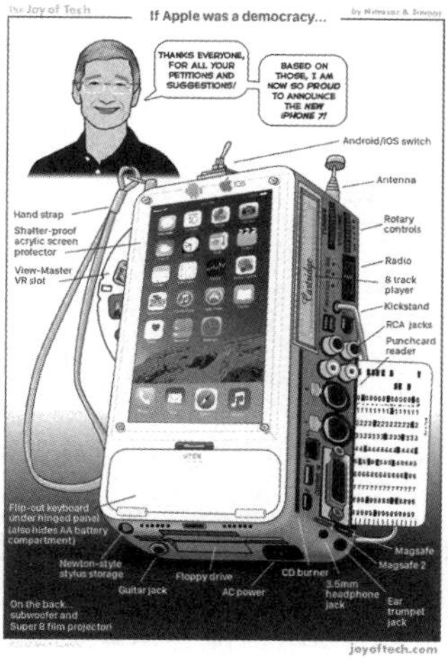

이폰은 아마도 현재의 날렵한 모습이 되지 못했을 것이다. 우리의 삶의 모습도 이미 저런 모습일지도 모른다. 이 사람이 추천하는 것, 저 사람이 추천하는 것들을 내 작은 삶에 담아내려 분주하다 보면 내 작은 삶은 이미 나의 삶이 아니게 되는 경우가 많다. 공부도 그렇다. 이런 방

법론 저런 방법론으로 나의 공부를 치장하다 보면 정말로 내가 무슨 공부를 하고 있는지 알 수가 없다. 독학을 제대로 하는 과정은 방법론을 덧붙이는 과정이 아니라 한두 가지의 방법을 충실히 내 삶에 구현해내는 과정이다. 여러 가지 방법론을 따라하기보다 책상 앞에 단순히 앉아서 공부해야 할 것들을 읽는 것이 가장 빠른 길이다.

유난히 공부가 잘될 때가 있고 안될 때도 있다. 동기부여는 결국 인간의 감정을 움직이는 일이다. 공부가 점점 감정의 동기부여에 의존하게 될 때 공부와 감정의 관계가 내성의 관계가 될 수 있다고 생각한다. 작은 동기부여에도 나의 감정이 나의 공부를 풍성하게 했지만 시간이 갈수록 더 큰 동기부여와 더 큰 감정을 필요로 한다면 이것은 문제가 있는 것이다. 따라서 공부를 시작할 때는 항상 동기부여가 필요하지 않을 만큼 작은 목표로 공부를 시작하고 공부하는 행위 자체가 나의 공부를 이끌어 가게 만들어야 한다.

돌려막기를 멈추고, 공부의 루틴을 만들어야 할 때

성공해야 한다고 하면 성공보다 행복이 중요하다고 한다. 부자가 되어야 한다고 하면 돈이 행복을 가져다 주지 않는다고 한다. 부지런해야 한다고 하면 늦잠이 주는 휴식이 중요하다고 한다. 높은 목표를 세우자고 하면 작은 목표를 세우고 그것부터 하자고 한다. 작은 목표를 세우자고 하면 인생은 한 번뿐인데 큰 목표가 있어야 한다고 한다. 책을 읽자고 하면 운동에 더 우선순위가 있다고 한다. 좋은 루틴이 중요하다고 하면 얽매이지 않는 자유로운 스타일을 추구한다고 한다. 그리고 결국 아무 것도 안한다. 이쯤 되면 우리의 돌려막기 능력은 예술 수준이다. 돌려막기도 그냥 하지 않고 우아하게 한다. 우리가 공부를 대하는 자세도 비슷할 때가 많다. 공부를 다른 것으로 때우려고 한다. 어떻게든 공부만큼은 하지 않으려고 이런 저런 핑계로 돌려막기를 한다.

우리 삶을 돌이켜 보면 공부 때문에 웃기도 하고 울기도 한다. 우리들의 10대, 20대의 가장 큰 화두는 대부분 공부에 관한 것들이다. 대학을 졸업하고 3, 40대가 되면 더 이상 공부할 일이 없을 것 같았는데, 모양과 내용만 달라졌지 결국 또 공부해야 한다. 결국 학교를 졸업하고 나서도 교실과 교과서라고 불리는 것만 없어졌을 뿐 우리는 언제 어디서나 어쩌면 죽을 때까지 공부하는 인간으로 살아가야 한다는 것을 깨닫게 된다.

사람들은 자신을 변화시켰던 어떤 특별한 계기 혹은 이벤트에 대해 말하는 것을 좋아한다. 그런데 우리들 중 얼마나 많은 사람들에게 그런 일들이 있을지 의문이다. 대부분 사람들에게 그런 계기는 잘 없다. 확률적으로 작은 시작과 지속적인 작은 행동에 의해 삶이 이끌어지는 것이 대부분이고, 특별한 계기나 이벤트로 변화를 만나는 것보다 훨씬 리스크가 적고 효과적이다. 극적인 이벤트는 극적인 스트레스를 동반하기 때문이다. 생각이 행동을 낳듯 행동도 또 다른 행동을 낳기에 작은 시작으로 지속적인 작은 행동들을 지속하게 되면 자신만의 루틴이 생긴다.

세뇌와 루틴은 닮은 구석이 있다. 사람을 세뇌시키기 위해서는 '반복', '지속', '속도'라는 세 가지 요소가 필요하다. 여론몰이할 때를 생각해보면 쉽게 상상이 간다. 잘못된 정보를 지속적으로 속도감 있게 반복해 전달하면 사람들은 처음에는 아니라고 하지만 나중에는 그 정보를 믿기 시작할 수도 있고, 아예 그 정보대로 생각이 바뀔 수도 있다. 인간지능의 약점이 여기에 있다. 루틴을 형성하는 일도 이 세 가지가 필요하다. 한두 번 하다가 멈추는 것을 우리는 루틴이라고 부르지 않는다. 반복하고 지속하며 속도감을 유지하면 자신도 모르게 원하는 루틴이 형성이 된다. 루틴을 형성하는 일은 일종의 '세뇌'이다. 우리의 뇌를 특정한 행동들을 하도록 세뇌시키는 것이다.

루틴은 마치 영어로 말하는 것과 같다. 우리가 외국인을 만나서 영어로 이야기하려고 할 때, 마음속으로 열심히 작문해서 말하려고 하면 이미 그 사람은 떠나가버린 다음이다. 그러나 우리가 영어를 못하더라도 모국어처럼 사용하려 애쓴다면 문법적으로 바르진 않더라도 뜻은 통하기에 외국인과 대화할 수 있다. 공부도 마찬가지다. 아무 생각없이 습관적으로 공부를 하고 있다면 공부가 우리의 모국어처럼 될 것이다. 주어진 삶을 잘 살아내기 위해서 가장 필요한 것 중의 하나는 바로 '공부 루틴'이다. 돌려막기로 피한다고 해서 피해지는 것이 아니다. 이왕 해야 할 것이라면 반복할 수 있고, 지속할 수 있고, 속도감 있는 공부 루틴을 만드는 것이 여러모로 가장 안전하고 효과적인 개인의 경쟁력이다.

놓칠 수 없는 아날로그 공부

유럽에서는 학생들이 스마트폰을 학교에 가져와서 사용할 수 있는 시기가 중학교 1학년 정도이다. 초등학교 때까지는 학교에 스마트폰을 가지고 오지 못한다. 그리고 학부모들도 중학생이 되기 전까지는 스마트폰을 사주지 않는다. 다만 초등학생이라 하더라도 스마트폰보다 화면이 큰 태블릿 PC는 사용하도록 한다. 물론 학습 목적이다. 태블릿 PC의 사용이 더 좋다라고까진 말할 수 없지만 작은 화면보단 큰 화면이 눈 건강의 측면에서도 좋고 스마트폰과 달리 인터넷 사용 등을 제한할 수 있어 중독되기 쉬운 SNS 등에 무의미하게 시간을 사용하게 하는 일을 어느 정도 방지할 수 있다.

미래학자이자 저널리스트인 니콜라스 카Nicolas Carr는 그의 저서 『생각하지 않는 사람들』에서 여러 정신의학자와 신경과학자의 연구를 인용해 "인터넷이 인간의 뇌 구조를 바꾸고 있다."고 했다. 인터넷을 잘 사용하지 않던 사람들이 5일 동안 하루 1시간씩만 인터넷 검색을 해도 거의 활동이 없던 외측 전전두엽 피질이 집중적인 활동을 하는 등 뇌의 회로가 재구성되는데, 이렇게 전전두엽 피질이 혹사당하면 이해력과 기억력이 저하된다는 것이다. 우리들은 사실 이미 어려서부터 스마트폰이나 컴퓨터와 같은 디지털 기기에 과도하게 노출되어 있다. 이런 기기들의 사용을 제한하는 것은 정보를 지식으로 전환하는 능력을 상실하지 않기 위한 우리가 할 수 있는 최소한의 통제인 것이다.

전자 시계는 명품이 되지 못한다. 전자 시계가 스위스 기계식 명품 시계보다 정확하지 않아서가 아니다. 결정적 이유는 전자 시계에는 장인의 흔적이 담길 수 없기 때문이다. 전자 시계나 스마트 워치가 기능적으로는 완벽하거나 오히려 더 편리하다. 기계식 명품시계들은 오히려 5년에 한번씩은 튜닝을 받아야 될 뿐더러 튜닝 받을 때마다 시계 가격의 5~15%가 비용으로 들어간다. 공부가 명품이 되는 과정도 비슷하다. 공부의 모든 과정이 디지털식으로 행해지는 것은 자칫 우리의 공부가 전자시계 찍어내는 과정과 비슷해질 가능성이 많다. 디지털식 공부는 생각이 자랄 틈을 주지 않는다. 그렇기에 우리는 아날로그적인 공부를 챙겨서 해야 한다. 아날로그 공부의 핵심은 종이책, 공책, 연필을 도구로 쓰는 것이다. 사실 현대적이지도 현실적이지도 않다. 아날로그 공부를 현실적으로 적용하는 방법은 생각을 스케치하고 드래프트 하는 과정에 공책과 연필을 꼭 사용하는 것이다. 또한 공부의 마지막 단계에서도 공책에 연필로 정리하는 것으로 마무리하는 것이다. 그 내용은 공부한 지식에 대한 요약과 자신의 해석이다. 공책은 밭이고 공책 위에 쓰이고 그려진 것은 밭에 뿌려진 씨앗이다. 공책에 내용을 정리를 해놓았다가 디지털화하는 데에는 물론 시간이 이중으로 소요되기는 하지만 분명 그만큼 시간을 사용할 가치가 있다. 공책에 정리해놓은 것들은 다시 볼 때 새로운 생각을 불러오기도 하고 모호했던 부분을 다시 구체화해나가는 작업을 시작할 수 있는 시간이기 때문이다. 한쪽에는 공책을 펴놓고 다른 한쪽에는 노트북을 펴놓고 양쪽을 오가며 하는 공부가 가장 현실적인 살아있는 공부이다.

공부가 안될 때는 단 5분만

> 나는 생각한다: 어쩌면 너는 한 번도 살지도 공부하지도 사랑하지도 믿지도 않았겠구나.(왜냐하면 이것들은 전부, 전혀 안 하면서도 하는 게 가능하니까)
>
> - 페르난두 페소아Fernando Pessoa

가장 많이 생각하면서도 가장 안 할 수 있는 것이 공부다. 포르투갈의 모더니즘을 이끈 대표 시인인 페르난두 페소아는 셰익스피어나 괴테와 더불어 서양 문학사상 가장 위대한 작가 중 한 명으로 꼽히곤 한다. 그는 공부하는 일을 살아가는 일, 사랑하는 일, 믿는 일과 동일 수준의 위계를 가진 중요한 일이라 생각했다. 삶의 대부분을 차지할 정도로 가장 중요할 수 있는 이 일들 앞에서 우리가 저지를 수 있는 가장 심각한 어리석음 중 하나는 늘 그것들을 생각하지만 전혀 안 하는 것이다.

후회없이 하루하루를 살아가기란 쉽지 않다. 아침 일찍 야심차게 하루를 계획하고 시작하지만 하루를 꼬이게 만드는 일들이 생길 수 있다. 이는 어떤 예기치 않은 사건일수도 있고, 다시 발동해버린 자신의 게으름일 수도 있다. 이런 일이 생기면 심기일전을 위해 감정적인 상황을 청소하는 시간이 필요할 수 있다. 다만 이 시간이 길어지면 안된다. 이 후회와 자책의 시간은 짧을수록 좋다. 자신이 더 훈련된 사람이라는 뜻은 이 청소 시간이 짧은 사람이라는 뜻이다. 후회될만한 시간을 메꾸는 가장 좋은 방법은 항상 강조하지만 해야 할 일을 빨리 시작하는 것이다. 일단 행동으로 시작하고 감정이 따라오게 만들어야 한다. 감정에 의존해서 동기부여를 받는 공부는 위험하다. 우리는 동기부여라는 말을 생각할 때 어떤 '뜨거움'을 생각할지 모른다. 그런데 모든 동기부여가 항상 뜨거움을 가져오는 것은 아니다. 우리는 '차가움'에 의해서도 동기부여를 받을 수 있다. 따라서 우리는 감정에 대한 의존도를 낮추고 이성에 대한 의존도를 높여야 한다.

해야 할 공부가 많아 머릿속이 복잡하고 마음이 눌려 있을 때 가장 좋은 처방 중의 하나는 복잡한 머릿속으로 들어가거나 눌려 있는 마음속으로 들어가는 일이 아니다. 그럴 때는 오히려 딱 5분만 공부하고 나머지 시간은 놀겠다는 생각으로 5분 동안 해야 할 공부를 하는 것이다. 5분 동안 행동하는 것은 그 5분만 할지언정 여러 변화를 몰고 올 가능성이 높다. 일단은 공부에 대한 막연한 두려움이 사라진다. 막연함에 대한 최고의 대응은 등불을 가지고 그 막연한 어둠 속을 비추며 몇 발짝을 들어가 보는 것이다. 5분 동안이나마 해야 할 공부를 해버리는 것은 이 등불을 들고 몇 발짝을 들어가 버리는 것과 같다.

이 행동은 성취감을 미리 맛보게 만들 수 있다. 머릿속으로 생각만 할 때 느끼는 감정과 생각한 것을 짧은 시간이라도 실행하면서 느끼는 감정은 다르다. 머릿속으로 생각하는 것을 폄하하는 것은 아니다. 인간이 가진 지능의 가장 멋진 부분 중의 하나는 생각하고 상상하는 능력이다. 단, 생각하는 일이 빛을 보려면 그 생각을 행동으로 구현하는 일과 자주 교류해야 한다. 머릿속으로만 생각하면서 얻는 것은 어떤 만족감일 수 있지만 행동하면서 얻는 것은 성취의 단면을 직접 맛보게 만든다.

그리고 5분 동안 해야 할 공부를 바로 해버리는 일은 '몰입'으로 가는 문을 여는 것과 같다. 어릴 적 읽었던 「알리바바와 40인의 도둑」 동화에 나오는 '열려라 참깨'라는 주문이 있는데, 도둑들이 보물을 숨겨둔 동굴 문 앞에서

이 주문을 외치면 동굴 문이 열린다. 공부를 잘되게 만드는 이런 주문이 있으면 좋겠지만 애석하게도 그런 것은 없다. 공부가 잘되는 '몰입'의 문을 열어주는 가장 현실적이고 실용적인 주문은 딱 5분 동안만 집중해서 공부를 해보는 것이다. 조던 피터슨은 어떻게 하면 자신이 공부할 수 있도록 동기부여를 할 수 있느냐는 질문에 대해 "하루에 8시간 공부하겠다는 계획은 어차피 못할 것이므로 애초에 세우지 말고, 하루에 5분 공부할 수 있는지를 실험해보고 그 다음에 10분 공부할 수 있는지 실험해보고 그 다음에 30분 공부할 수 있는지 실험해보라."고 했다. 그리고 그 시간 동안 공부가 가능하도록 나를 동기부여하는 요인이 무엇인지 숙고해보라고 했다. 아주 작은 단위로 실제 공부를 시작하는 것만이 가장 효과적이고 지속적으로 동기를 발견하게 한다.

다음 장에서는 독학력 강화를 위해 개인적으로 실천해보고 있는 몇 가지 방법론들을 공유해보려고 한다. 이 중에 자신이 가장 쉽게 실천할 수 있는 것들을 한두 가지만 선택해서 시작점으로 삼아보기를 권하고 싶다.

11 독학력 강화를 위한 11가지 전술

전술 1 - 목차만 잘봐도 책 내용의 절반을 파악할 수 있다

어떤 책을 읽기 시작할 때 가장 먼저 하는 일이 있다. 책의 표지와 목차를 살펴보면서 이 책이 무슨 이야기를 하고 싶은지를 파악하는 일이다. 개인적으로 이런 과정을 '적극적 목차보기'라고 명명했는데, 이는 나무가 아닌 숲을 보는 과정이다. 이 책이 영역으로 삼고 있는 대지의 크기를 파악하고, 각 챕터별로 어떤 경계와 접점을 만들어 이야기를 구성했는지를 살펴보는 것이다.

책을 쓰는 저자의 입장에서 생각해보면 책을 쓰면서 자신의 생각을 정리하고 구조화하는 과정에서 목차 구성에 신경을 가장 많이 쓰게 된다. 따라서 잘 쓰여진 책일수록 목차를 통해서 책 내용을 가늠하기가 쉽다. 어떤 분야를 공부하기로 마음을 정하고 관련 분야 책을 찾아볼 때 여러 책들의 목차를 보게 되는데 이 과정만으로도 여러 권의 책 중 어떤 책을 선택할지 기준을 세울 수 있을 뿐 아니라 해당 분야에 대한 정보와 지식이 상당 부분 쌓이게 된다. 적극적 목차보기를 실천하며 내용을 예상해보고, 생기는 궁금증들이 무엇인지를 정리하는 과정은 정해진 주제에 대한 수동적 배움이 아니라 능동적 연구를 가능하도록 한다. 적극적 목차보기를 하다 보면 책을 목차의 순서대로 읽지 않게 되기도 한다. 호기심을 불러 일으키는 목차로 바로 직진하기도 하고, 떠오르는 질문들의 답을 찾기 위해 책을 여기저기 뒤적이기도 한다. 책의 목차를 가지고 하는 일들을 요약해 보면 다음과 같다.

— 이 책이 영역으로 삼고 있는 대지의 크기 파악

— 이 책의 각 장이나 챕터가 다른 대지와 어떤 경계를 형성하고 무슨 관계를 형성하고 있는지 파악

— 책의 스토리텔링(플로우, 공간이동, 논리이동, 시간의 흐름, 주제의 흐름, 공간적 접근 등) 방식 파악

— 챕터별 소제목으로 핵심 메시지 사전 파악

— 결론부터 볼지, 앞에서부터 순서대로 볼지, 중간중간 발췌만 해서 볼지 파악

— 다양한 책들 중 읽을만한 가치가 있는 책인지를 판단

— 나의 현재 생활이나 삶에 어떤 영역과 맞닿아 있는지 추측

알베르트 아인슈타인Albert Einstein은 "내가 어떤 문제를 해결하는 데 10시간이 주어졌다면 나는 그 문제를 정의하는 데 9시간을 쓰겠다."고 했다. '적극적 목차보기'는 문제를 정의하는 과정에서 핵심적 역할을 한다. 그리고 다른 방식과는 비교할 수 없는 효율성을 가져다준다.

전술 2 - 표와 그림만 골라서 본다

봐야할 자료들이 산더미처럼 많다면 어떻게 해야 할까. 이럴 때는 자료들 안에 있는 표와 그림만 보면서 넘어가는 것이 큰 도움이 될 수 있다. 자료들을 쓰거나 만드는 사람들 입장에서 보면 어떤 내용들을 표와 그림으로 표현할까 생각해보자.

— 중요한 핵심 내용
— 글만으로 그 복잡성과 원리를 충분히 설명할 수 없는 경우
— 비교하거나 대조하는 경우
— 프로세스나 순서를 효과적으로 설명해야 하는 경우
— 글보다는 이미지로 더욱 강한 메시지를 전달할 수 있는 경우

우리가 보는 자료들을 보면 위와 같은 경우에 표와 그림들을 사용한다. 즉,

바쁘면 표와 그림들만 보면서 자료를 넘겨가도 핵심적인 내용을 파악하는 데 큰 어려움이 없다는 것을 뜻한다. 개인적으로 인공지능을 공부하면서 수백여 편의 논문들을 단기간에 섭렵하고 좋은 강의자료들을 구성해나갈 때 이 방법은 정말 효과적이었다. 논문 전체를 읽지 않고, 논문의 초록 부분을 읽은 후에, 논문 안에 있는 주요 표와 그림만 보면서 논문이 무슨 내용인지를 전반적으로 파악할 수 있는 경우들이 많았다. 이 방식은 서점에 가서 관심 주제 분야의 책들을 탐험하거나 사고 싶은 책을 사러 갔다가 최종 구매 결정을 하기 전에 적용할 수 있다. 책의 목차 정도를 훑어보고, 책을 쭉 넘기면서 도표와 그림들을 본다. 특히 관심 주제 분야의 책들을 탐험할 때는 책 10권 정도를 같은 방식으로 읽으면 해당 분야에 대한 전반적인 이해와 쟁점 사항들도 자연스럽게 정리가 된다.

전술 3 - 공부 중에 생기는 질문들을 따로 특별 관리한다

어떤 주제에 대해 공부하다 보면 자연스럽게 질문이 생긴다. 만약 책을 읽으면서 생긴 질문들에 대해 그 책이 설명을 충분히 못 해준다면 질문들을 잘 정리해 적어두는 것이 좋다. 책이 아니라 다른 매체를 통해 공부할 때도 마찬가지다. 그런데 특정 기술을 이해하는 데 있어서 '왜 질문인가'라는 의문을 가질 수도 있다. 모두들 경험이 있겠지만, 학교에서 수업을 듣고 난 뒤 질문이 없는 경우는 다음과 같은 정도일 것 같다.

— 해당 주제에 관심이 없다.

— 본인이 무엇을 모르는지 모른다.

— 학습 의지가 없다.

— 모두 이해했다.

그런데 문제는 마지막처럼 '모두 이해했기 때문에' 질문이 없는 경우는 거의 없다는 점이다. 혹 주어진 부분에 대해 충분히 이해를 하게 된다 하더라도 그 다음 단계에 대한 질문들이 오히려 많아진다.

질문하는 것은 인간이 가진 가장 적극적인 지적 행위라고 생각한다. 인간의 뇌에서는 해당 정보를 검토하고 소화하는 과정을 거치고 스스로 피드백한 뒤 이해되지 않는 부분들에 대해 질문을 하게 된다. 그렇기에 질문은 공부에 있어서 엑기스와 같은 것이다. 우리의 지적 행위인 질문은 인공지능 영역에도 적용된다. 인공지능의 '끝판왕'은 스스로 질문하고 답을 찾아가는 기계일 가능성이 높다고 생각한다. 이 수준부터는 인간이 기계를 두려워해야 하는 때이다. 다행히도 현재 수준의 인공지능은 인간이 만든 질문에 자기 방식으로 답하는 수준이다.

아우구스티누스Augustinus는 그의 책 『고백록』에서 "시간이란 무엇인가? 아무도 내게 묻지 않을 때는 알 것 같다가도 막상 묻는 자가 있어서 설명하려고 하면 나는 알 수 없습니다." 라고 말했다. 우리는 질문하기 전에 우리가 그것에 대해 정말 알고 있는 것인지 가늠할 수 없다. 아우구스티누스는 '시간'이라는 주제에 대해 철학적으로 사유하기 위해 '시간이란 무엇인가'라는 질문을 던졌고, 그것에 대한 답이 정말로 어려운 것이라는 것을 깨달았다. 그런데 비단 '시간'에 관한 것만 그럴까. 믿음, 소망, 사랑 등과 같은 추상적 개념들도 막상 그것이 무엇이냐는 질문에 대해 답하기가 쉽지 않을 뿐만 아니라, 우리가 과학의 발달로 이미 다 알고 있을 것 같은 내용들도 막상 구체적으로 들어가면 아는 것보다 모르는 것이 더욱 많다. 인공지능, 유전자 공학, 우주 공학 등 최첨단 과학들은 우리가 대부분의 것을 알고 있고 일부만 모르는 것이라고 우리를 착각하게 만들 수 있다. 하지만 우리는 세상의 극히 일부만 알고 있고 대부분의 일은 모르고 있다. 따라서 우리는 더욱 질문해야 하고, 그 질문들을 특별하게 관리할 수 있어야 한다.

전술 4 - 리처드 파인만 따라하기: 공부한 것을 쉬운 언어로 설명한다

대학에서 인공지능을 가르치는 일을 하게 되었을 때 강의 준비를 하면서 가장 신경을 쓴 부분은 '쉬운 말'로 설명하는 일이었다. 인공지능이 컴퓨터 공학의 한 분야라는 특성상 온갖 딱딱한 말과 수학적 논리들이 가득한 과목이었다. 강의 준비를 하면서 스스로가 충분히 이해를 했는지 못했는지를 가늠하는 기준은 내가 이것을 초등학생도 알아들을 수 있는 언어로 설명할 수 있느냐는 것이었다.(초등학생을 무시하는 말이 아님을 밝혀둔다. 요즘 초등학생들의 사고 능력은 정말 대단하다) 이 목표를 가지고 강의를 준비하고 가르치는 과정을 통해서 큰 유익을 얻은 것은 학생들뿐만 아니라 바로 나 자신이었다. 내가 공부한 것을 쉬운 언어로 재가공하고 재해석해서 가르치는 과정은 자연스럽게 인공지능에 대한 나의 이해력을 월등하게 높여주었다. 노벨물리학상을 수상한 세계적 물리학자 리처드 파인만이 주창한 공부법의 핵심이 바로 이것이다. 공부하고 가르쳐보고, 가르쳐보고 다시 공부하면서 쉬운 말로 재정리하는 것이다.

나의 인공지능에 대한 수업은 '개와 고양이를 구분하는 방법'으로 시작을 한다. 한국도 마찬가지지만 싱가포르나 영국에서는 개나 고양이 등 반려동물이 중요한 가족 구성원이다. 그렇기에 인공지능이라는 딱딱한 과목을 어디서 시작할까 고민해보다가 '개'와 '고양이'를 소재로 시작을 하면 쉬운 언어로 개념을 설명하기 좋겠다는 생각이 들었다.(8장의 '개와 고양이를 구분하는 방법' 참고) 다행히 이 방법은 인공지능과 컴퓨터 공학에 대한 사전지식이 없는 학생들에게 이 개념을 쉽게 이해하는 데 큰 도움이 되었다. 자신이 공부한 것을 다른 사람들에게 가르쳐보는 것은 공부의 효과를 극대화하는 최고의 행위 중 하나이다. 가르치는 행위 자체가 내용을 공부하고, 생각을 정리하고, 재구축하고, 말하고, 쓰고, 설명하는 등 학습에 관한 모든 핵심적인 기능을 총망라하고 있기 때문이다. 쉽게 설명하는 과정이 중요한 이유는 이 과정을 통해서 내가 이해한 것과 이해하지 못한 것, 공부가 더 필요한 것과 더 이상 공부가 필요하지 않은 것, 창의적인 것과 창의적이지 않은 것이 구분되기 때문이다.

이런 방식으로 준비된 나의 강의가 끝나면 역으로 내가 학생들에게 그날 배운 것에 대해서 자신만의 언어로 요약해 설명하는 것을 발표하도록 했다. 그리고 발표를 준비할 때 당일 수업에서 나의 강의 발표 자료에 나온 핵심 단어들을 사용하지 않을 것을 규칙으로 정했다. 발표를 하는 학생당 보통 1분 30초 정도의 시간을 주었는데, 이 또한 학생들이 그날 배운 내용을 소화하는 핵심적인 시간이었다. 한 학생은 인공지능 알고리즘을 훈련시키는 과정을 자신만의 언어로 정의하라는 요청에 대해 다음과 같이 말했다. "제가 저희 강아지에게 집안 내에서 배변을 해도 되는 곳과 절대 해서는 안되는 곳을 반복적으로 가르치는 것과 같습니다." 강의가 끝나갈 무렵 기말 과제를 냈는데 그 주제는 각자 생각한 창의적인 아이디어를 소개하고 이를 인공지능을 활용해 구현하는 방법에 대해 프리젠테이션 하는 것이었다. 이것 역시 자신들의 아이디어를 설명할 때 강의 과정 중에 배웠던 컴퓨터 공학의 단어들을 가급적 사용하지 않도록 했다. 학생들은 설명과 토론하는 과정을 통해서 자신의 아이디어가 필요한 것인지 불필요한 것인지, 현실적인 것인지 비현실적인 것인지, 그리고 실현할 수 있는 것인지 없는 것인지를 자연스럽게 배우며, 공부한 내용에 대한 이해도를 높일 수 있었다.

전술 5 - 지적 공부와 육체적 운동을 섞어라

대학 입시 위주의 학습 환경이 우리에게 잘못 심어놓은 선입견 중의 하나는 지적인 공부와 육체적 운동이 서로 도움이 되지 않는 관계라는 것이다. 미국이나 영국 등 선진국에서 체육 등 예체능 교육을 강화하는 추세와는 다르게 우리는 국어, 영어, 수학 과목의 보강을 위해서 체육 시간을 희생하는 것을 당연시해왔다.

일리노이주립대학교의 찰스 힐먼C.H. Hillman은 운동과 시험 성적에 대한 흥미로운 실험[60]을 했는데, 그 실험을 통해서 러닝머신 위에서 뛰는 것 같은 육체적 운동 후에 시험을 보게 한 아이들이 휴식을 취한 후에 시험을 본 아이들보다 시험 성적이 더 우수했다는 것을 입증했다. 20분 동안 휴식을 취한 사람과 20분 동안 걸은 사람의 뇌 활성화 정도에도 차이가 있었는데 20분 동안 걷기를 한 사람이 20분 동안 휴식을 취한 사람보다 뇌 활성화 정도가 좋고 시험과 모든 지적 활동의 성적이 우수했다.

따라서 공부를 하다가 막히거나 지루해지면, 잠을 자는 것보다는 가벼운

60 Charles H. Hillman, Matthew B. Pontifex, Lauren B. Raine, Darla M. Castelli, Eric E. Hall, and Arthur F. Kramer 「The effect of acute treadmill walking on cognitive control and academic achievement in preadolescent children」 『Neuroscience』 2009 Mar 31; 159(3): 1044-1054.

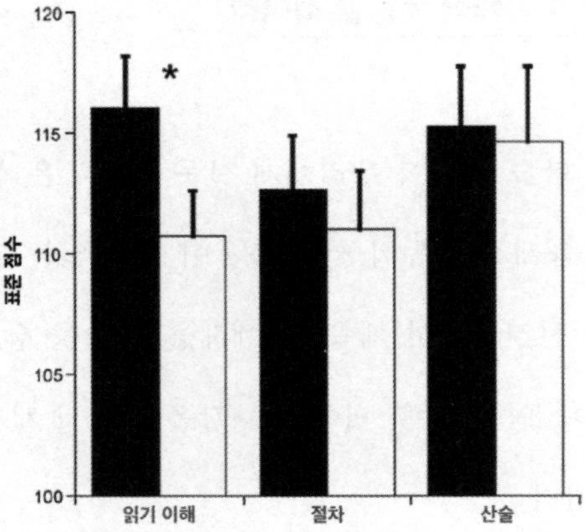

운동 후(검정색)와 휴식 후(흰색)의 성적 평균 비교

산책이나 운동을 하는 것이 더 도움이 된다. 운동은 우리의 공부 시간을 뺏거나 몸을 지치게 해서 공부를 못하게 하는 부정적인 요소가 아니다.

독일의 철학자인 프레드리히 니체Friedrich Nietzsche는 "모든 진실로 위대한 생각들은 산책할 때 나온다."고 했다. 하버드대학교 의과대학의 한 연구에 따르면 규칙적으로 걷는 것만으로도 뇌의 활동을 개선할 수 있고, 인지 능력이 줄어드는 리스크를 줄일 수 있다고 한다. 또한 운동은 뇌로 유입되는 혈류량을 늘려 뇌의 활성화도를 높인다 이처럼 운동이 지능을 강화시키는 것은 이미 입증된 과학이다. 공부를 하다가 어딘가에서 막힐 때는 휴식을 위해서 침대로 들어갈 것이 아니라 가벼운 산책을 위해 밖으로 나가야 한다. 영국 버진 그룹의 창업자인 리처드 브랜슨Richard Branson은 생산적인 하루를 보내기 위해 가장 먼저 하는 일이 운동이다. 애플 최고경영자인 팀 쿡Tim

Cook도 아침에 일어나서 가장 먼저 향하는 곳이 헬스장이라고 한다. 글로벌 기업을 운영하며 그 누구보다 바쁜 일상을 보내고 있는 이들도 일상에 운동을 포함시키고 있다는 사실은 바빠서 운동을 못 한다는 이들에게 더 이상 변명할 거리를 제공하지 않는다.

개인적으로도 스트레스를 받거나 정신적으로 침체기에 있을 때는 운동량을 늘리거나 운동을 꼭 하지 않더라도 헬스장에 머무르는 시간을 늘린다. 그러면 신기하게도 스트레스가 풀리고 정신적으로 에너지가 생겨나는 것을 확인할 수 있었다. 우리는 스트레스가 많거나 힘든 일이 있을 때 동굴로 숨고 싶은 순간이 있다. 힘들다고 동굴 깊이 들어간다면 빛을 찾을 수가 없다. 따라서 우리는 깊이 들어가기보다는 동굴의 입구에 앉아서라도 활동하는 사람들을 지켜보며 회복 시간을 가지는 것이 필요하다.

전술 6 - 18분 집중 공부, 2분 휴식을 반복한다

공부를 할 때 가장 좋은 것은 시간가는 줄 모르고 집중해서 공부하는 것이다. 시간의 흐름마저도 인식하지 못하고 공부하고 있는 주제에 푹 빠져 있는 상태를 가급적 오랜 시간 유지할 수 있다면 가장 이상적이다. 그런데 오늘날 우리들의 실상은 그렇지 않다. 공부에 몰입할만하면 스마트폰에서 SNS나 각종 푸시 메시지부터 들어오는 전화까지 알람이 끝이 없다. 사실 지금 응답하지 않아도 별 상관없는 메시지들인데 이 지속적인 알람들은 그렇지 않아도 공부하기 싫은 마음에 최상의 핑계를 가져다준다. 가장 좋은 것은 스마트폰을 무음으로 해놓고 안보이는 곳에 놓고 공부하면 되겠지만 이것 또한 쉽지 않을 때도 많다.

경영컨설팅사인 맥킨지McKinsey의 조사에 따르면, 사무직 근로자들은 업무 시간의 28%를 인터넷 이메일 확인에 쓴다. 이메일의 경우 15분에 한 번씩, 하루에 30~40번 확인하는 것으로 조사됐다. 관련 리서치 조사 결과들을 좀 더 들여다보면 다음과 같다.

— 근무 시간 중 한 시간에 평균 11번 이메일을 확인한다.
— 직장인들의 84%는 업무 시간 중에 이메일을 항상 열어둔다.
— 직장인들의 64%는 새로운 이메일의 알람을 설정해둔다.
— 받는 이메일들의 70%는 받자마자 6초 안에 열어 본다.

더 큰 문제는 이메일 때문에 집중력을 잃게 되었을 때 다시 해야 하는 일에 집중력을 발휘하기까지 약 25분의 시간이 소요된다는 점이다. 이메일이라는 하나의 도구가 우리의 일상에 간섭하는 시간을 분석해봐도 이 정도인데, 여기에 인터넷 검색, 전화, 유튜브 및 SNS들의 '방해'를 따져보면, 우리들의 일상은 사실상 집중력을 발휘하기 불가능한 환경임에 틀림없다. 이런 환경에서 집중력을 발휘하기 위해 해야 하는 가장 큰 숙제는 일상의 가장 강력한 필수품이 되어 버린 스마트폰, PC 등 전자기기들과의 일시적 단절을 반복적으로 실천하는 것뿐이다.

일상의 한 가운데서 집중력을 발휘해 공부를 해야 할 때 가장 실용적인 방법 중의 하나는 18분 동안 집중해서 공부하고, 2분 동안 휴식하는 것을 반복하는 것이다. 18분 동안 집중해서 공부할 때 가장 큰 원칙은 스마트폰을 격리시키는 것이다. 스마트폰이나 태블릿을 손에 닿지 않는 거리에 두면 '혹시나 메시지가 왔는지 확인하려고' 무의식적으로 들여다보는 일도 줄어든다. 이를 위해 초기에 내가 가장 많이 사용하는 방법 중 하나는 스마트폰, 노트북, 태블릿을 넣어두는 가방을 패스워드 락이 걸려있는 열쇠를 활용하여 잠궈두는 것이다. 18분 공부가 끝나면 2분 정도 메시지를 확인하는 등 하고 싶은 일을 할 수 있다. 18분 동안 집중해서 공부하는 것의 가장 큰 장점은 머릿속이나 마음속을 차지하고 있는 여러 가지 일들을 잠시 미뤄두고 안심하고 집중해서 공부할 수 있는 시간의 길이라는 점이다. 개인적으로 60분, 30분 등 여러 시간 단위로 실험을 해보며 집중 공부 시간을 확보해보니, 18분이라는 시간이 짧지도 않고 길지도 않게 분주한 하루 일과 속에서도 안심하고 집중할 수 있는 목표 시간인 것을 확인했다. 18분으로 타이머를 맞춰두고 이 시간만큼은 외부에서 들어오는 온갖 종류의 메시지들과 단절한 채 해야 하는 공부에 집중한다. 18분 공부 후에도 더 집중해서 공부하고 싶은 마음이 들면 다시 18분을 맞춰두고 공부를 시작한다. 이 일을 서너 번 반복하면 1시간이 넘도록 무언가를 집중해서 하고 있는 자신을 발견할 수 있을 것이다.

전술 7 - 시작선과 결승선을 명확하게 정한다

새로운 분야에 대한 독학을 하기 시작할 때는 자신과 해야 하는 약속이 있다. 바로 시작선과 결승선을 명확하게 정해두는 것이다. 자신이 주인이 되어 공부를 해나갈 때에는 이 부분이 불명확하면 목적의식을 흐리게 하고 학습 계획을 제대로 세울 수 없게 된다. 독학에 있어 시작선이 중요한지 결승선이 중요한지 묻는다면 결승선이 더 중요하다고 말할 수 있다. '시작'은 우리 스스로가 의도하지 않게 되는 경우가 많기 때문이다. 여러 독서와 대화들을 통해서 흥미있는 분야를 만나게 되고 자료를 찾아가게 되다 보면 명확한 시작점은 없었지만 이미 공부는 시작된 것이다. 어디서 어떻게 시작되었는지는 모르지만 이미 걷기 시작했다면 우리는 이제 결승선을 정해두어야 한다. 결승선이 있어야 지치지 않는다. 결승선을 정하는 방식은 몇 가지가 있다.

— 시간과 기간을 정해두는 방식: 앞으로 4주간 매일 60분씩 해당 분야를 공부

— 공부해야 할 학습 자료나 책을 정해두는 방식: 정해진 책을 완독하면 마무리

— 자격증 등 테스트 합격 여부: 토익 시험 점수 목표, 자격증 시험 통과 여부

— 자의적 목표를 정하는 방식: 커뮤니티에서 관련 강의를 5번 하는 것

우리의 공부는 끝이 없다. 학습하는 분야에 대해 모두 알게 되어서 공부가 끝나는 것이 아니다. 그외에도 공부할만한 것들이 너무나 많은 세상이기 때문이다. 특정 분야에 대한 공식적 전문가가 되는 박사 학위를 마친다면 우리는 그 분야에 대해 모두 혹은 충분히 알고 있다고 말할 수 있을까. 그렇지 않다. 오히려 그 분야에 대한 제대로 된 공부와 연구의 시작이라는 의미가 더욱 강하다. 미국과 영국은 교육 문화와 제도 측면에서 상당히 닮아 있지만 '학위'라는 것에 대한 접근 방식에 차이가 있다. 석사나 박사 학위 수여에 있어서 미국이 그 기간과 수여 조건에 대해서 영국보다 더 까다로운 경우들이 많다. 특히 박사 학위의 경우 미국 대학들은 학위 논문 자체에 더 많은 기준을 부과하는 반면 영국 대학들은 그 기간도 다소 짧고(영국 잉글랜드에서는 대학교 학사 기간이 3년이고 석사는 일반적으로 1년이다) 최대 요건보다는 최소 요건을 요구하는 경우가 많다. 그 이유는 영국에서의 박사 학위라는 것의 의미는 자신의 학문 분야에 대한 학문적 공헌 수준을

입증하는 것이기보다 내가 해당 분야를 제대로 공부할 준비가 되었다는 것을 입증하는 데 초점을 두기 때문이다.

어차피 어떤 분야의 공부든 정해진 끝은 없기 때문에 우리 각자는 '자의적' 결승선을 통과하고 다음 주제로 넘어가면 된다. 지금까지 우리는 자의적 결승선보다는 타인들이 지정해주는 결승선을 절대시하고 그것이 더욱 객관적이라고 생각해왔다. 오늘날 우리에게 타의적 결승선은 물론 중요하지만 내재적 동기를 부여하고 공부하는 분야의 다양성을 넓히면서 지속적인 성과를 내는 것에 있어 자의적 결승선 역시 반드시 필요하다.

전술 8 - 키워드 위주로 노트한다

무엇인가가 떠올랐을 때 그것을 잡아두는 첫 번째 일은 기록하는 일이다. 영감은 연기와 같다. 놓친 것을 다시 만나기를 원하지만 의도한다고 같은 연기를 다시 피워낼 수도 없다. 그런데 강의를 듣거나 책을 읽다 보면 어느 정도 자세하게 노트를 해둬야 할지 갈등을 겪을 수 있다. 너무 자세하게 노트해두자니 흐름이 끊기고 자세하게 적어두지 않자니 나중에 기억이 안나서 노트의 의도를 정확하게 파악하지 못할까 고민을 한다. 그런데 필자가 권하는 방식은 '키워드' 위주로 간략하게 노트를 하는 것이다. 강의를 듣거나 책을 읽는 것에 있어서 중요한 것은 '흐름'이다. 경험상, 중요하다고 생각해서 구체적으로 혹은 들리거나 읽는 내용을 문장 단위로 자세하게 노트해두려는 시도는 얻는 것보다 잃는 것이 많다. 대부분의 중요한 내용들은 나중에 반드시 반복이 된다. 만약 반복이 되지 않는다면 그것은 중요하지 않은 것일 가능성이 높다.

독학으로 인공지능을 공부하면서 가장 중요하다고 생각되는 아카데믹 논문 100여 편 이상을 선택했다. 그리고 읽어나가면서 중요하다고 생각되는 내용은 키워드 중심으로 노트하고, 흐름을 잃지 않는다는 목표로 논문들을 학습해나갔다. 나중에 키워드만 보고는 무슨 고민을 했었는지 다 기억이 안 날지도 모른다고 걱정했지만 막상 키워드 노트를 다시 볼 때는 신기하게도 어떤 생각을 하며 해당 키워드를 적었는지 모두 기억이 났다. 그래서 무언가를 읽을 때는 흐름을 잃지 않도록 키워드만 노트하고 다 읽은 뒤에는 키워드 노트를 다시 펴서 그 키워드 옆에 생각을 덧붙이며 정리해나가는 과정들을 반복했다. 그리고 이런 덧붙이는 과정에서 한 가지 팁은 그 덧붙임이 반드시 문자일 필요는 없다는 것이다. 때로는 화살표, 도표, 그림 등이 더 효과적인 경우가 많다. 특히나 키워드 간의 관련성을 노트해두어야 할 때는 이 방식이 더욱 효과가 있었다. 기억이 잘 나지 않으면 다시 논문을 뒤적이면서 해당 부분을 다시 읽는 과정 또한 의도치 않는 복습 효과를 가져다주었다.

특히나 유튜브 등을 통해서 강의를 들을 때는 더욱 그 흐름을 놓치지 않도록 신경을 써야 한다. 그 강의가 영어로 진행되는 경우는 더욱 그러했다. 강의 내용이 중요해 보이고 노트해두는 것이 필수적인 것 같아 보여도 가급적 키워드를 한 단어 또는 최대 세 단어 이상 적지 않았다. 세 단어 이상을 노트하느라고 신경을 빼앗기는 순간 강의의 흐름을 놓칠 가능성이 많기 때문이다. 흐름을 놓치지 않고 보통 60분 정도의 강의를 쭉 들으면 키워드 수로는 보통 10개에서 15개 정도의 키워드들을 노트하게 되는데 강의를 모두 들은 후에 해당 키워드들을 보면서 어떤 내용이었는지 스스로 말하면서 스스로에게 가르치는 그 과정 가운데 키워드에 약간의 내용들을 더 덧붙이는 것은 정말 유용했다. 그리고 이때 노트해둔 키워드들이 나의 강의안의 구성과 내용들이 되었다. 키워드 위주로 노트할 때 스스로에게 각인시켜야 하는 전제같은 것이 있다.

— 미처 다 노트해두지 못해서 혹 중요한 내용을 놓치더라도 중요한 것일수록 뒤에서 다시 반복된다는 전제
— 내가 학습하면서 나 스스로 노트해둔 키워드가 가장 핵심적인 것이라는 자신감
— 키워드를 다시 보면 나의 뇌가 학습의 조각들을 기억하고 연결하고 재구성해낼 수 있다는 사실에 대한 동의

우리가 기록하는 것은 완벽할 수 없다. 완벽하려 해서도 안된다. 듣거나 보고 읽은 것의 단상 정도를 적어둔다고 생각하면 된다. 완전한 문장도 필요 없고 키워드를 끄적거리는 정도면 충분하다.

논문이나 동영상이 아닌 일반 책을 볼 때는, 책을 읽고 나서 책을 덮고 읽은 것을 키워드 위주로 스스로 요약 정리하고 그 다음에 읽은 책을 다시 펴보는 것이 실질적으로 많은 도움이 된다. 책에 형광펜이나 빨간펜으로 밑줄만 긋는 것은 공부한 내용을 장기 기억하는 데 큰 도움이 되지 않는다. 그 이유는 그 행위가 단순히 '인식 기억Recognition Memory'을 약간 더 편리하게 만들어 주는 것에 불과하기 때문이다. '기억'을 단련하기 위해서는 '회상 기억Recall Memory'을 연습해야 하는데 이 연습을 위한 가장 효과적인 방법이 바로 책을 덮고 읽은 것을 스스로 써보는 것이다.

전술 9 - 작은 소리를 내어 자기 귀에 들릴 정도로 읊조린다

히브리어 단어 중에 '하가הָגָה'는 '작은 소리를 내어 자기 입술로 자기 귀에 들릴 정도로 읊조리는 것'을 의미한다. 특히 성경에서는 이 단어가 '묵상'이라는 표현으로 자주 나온다. 오늘날 인간이 공부를 하면서 가장 사용하지 않고 그 효과성이 저평가되어 있는 것이 '입'이라고 생각한다. 영어 공부할 때를 생각해보자. 우리 공부의 대부분은 '눈'을 사용한다. 보면서 인식하며 읽는 것이다. 그 다음은 눈으로 보면서 동시에 귀로 듣는 것이다. 이 단계들이 지나면 그때서야 비로소 우리는 '입'을 사용해서 말하기를 배운다. 한국 영어 교육의 문제점은 '입'을 가장 나중에 사용하게 하는 교육 체계 때문이라 생각한다. 요즘은 많이 좋아졌겠지만 필자 세대에 영어 공부를 한 사람들은 영어를 대부분 '눈'으로 배웠다. 그래서 한국 사람들이 영어가 잘 안된다. 아이들이 언어를 배우는 과정을 관찰해보면 아이들은 언어를 '눈'으로 배우지 않는다. 아이들은 들리는 것을 '입'으로 따라하면서 언어를 배운다. 이렇듯 언어를 배우는 과정에서는 스스로에게 말을 많이 해야 한다. '자기 귀에 들릴 정도로'라는 말은 자기 자신이 가장 중요한 청중이라는 뜻이다. 배운 것을 남에게 적용하기 전에 자신에게 먼저 새기는 것이 필요하다. 이 원리는 우리가 독학을 할 때 필수적으로 적용해야 한다. 구체적으로 설명하자면 우리가 공부할 때 배운 내용들과 적어둔 키워드들을 읽으며 그것이 무엇을 의미하는지 스스로에게 설명하는 시간을 가져보는 것이다. 다른 사람에게 전달하기 전, 가장 먼저 스스로에게 설명하는 이 행위는 공부한 것을 체계적으로 정리해 볼 수 있도록 도와줄뿐 아니라 이미 자신의 언어로 정리를 해보았기 때문에 다른 사람에게 전달할 때도 훨씬 체계적이고 효과적으로 전달할 수 있는 복합적 유익을 가져온다.

전술 10 - 워밍업의 지혜

'본질'을 탐구하고자 하는 욕구가 생길 때면 한 번씩 집어드는 책이 있다. 바로 블레즈 파스칼Blaise Pascal의 『팡세』이다. '팡세Pensées' 는 '생각'이라는 뜻인데, 파스칼이 죽은 뒤인 1670년, 그의 유족과 친척들이 그의 글들을 모아 '종교 및 기타 주제에 대한 파스칼 씨의 생각'이라는 제목으로 펴낸 것이 팡세라는 이름으로 굳어졌다고 한다. 이 책을 읽을 때는 많이 읽을 생각을 하지 않는다. 대체로 반쪽 정도면 족하다. 파스칼이 했던 생각의 단상들을 모아 놓았기 때문에 정제되어 있는 내용은 아니다. 그런데 이 책을 반쪽만 생각하며 읽어도 생각의 방향이 '본질'을 향하게 하는 힘이 있다. 키에르케고르Kierkegaard는 "독서는 남의 생각을 빌어서 나의 생각을 만드는 과정이다." 고 했듯이 책이 필요한 순간은 생각이 필요한 때다. 책을 읽는다는 것은 단순히 눈에 비친 글자를 바라보는 것이 아니라, 머릿속에 자신만의 그림을 그려가는 일이다.

많은 작가들도 글쓰기에 착수하기 전에 아름다운 글 한 쪽을 읽는다고 한다. 예를 들어 미국의 사상가 겸 시인인 랄프 왈도 에머슨Ralph Waldo Emerson은 대체로 글쓰기 전에 플라톤의 책을 몇 쪽 읽었다고 한다. 나의 경우는 글을 쓰기 시작할 때나, 글을 써야하는데 안 써지는 경우에 무작정 인상깊게 읽었던 책 한 권을 펴놓고 책을 그대로 타이핑하기도 한다. 한 페이지 정도 타이핑을 하면 뇌와 마음이 반응하고 글을 쓰는 방향으로 적응하기 시작한다. 이런 워밍업의 핵심은 '흉내내기'이다. 잠시나마 다른 사람들의 글을 빌려 나도 따라 써보면서 흉내내보는 것이다. 어떤 행동을 할 수 있다는 것의 의미는 그런 행동을 할 수 있는 사람이 먼저 된다는 것이다. 이러한 흉내내기는 생각보다 효과가 크다. 사실 따지고 보면 우리가 '롤모델'이라 부르며 벤치마킹하는 것들도 결국 흉내내기 위함이다. 어린아이가 새로운 단어를 배우고 새로운 것들을 습득해가는 것들도 모두 흉내내기를 통해서 이루어진다. 흉내내기는 창의성이 없는 행동처럼 보이기도 하지만 우리가 어떤 것을 배울 때 가장 쉽게 취할 수 있는 방법이자 지혜이다.

스포츠 분야에서는 운동 성과를 높이기 위해서 이미지 트레이닝Image Training이라는 것을 많이 사용한다. 이것은 운동 기술을 제대로 습득하거나 기록을 향상시키기 위해서 머릿속에 그 운동이나 동작을 미리 그려 이미지를 형성하고 그 과정을 반복해보는 연습방법이다. 이런 과정 역시 워밍업의 과정이라 할 수 있다. 2002년 미국 클리블랜드 클리닉 연구진이 발표한 연구[61]에 따르면 운동 초보자들도 운동하면서 이 운동이 어떤 타겟 근육을 자극하기 위한 운동인지 영상을 기억한 뒤 해당 근육을 의식적으로 인지하면

61 Vinoth K Ranganathan, Vlodek Siemionow, Jing Z Liu, Vinod Sahgal, Guang H Yue, 「From mental power to muscle power-gaining strength by using the mind」, 『Neuropsychologia』. 2004; 42(7):944-56.

서 운동하려고 노력한다면 아무 생각없이 운동하는 것 대비 효율적으로 해당 근육을 성장시킬 수 있었다고 밝혔다. 즉 우리가 머릿속에서 반복하며 의식적으로 흉내를 내는 것이 결과를 극대화하는 데 큰 역할을 한다.

글을 쓰기 전 워밍업 용도의 책으로는 고전이 제격이다. 앞서 말했듯 파스칼의『팡세』와 같은 고전을 워밍업 용으로 읽을 때면 여러 생각과 감정들이 교차한다. 새로운 콘텐츠들이 날마다 수없이 발행되고 있고, 그것들을 읽고 소화하기도 힘든데 수백 년 전의 책을 집어드는 것이 무슨 의미가 있을까 하는 조급한 생각이 들지만 몇 장을 읽거나 필사하다 보면 우리의 뇌는 예열되기 시작하며 반응한다. 그 이유는 고전은 이미 오랫동안 우리가 현재에 만들어내는 콘텐츠들의 기반이자 원천이 되어 왔기 때문이다. 워밍업은 운동 전 부상 방지 등 다양한 목적으로 진행하는 가벼운 움직임이지만 정확한 자세로 해야 효과가 극대화된다. 지적 워밍업에 있어서 고전은 '정확한 자세'의 역할을 해줄 수 있다. 또한 이런 과정 속에서 그동안 잘 풀리지 않고 이해되지 않았던 부분들이 해결될 수 있는 실마리를 찾는 발견의 즐거움을 누리기도 한다.

전술 11 - 기존 루틴에 올라타서 공부 습관을 강화하라

스탠퍼드대학교의 행동설계연구소의 연구소장인 BJ 포그Brian Jeffrey FOGG가 쓴『습관의 디테일』에 따르면, 새로운 습관을 형성하는 데 가장 효과적인 전략 중의 하나가 '앵커Anchor 설정'이다. 앵커 설정이란 새로운 습관을 실행하도록 상기시킬 생활 속 기존 일과나 루틴을 말한다. 만약, 팔굽혀 펴기를 하고 싶은 이의 경우 '화장실을 다녀온' 후에(앵커 설정) '팔굽혀 펴기를 2회'(작은 행동)를 할 것이라고 설정하는 것이다. 개인적으로 이 방법을 공부 습관에 적용한 것은 큰 효과가 있었다. 나의 경우 '업무 관련 회의를 마친' 후에(앵커 설정) '책을 두 페이지 읽는'(작은 행동) 방식을 통해 일과 중에도 책을 틈틈이 읽는 습관을 형성하기 시작했다. 다른 예시를 들어본다면 다음과 같은 것들이다.

앵커 설정		작은 행동
BBC 뉴스를 본 후에	→	처음 들어본 영어 단어 하나를 찾아본다.
헬스장에서 사이클을 타면서	→	시청하려고 클립해두었던 동영상을 본다.
커피를 마신 후에는	→	하루 일과와 목표 진행상황을 점검한다.

이 방식은 이미 자신의 생활 루틴을 바꿀 필요없이 기존의 행동이나 일과 속에 자연스럽게 새로운 습관을 연계함으로써 거부감이나 저항감을 최소화하며 새로운 습관을 형성할 수가 있다. 단, 주의할 것은 새로운 습관이 기존 루틴들 사이에 부담없이 끼어들어갈 수 있어야 하기에 새로운 습관의 단위가 아주 작아야 한다는 점이다. 업무 관련 회의를 마친 후에 책을 두 페이지만 읽는 이유는 다음 일과에 부담을 주지 않고 새로운 습관을 짧게

라도 자주 실행하기 위해서이다. 만약에 책을 열 페이지를 읽는 목표를 세웠었다면 몇 번 해보다가 실패했을 것이다. 그리고 경험상 너무 많은 숫자의 앵커 설정은 오히려 집중력을 흐릴 가능성이 높기 때문에, 이런 방식을 적용하는 새로운 습관 형성은 최대 3~4개 이내가 적당하다.

이런 방식으로 나의 일상이나 공부에 긍정적인 영향을 미치는 새로운 작은 습관들을 기존 루틴에 끼워서 강화하고 확장해나가도록 하는 것은 하루 일과를 집중해서 소화하게 만들 수 있어 활력도를 높여준다. 뿐만 아니라 기존 일상의 생활 습관 중에 비효율적이고 나쁜 습관들을 차차 없앨 수 있는 효과를 가져온다. 나쁜 습관을 없애는 가장 좋은 방법은 나쁜 습관에 초점을 두고 없애기 위해 의지력을 쓰는 것이 아니라 좋은 습관에 초점을 두고 그것을 자주 실행하도록 하는 것이기 때문이다. 좋은 습관이 확장되고 지배력이 높아지면, 나쁜 습관은 자연스레 퇴출된다.

12 당신의 독학력을 어떻게 성과물로 만들어 낼 것인가

도발에 어떻게 반응할 것인가

『참깨와 백합 그리고 독서에 관하여』라는 흥미로운 책의 저자들인 존 러스킨John Ruskin과 마르셀 프루스트Marcel Proust는 "책들은 작가에게는 '결론'이지만 독자에게는 '도발'이다. 작가의 지혜가 끝나는 지점이 바로 독자의 지혜가 시작되는 지점이다. 우리는 작가가 답을 주기를 바라지만 그가 할 수 있는 것이란 단지 우리에게 욕망을 불어넣는 것뿐이다."[62]라는 통찰력있는 주장을 했다. 이미 문자화되어 책에 쓰여 있는 콘텐츠는 사실 '과거'이다. 쓰이는 순간 혹 어떤 형태로든 형상화되는 순간 그것들은 더 이상 새로운 것들이 아니다. 다만 '과거'라고 해서 가치적으로 평가 절하되는 것은 아니다. 오히려 쓰이고 형상화되었기에 그 가치가 보존되고 확장된다.

---

62 존 러스킨, 마르셀 프루이트 저, 유정화 이봉지 역(2018), 『참깨와 백합 그리고 독서에 관하여』, 민음사, 159p.

여기서 더 중요한 것은 작가가 던진 '도발'에 대한 우리의 반응이다. 우리의 반응은 새로운 것이고 현재 진행형이다. 도발했다는 것을 인지하는 것만으로는 아무런 결과도 만들어내지 못한다. 반드시 그 '도발'을 어떻게 우리 자신의 삶에서 구현해 낼지에 대한 심각한 고민이 우리 공부의 내용이 되어야 한다. 우리의 공부가 피상적으로 머무는 이유는 지식을 받아들이고 나서 그 지식이 주는 '결론'에만 머물러 있기 때문이다. 결론에만 머무르는 형태는 그 지식을 암기하거나 기억하는 것을 주목적으로 하게 된다. 아시아권에서 이루어지는 교육들을 보면 대부분 배운 것을 암기하게 하고 그것을 정확하게 암기했는지를 테스트하는 데 초점을 두고 있다. 그렇기에 우리는 책이 주는 결론이 우리에게 도발임을 인지하지 못하는 공부를 해온 셈이다.

작가의 결론이라는 것을 도발로 인지하는 형태의 공부는 여러 가지 모습으로 나타날 수 있다. 예를 들면, 추가적인 질문들이 생길 수도 있으며, 책 밖으로 그 지식을 끄집어내어서 내가 처한 현실에서 적용하고 응용할 구체적인 것들을 발견할 수도 있다. 또한 그 책이 던져준 흥미와 호기심으로 인해서 관련 분야에 대한 새로운 책들을 찾아서 읽게 되거나, 관련하여 글을 쓰게 될 수도 있다. 이런 형태의 반응들을 통해서 책에 쓰여 있는 텍스트는 우리의 삶에 구체적인 영향을 미친다. 단순히 읽고, 듣고, 이해하는 것이 아니라 쓰고, 말하고, 삶에 적용을 하여 이를 통해 성장하고 새로운 세계로 확장할 수 있게 된다.

저항이 만만치 않은 주도권 싸움 - 스마트폰 vs 공책

대부분의 사람들이 아침에 눈을 뜨면 가장 먼저 스마트폰을 본다. 생각해 보면 안드로이드나 애플 스마트폰 이전에 '피처폰[63]'이었을 때에는 지금처럼 의존도가 높진 않았다. 지금을 살아가는 모두가 절감하고 있듯이 스마트폰은 중독성이 있다. 스마트폰은 인류 역사상 가장 흥미로운 발명 중의 하나이자, 인간 사회에 아주 심각한 중독성을 선물한 기기가 아닐까 싶다.

어느 날, 아침부터 스마트폰을 보는 일은 은연중에 나의 삶을 수동적으로 만드는 경향이 있는 것을 감지하기 시작했다. 그래서 요즘 애쓰며 하고 있는 일은 스마트폰을 확인하기 전에 공책이나 책을 펼쳐드는 것이다. 공책을 펼쳐서 하는 일은 사실 별것 아닌 것들이다. 하루 예상 일과, 머릿속을 떠도는 키워드들, 어제 깨달은 일 정도를 써내려 간다. 이것은 별것 아닌 일이지만 삶에 끌려가는 것이 아니라 주도적으로 이끌어가는 느낌을 받는다. 하지만 오늘을 살아가는 우리에게 스마트폰 사용 대신 공책을 활용하는 것은 쉽지 않다. 공책을 쓰다가도 스마트폰에 있는 정보가 필요할 때가 있는데, 그 정보만 참고하기 위해 스마트폰을 잠깐 확인했다가 어느덧 쓸데없는 유튜브를 보거나 카톡 그룹방을 엿보고 있는 자신의 모습을 발견할

---

63 스마트폰 이전의 휴대전화를 지칭하는 용어.

때가 한두 번이 아니다.

공책을 열심히 쓰는 일에는 몇 가지 매력이 있다. 첫 번째는 공책이 주는 여백이다. 그 여백은 나를 강요하지 않는다. 그 여백 앞에서 생각을 해도 되고, 멍을 때려도 되고, 써도 되고, 안써도 된다. 그림을 그려도 되고, 낙서를 해도 된다. 스마트폰에서는 이 맛을 느끼기가 어렵다. 또 하나는 '나'라는 사람의 상태를 반영하는 필체를 언제든 직접 확인할 수 있다는 점이다. 생각보다 우리의 필체에는 많은 것들이 투영된다. 공책의 책장을 역으로 가며 넘겨보면, 필체에 나의 조급함도 있고, 주저함도 있고, 비장함도 있다. 그리고 공책은 과정의 흔적을 잘 보여준다. 스마트폰이나 노트북을 쓰는 일에는 그 과정이 잘 남지 않는다. 공책에는 생각이 어디에서 멈추었었는지, 어디로 갔었다가 어떻게 이 자리로 왔는지, 어느 지점에서 많은 고민들이 있었는지가 오롯이 드러난다. 노트 기능이 날로 강화되고 있는 스마트폰의 저항에 맞서 공책을 펼쳐드는 일이 언제까지 계속될 수 있을지는 모르겠지만 공책에는 분명 '발효'의 맛이 있다.

자신이 공부하고 있는 것에 대한 지적인 이해도를 가장 많이 높여주는 것은 배운 내용을 글로 쓰는 것이다. 글을 쓰는 과정은 더욱 정교한 작업을 필요로 한다. 글을 쓰면서 하게 되는 신기한 경험 중의 하나는 머릿속으로만 기억하고 생각하다가 그 내용을 바탕으로 글을 쓰기 시작하면 미처 생각하지 못했던 내용을 글로 쓰게 된다는 것이다. 글쓰기는 머릿속의 내용을 단순히 텍스트의 형태로 옮기는 작업 이상의 그 무엇인가를 가지고 있다. 머릿속의 글과 손끝의 글은 다르다. 머릿속의 구상한 글의 내용과 막상 쓰기 시작해서 쓴 글의 내용이 다를 때가 많은 것처럼 말이다. 쓰기 시작하는 순간 머릿속 구상과는 다르게 전개되는 글의 내용을 보는 경험은 새롭다. 인간에게는 두 개의 뇌가 있는 것이 틀림없다. 바로 생각의 뇌와 행동의 뇌이다.

미국 예수회 신부이자 고전연구자, 신학자, 매체론자, 문학 비평가 등으로 활발하게 활동했던 월터 J. 옹Walter J. Ong은 그의 대표적인 저서 『구술문화와 문자문화』에서 쓰기는 어떤 발명보다도 더 강력하게 인간의 의식을 변형시켜 왔으며 쓰는 행위는 의식을 재구조화한다고 주장했다. 저널리즘 분야의 저명한 석학인 존 하틀리John Hartley 교수는 월터의 연구와 업적을 평가하면서 '쓰기는 우리가 무엇을 아는가에 대한 탐구가 아니라 어떻게 아는가에 대한 탐구의 초창기 사례'라고 했다. 쓴다는 것은 생각과 말을 물리적 공간에 새기는 과정이다. 이를 통해서 생각과 말을 구체적 실체로 기록하게 된다. 그런데 기록만 하게 되는 것이 아니다. 쓰는 것의 핵심적 기능 중의 하나는 생각과 말의 내용을 재구축하는 것이다.

강의실에서 강의를 듣는 학생들 중에는 태블릿의 녹음 기능을 이용해서 강의 내용을 그대로 기록해두는 학생들이 많다. 말을 소리로 기록해두는 것도 나름의 의미가 있지만 한 가지 맹점은 소리로 기록된 내용은 어떤 특정 자리에 머물며 반추와 되새김이 어렵다는 것이다. 그런데 이 소리가 문자화되어 노트에 기록이 된다면 우리는 쉽게 그 자리에 머물며 생각을 확대하기도 하고 재구축할 수 있게 된다. 바로 이 지점에 쓰기의 무한한 강점이 있다.

마이클 겔브Michael Gelb의 『레오나르도 다빈치처럼 생각하기』라는 책에 보면 빌 게이츠는 1994년에 레오나르도 다빈치Leonardo da Vinci가 아이디어를 구체화하면서 직접 쓴 노트 18장을 3천8백만 달러(약 480억 원)에 구입했다고 한다. 레오나르도 다빈치는 르네상스 시대 이탈리아가 낳은 천재이다. 화가로 많이 알려져 있지만 실제로는 그림, 건축, 의학, 과학 등 다방면에 걸쳐서 인류사에 큰 업적을 남겼다. 그를 단순히 화가나 과학자로만 한정짓기에는 그 스펙트럼이 너무 작아서 '천재'라는 단어를 붙일 수밖에 없는 인물이다. 위키피디아에서 그의 직업에 대해 정리해놓은 것을 보면 다음과 같다.

> 화가, 기술자, 천문학자, 철학자, 해부학자, 수학자, 조각가, 박식가, 건축가, 토목 공학자, 외교관, 발명가, 작곡가, 물리학자, 생리학자, 식물학자, 화학자, 동물학자, 풍자화가, 과학자, 제도

사, 디자이너, 작가

자그마치 23개 정도의 직업으로 그를 묘사하고 있다. 그는 인류사의 대표적인 폴리매스Polymath[64]라 할 수 있다. 이런 레오나르도 다빈치가 천재성을 발휘하기 위해 사용했던 대표적인 도구는 바로 '노트'하는 것이었다. 그가 만약 스마트폰이나 태블릿이 있는 오늘날 태어났다면 전자기기와 공책 중에 어떤 것을 주로 사용했을지는 모르는 일이지만, 스마트폰에 중독되지 않았다면 쓰고 노트하는 목적으로 분명히 공책을 사용했을 것이라 생각해 본다.

공부의 내용을 업무, 비즈니스, 전공에 연결하고 스토리텔링하라

시, 소설 등의 문학 작품을 읽는 일은 참 힘들었다. 다른 사람이 지어낸 이야기를 읽는 것에 어떤 유익이 있는지 오랫동안 불분명했기 때문에 독서 리스트에서 우선순위는 아니었다. 문학 혹은 쉽게는 '이야기'가 우리의 삶, 사건, 감정 등에 대한 인지의 구조를 짜는 일이고 그것들을 담아내는 그릇이자 이해의 도구라는 사실을 깨닫고 나서야 문학 작품을 읽을 수 있게 되

64 단순히 천재를 의미하기보다 다양한 분야에 관심과 지식, 전문성을 갖고 출중한 재능을 발휘한 사람들을 말한다. 폴리매스 중에는 탐구 정신을 발휘해 서로 관련 없어 보이는 분야의 경계를 넘나들며 활약했던 인재들이 많다.

었다. 이야기는 복잡한 개념을 우아하고 쉽게 이해하게 해줄 수 있을 뿐만 아니라 머리가 아닌 가슴으로 정보를 경험할 수 있게 해준다. 그래서 잘 나가는 브랜드들의 광고 방식들을 보면 단순히 기능을 열거하거나 경쟁사와 비교하기보다 스토리텔링을 사용한다. 이는 단순 정보보다 더 기억에 남아 영감을 주고 행동을 유도할 가능성이 더 높다.

스토리텔링은 이야기를 만드는 것이다. 설득력있는 이야기를 만들려면 다양한 스토리텔링 요소의 균형을 맞추는 데 능숙해야 한다. 뛰어난 캐릭터, 공감할 수 있는 갈등, 영감을 주는 해결 방법이 핵심이다. 캐릭터는 관객이 여행할 수 있는 대리인 역할을 하며, 갈등은 긴장과 흥미를 불러일으킨다. 또한 만족스러운 해결은 흐름을 하나로 묶어 청중에게 강력한 메시지나 행동 촉구를 남기는 경우가 많다. 이야기는 감정을 창출해내고, 감정은 수동적인 청취자를 이야기의 적극적인 참여자로 변화시킬 수 있는 촉매가 된다. 올바른 이야기를 통해 청중은 단순한 거래를 넘어 감정적 투자를 경험하는 기회를 갖게 된다.

모든 것은 스토리텔링처럼 유기적으로 연결되어 있다. 우리가 그 연결점을 발견하지 못하는 것은 연결하려 하지 않거나 연결하려는 창의성을 발휘하지 않기 때문이다. 자신의 공부가 지금 직업적으로 하고 있는 일과 관련된 것뿐이라면 뭔가 새로운 것을 깨닫거나 시너지가 날만한 어떤 아이디어를 만나기란 아주 어렵다. 오히려 현재 하는 일과 무관한 공부가 새로운 관점과 시야를 줄 가능성이 많다. 물론 그렇다 하더라도 전혀 다른 분야를 연결하는 일은 그냥 되는 일은 아니다. 창의성이라는 이름으로 억지스러운 노력을 해야 한다.

우리의 공부가 공부 밖의 현실 세계에서 어떤 역할을 하기 위해서는 적극적으로 '연결'을 해야 한다. 여기에서 연결한다는 말은 '적용'을 한다는 말이다. 주제도 다르고, 형태도 이질적일 수 있지만, 오히려 이런 '다름'때문에 시너지가 날 수 있다. 어떤 프리젠테이션을 준비해야 하는 일이 있으면 늘 뒤적이는 것 중의 하나는 내가 독학하면서 노트해 둔 공책과 메모들이다. 이 중에서 꼭 뭔가를 하나 찾아서 슬라이드의 메시지로 녹여내야겠다고 생각을 하고 뒤적인다. 그러다 보면 나의 생각의 역사들도 볼 수 있고, 분야가 다를지라도 적용할만한 아이디어들이나 소재를 어렵지 않게 찾을 수 있다. 이렇게 찾아낸 뒤에 하는 일은 이것을 프리젠테이션에 자연스럽게 녹여내는 일이다. 녹여낼 때 캐릭터, 갈등, 해결 방법이라는 스토리텔링의 요소를 구축하는 시도를 여러 방식으로 해본다. 때로는 나 자신이 캐릭터가 되어, 해결하고자 하는 문제가 나의 문제가 되기도 하고, 내가 실제로 문제를 직면하고 해결해본 시도들이 자연스레 반영되기도 한다. 이런 방식으로 공부한 것과 업무, 비즈니스, 전공 등을 연결 짓다 보면 지극히 개인적이고 때로는 창의적이기도 한 콘텐츠를 만들게 된다. 공부한 것들이 나의 것이 되도록 하는 가장 효과적인 방법은 책에 있는 텍스트가 나의 상황 속으로 들어와서 생명력을 얻게 하는 것이다.

커뮤니티와 소통을 시작하라

영국의 극작가이자 소설가로 노벨문학상을 수상했던 조지 버나드 쇼George Bernard Shaw는 “당신과 내가 사과를 하나씩 가지고 있어 서로 교환한다면, 우리는 여전히 사과를 하나씩 갖게 될 뿐이다. 하지만 우리가 아이디어를 하나씩 가지고 있고 이를 교환한다면, 우리는 각각 두 개의 아이디어를 가지게 될 것이다.”라고 했다. 아이디어, 생각, 지식 같은 것들이 갖는 가장 큰 힘은 무한한 자기 복제성이다. 이런 본질적 특성을 잘 활용하면 공부의 속도를 확연히 올릴 수 있다.

독학은 혼자 공부해서 혼자만 알고 있는 것을 추구하는 것이 아니다. 혼자 공부해서 혼자만 알고 있는 것은 사실 큰 의미가 없는 경우가 많다. 대부분의 공부는 공부해서 다른 사람들과 공유하기 시작할 때 생명력을 갖기 시작한다. 이 공유의 과정에서 나오는 상호 교류가 자신의 이해를 한층 더 강화시킨다. 이러한 소통을 통해서 유익을 얻게 되는 사람은 지식을 먼저 나누는 사람이다. 공부한 지식을 남에게 공유하는데 왜 자신이 유익을 얻는 것일까. 그 이유는 소통을 통해서 나누는 과정 자체가 공부한 것을 내재화시켜가는 가장 효과적인 방법이기 때문이다.

공부라는 행위는 소통의 특징들을 담고 있다. 소통의 행위에서 가장 중요한 가치는 무엇일까. 바로 거짓이 아닌 진실을 분별하고 전달해야 한다는 것이다. 행위의 본질, 행위에 참여하는 주체의 내면이 고스란히 드러나는 소통이야말로 진실을 전하는 소통이라고 할 수 있다. 공부를 하는 이유 또한 자기 자신과 타인에게 가능한 한 진실된 것을 전달하고자 한다는 측면에서 소통과 일맥상통한다. 그리고 소통의 행위에서 또한 중요한 것은 피상이 아닌 본질을 분별하고 전달해야 한다는 것이다. 여러 겹의 피상들로 본질을 왜곡하고 가리고자 하는 시도는 현대 사회에서 일상적으로 일어난다. 이 피상들을 분별하고 본질로 파고드는 공부가 절실할 뿐만 아니라 이것들을 제대로 전달하는 소통의 힘이 지속적으로 요구된다.

우리는 가르치는 일은 교수나 교사, 강사들이 주로 하는 일이라고 생각하고 하나의 직업으로 분류를 한다. 그러나 마틴 브로드웰Martin M. Broadwell은 가르치는 것은 모든 사람이 반드시 훈련해서 습득해야 하는 기술이라고 했다.[65] 일부 사람들은 가르치는 재능을 본능적으로 가지고 태어나서 훈련을 하지 않아도 잘하는 사람들이 있지만 대부분의 사람들은 훈련하고 배워야

65 Martin M. Broadwell, "Teaching For Learning (XVI.)", Volume 20, <The Gospel Guardian>, February 20, 1969.

한다.

가르치는 기회를 만들어 내고 실제로 가르치게 되는 일은 우리 스스로 습득한 것들을 내재화하는 필수적인 과정이다. 이 과정을 통해서 우리는 다른 사람들에게 유익을 줄 뿐만 아니라 우리 스스로가 아는 것과 모르는 것을 명확하게 알게 되고, 더 나은 지각과 자각의 세계로 나아가게 된다.

자신은 아직 충분히 알지 못하거나 공부가 부족하기 때문에 가르치거나 커뮤니티와 소통할 것이 없다고 하는 것은 겸손한 게 아니라 '겸손을 떠는 것'이다. 아리스토텔레스Aristoteles는 거짓 겸손이 거만함만큼 나쁘다고 했다. 가르치는 것은 특정한 자격증이 있거나 박사 학위를 따야 주어지는 어떤 자격이 아니다. 많이 배운 다음에 어떤 단계에 이르러서야 가르치는 자격이 주어지는 것이 아니라 배우는 과정에서 배움을 극대화하기 위해 필수적으로 수행해야 하는 과정이 가르치는 일인 것이다. 가르치는 것은 자신의 포지션이나 나이나 지위와는 아무 상관없는 일인데 그 일의 상대적 우위를 증명하기 위해 무슨 자격이 필요한 일처럼 만들어 놓은 것은 우리의 어리석음이 만들어놓은 촌극이다. 가르치는 자리에 있는 것은 어떤 특권이 아니라 역할일 뿐이다.

가르쳐보면서 경험하는 놀라운 현상 중의 하나는 강의를 위해 사전에 준비하지 않았던 아이디어들이 가르치는 중에 떠오르고 그것을 놓고 토론하며 생각을 재구축하게 된다는 점이다. 준비 단계에서는 전혀 생각지 못했던 아이디어였지만 가르치거나 토론하는 과정에서 얻게 되는 아이디어들이 혁신적일 때가 많다.

이처럼 인간의 배움은 태생부터 사회적 교류를 통하여 일어나도록 설계되어 있다. '독학'이라는 말은 그 한자적 의미 때문에 자칫 이 사회성을 배제시킨 그 어떤 학습 방법이라고 오해해서는 안된다. 사회성이야말로 우리의 지적 활동의 핵심에 자리잡고 있다. 오히려 독립적 존재로서의 자유로움과 강함을 가지고 제대로 된 사회적 학습을 하는 모습이 독학인 것이다.

교류와 우정이 성장을 촉진한다 - 데이비드 흄과 애덤 스미스

데이비드 흄David Hume은 영국 스코틀랜드 출신의 철학자, 역사학자이자 경제학자이다. 당시 영국의 경험주의를 완성시켰다고 평가받으며, 애덤 스미스Adam Smith와 함께 스코틀랜드 계몽주의 운동을 대표할 뿐만 아니라 영미권에서 가장 위대한 철학자 중 한 명으로 평가받는 인물이다. 아인슈타인은 독일의 철학자 모리츠 슐리크Moritz Schlick에게 보낸 편지에서 자신이 흄의 『인간 본성에 관한 논고』를 "경탄하면서 탐독했고, 그 직후 상대성이론을 발견하게 되었다."고 전했다. 찰스 다윈이 남긴 노트에도 그가 흄의 저작을 여러 권 읽었다는 내용이 담겨 있다고 한다.

흄은 에든버러대학교에 12살의 나이로 조기 입학해 처음에 법학을 공부하다 이후 철학을 공부했다. 그렇게 대학을 2년여 간 다니면서 교수한테 별로 배울 것이 없다며 학교를 그만두고 독학을 하는 기간을 갖기도 했다. 12살에 대학에 입학했기 때문에 천재라고 생각할지도 모르겠지만 그 시대에는 12살에도 대학교를 많이 다녔다고 한다. 그의 친구였던 현대 경제학의 아버지로 불리는 애덤 스미스도 14살에 스코틀랜드에 있는 글래스고 대학교에 입학해서 데이비드 흄의 친구였던 프랜시스 허치슨Francis Hutcheson으로부터 윤리철학을 공부한 것을 보면 대학에 입학할 수 있는 나이가 현대와는 많이 다름을 알수 있다. 애덤 스미스는 그후 1740년에 17살의 나이로 옥스퍼드대학교에 장학생으로 입학하였으나, 1746년에 자퇴하였다. 데이비드 흄과 애덤 스미스를 보니 그 당시에도 '자퇴'는 스티브 잡스처럼 걸출할 인물들의 마일스톤이었는지도 모르겠다. 애덤 스미스는 1748년부터 1751년 사이에 왕립에든버러협회The Royal Society of Edinburgh 후원 하에 에든버러대학교에서 공개강의를 하게 되었고, 강의에 대한 호평이 계기가 되어 1751년 글래스고대학교의 논리학 강좌의 교수가 되었다. 1749년에는 데이비드 흄을 만나 서로 인간적으로나 학문적으로 돈독한 관계를 유지하게 된다.

이 둘 사이의 학문적 교류와 우정에 대한 책이 있는데 바로 미국 시라큐스

대학교의 정치학 교수인 데니스 라무센Dennis C. Rasmussen이 쓴 『무신론자와 교수』이다. 이 책에 따르면, 흄과 스미스가 주고 받은 편지는 170여 통이라고 한다. 그중 현재까지 남아있는 편지는 스미스가 흄에게 쓴 15통과 흄이 스미스에게 쓴 41통이다. 이 총 56통의 편지의 내용은 그들의 생각과 주장, 그들이 출판한 저작물의 행운과 불운, 시사 문제와 신간 도서, 그리고 가족, 친구, 적, 건강, 취업 전망, 여행 및 장래 계획을 포함한 온갖 종류의 주제를 망라하고 있다. 후대에 더욱 많은 영향을 끼친 이 두 학자는 개인적인 사안들에 대해서도 진실한 교류를 했을 뿐 아니라 서로의 학문적 세계관에 영향을 주고 받으면서 논평을 하기도 하고 응원을 하기도 했다. 그리고 이것은 서로의 학자로서의 완성도를 높여가는 데 결정적인 역할을 하였다. 좋은 친구와 교류하면 우리의 공부도 성장하기 마련이다. 우리의 독학의 여정에 좋은 친구들을 많이 만날 필요가 있다. 그리고 좋은 친구를 만나기 위해서는 우리 자신 또한 좋은 사람이 되어야 한다.

자신을 독자로 두고 책을 쓰라

이제 책을 출간하는 일은 과거에 비해 훨씬 용이해졌다. 아마존에서 이북을 출간하는 일도 어려운 일이 아니고, 독립출판을 할 수 있는 플랫폼이나 커뮤니티들도 많이 성장했기 때문이다. 문제는 책을 출간하는 것은 쉬운데, 여전히 책을 '쓰는 것'은 어렵다는 것이다. 지적 활동의 난이도를 굳이 부여한다면 책을 쓰는 것이 책을 읽는 것보다 훨씬 어려운 일인 것은 자명하다. 직접 경험을 해보니 최소 30배 정도는 어려운 일이다. 책을 쓰는 일이 왜 어려울까.

첫째, 일단 책을 쓰려는 저자의 눈이 너무 높다. 독서를 꽤 해왔다는 사람들은 그동안 봐왔던 책들의 수준이 자연스레 높아져 있다. 눈높이 수준에 맞추어서 책을 보고 또 책들을 비평하기 때문에 만약 자신이 책을 쓴다면 그 이하로 쓰는 것에 대해서는 생각지도 못하는 것이다. 그렇기에 책을 많이 본 사람들일수록 자신이 책을 써서 출간하는 것에 대해서는 보수적이다. 아직 준비가 안되었다고 생각하는 것이다. 책을 써야겠다는 마음을 먹더라도 이 일을 너무 큰일로 생각하다 보니 자꾸 완벽해지려는 시도를 한다. 관련 공부도 더 하려 하고, 자신 스스로 좀 더 자격을 갖추기 위한 노력들을 한다. 그러다 보면 책을 준비하는 기간이 길어진다. 배보다 배꼽이 커지는 셈이다. 자신의 책을 쓰기 위해서는 아이러니하게도 눈을 낮추어야 된다. 눈을 낮추어야 다양한 기회들을 발견할 수 있다. 여기서 눈을 낮춘다는 말은 자신의 수준에 대한 눈을 낮춘다는 말이 아니다. 글의 주제에 대한 스펙트럼을 넓힐 수 있다는 뜻이다.

둘째는 몰아서 쓰려 한다. 책을 쓸 때 하는 가장 큰 실수 중의 하나는 마감일에 임박해서 한번에 쓰려 한다는 것이다. 마감일의 효과는 분명히 있는 것이 분명하다. 김정운 교수도 글은 '마감'이 쓴다고 했다. 그렇지만 글을 마무리할 재료들은 미리 준비해야 된다. 여기서 재료라 함은 날마다 100~300자 수준으로 써 놓은 글들을 말한다. 날마다 자신의 공부가 마무리될 때마다 핵심적인 내용을 글로 정리해놓는 것이 가장 좋은 재료이다. 날마다 써야 생각도 여유있게 가져갈 수 있고 다른 생각들도 덧붙일 수 있다. 마감이 임박해서 단기간에 몰아 쓰려 하면 글의 깊이가 나오지 않는다. 그리고 자신의 경험을 녹여내기가 충분하지 않다. 날마다 글을 쓰고 2~3일에 한 번 정도 써 놓은 것을 정리해서 블로그나 브런치에 올리는 습관을 갖는 것이 나중에 책으로 정리를 할 때 큰 자산이 된다. 시중에 출판사를 통해서 출간되는 책들은 대개 7만 자에서 10만 자 수준의 원고들이다. 이론적으로는 한 주제에 대해 날마다 2~300자 정도를 쓰면 일년에 한 권 정도의 책이 나올 수 있는 것이다.

가장 중요하다고 생각하는 마지막 이유는 바로 내가 아닌 타인을 독자 타겟으로 생각하기 때문이다. 다른 사람들을 독자 타겟으로 생각하고 책을 쓰는 것은 굉장한 스트레스이다. 그래서 내가 취하는 방법은 일단 나 자신을 독자로 두고 책을 쓰는 것이다. 내용이 충분히 마음에 들지 않을지라도 '내가 공부하고 성장하는 과정이다' 하는 생각으로 쓰면서 생각을 구체화하고, 그동안 내가 관련 주제로 봐오던 것을 정리하고, 다시 생각해 표현을 바꾸어본다. 이런 일련의 과정들 자체가 큰 공부가 될 뿐더러 이렇게 마음

먹는 것은 책을 쓴다는 큰 과업에 대한 정신적인 부담을 덜어준다. 그리고 이렇게만 하더라도 첫째, 둘째 문제가 자동으로 해결 된다.

윌리엄 진서William Zinsser는 『공부가 되는 글쓰기』에서 "글쓰기는 사고를 명료하게 정리하고 조직하는 행위이다. 글쓰기는 우리가 어떤 주제에 접근해 그것을 자기 나름의 방식으로 이해하는 과정이다. 글쓰기는 내가 배우고자 하는 것에 대해 무엇을 알고, 무엇을 모르는지 깨닫게 한다. 개념을 글로 표현하는 것은 창에 서린 성에를 닦아내는 작업과 비슷하다. 흐릿하고 모호했던 개념이 글을 쓰면서 서서히 명확하게 윤곽을 드러내기 시작한다. 어떤 글이든, 메모든, 편지든, 베이비시터에게 전하는 쪽지든 무언가를 쓰면서 우리는 비로소 진정으로 자신이 무엇을 말하고자 하는지 깨닫는다."[66] 라고 말하며, 글쓰기는 가장 강력하고 효과적인 배움의 도구임을 피력했다. 단순히 공부해오던 것을 토대로 글을 쓰는 것은 성과물을 만드는 일이기도 한 동시에 공부 자체를 더욱 깊은 단계로 이끄는 도구이다. 글로 표현하는 일을 통해 머릿속에 있는 것들이 세상으로 나오면서 새로운 질문들이 생기고, 이를 답해가는 과정들을 거친다. 조던 피터슨은 대학에서 꼭 가르치고 배워야할 것이 있다면 '생각하고 말하고 글을 쓰는 법'이라고 했다.[67]

---

66 윌리엄 진서 저, 서대경 역(2017), 『공부가 되는 글쓰기』, 유유, 47p.

67 조던 피터슨, "대학에서 무엇을 배워야 할까?", Youtube, <조던 피터슨 한국 공식 채널>, 2021년 10월 11일, https://youtu.be/vbcqu_gVHaU?si=GsUy_W-qUbz6resd.

우리는 자주 쓸수록 더 많이 이해하고 더 많이 배우게 될 것이다.

하나의 계획보다는 두 개의 계획이 훨씬 강력하다

독학을 해나갈 때 중요한 일 중의 하나는 계획을 세우는 일이다. 계획을 세울 때는 몇 가지 중요한 원칙이 있다. 첫째는 결과가 아닌 구체적 행동을 목표로 삼는 것이다. 가령, 토익 점수 800점을 달성하겠다고 한다면, 이것은 계획이 아니라 결과이다. 이 결과를 이루기 위해 해야 하는 행동이 계획이다. 통제 가능성 측면에서 토익 800점이라는 점수는 모호하다. 달성할 수 있을지 없을지 불분명하기 때문이다. 날마다 오전에 30분씩 토익 책을 공부하겠다는 식의 행동에 대한 계획을 세워야 한다. 행동은 오늘 자신의 힘으로 통제가 가능하다. 바로 책상에 앉아서 책을 펴고 공부를 하면 되기 때문이다.

둘째, 계획의 구체성과 단순성이다. 우리는 목표 달성에 있어서 '목표'의 구체성은 중요시하지만 그 목표 달성을 위한 '계획'의 구체성은 막상 고민하지 않는다. 목표의 구체성은 대부분 '무엇을what'을 '언제when'까지에 관한 것이다. 이 목표를 '어떻게how' 달성할지에 대한 것이 바로 '계획'이다. 이것은 주로 오늘 내가 해야 할 '행동'에 대한 것이다. 이 행동들은 작은 것들의 연속이다. 책장을 한 장 한 장 넘기고, 강의 동영상을 하나 하나 보면서 습득하는 것들이다. 이 작은 단위의 행동들이 바로 구체적인 것들이다. 그리고 이 행동 계획은 단순해야 한다. 복잡하면 오래가지 못하고 실행력도 떨어지기 때문이다. 얼핏 보면 계획의 구체성과 단순성은 서로 상충하는 것처럼 보일 수 있을지도 모르지만, 구체성은 행동의 단위를 작은 단위로 쪼개는 것을 말하고, 단순성은 하나의 행동을 하면서 집중력을 흐릴만한 다른 행동 계획이 생각나지 않고 그것에 집중할 수 있도록 하는 것을 말한다. 박요철 작가의 베스트셀러인『스몰 스텝』에서는 10분을 넘기지 않는 작은 활동들을 지속적으로 해나가는 것이 삶에서 가장 중요한 변화를 가져온다고 한다. 그의 책에서 제시하는 것 중 하나는 세 줄 일기이다. "각 줄은 한 줄을 넘기지 않는 것이 좋다. 쉽고 간단하게, 그날의 짧은 기억을 사실 위주로 기록하는 것"이 중요한 포인트라고 한다.

셋째, 환경을 활용할 줄 아는 것이다. 독학은 궁극적으로 자신과의 싸움이지만, 싸워야 할 것과 싸울 줄 아는 것은 지혜이다. 자신의 의지가 약해질 때 다른 사람의 도움을 적절히 활용해 보자. 자신이 세운 계획을 공유하고 모니터링을 요청할 수 있는 사람이 있으면 좋다. 그 도움이라는 것은 사실 별것이 아니다. 자신이 세운 계획이 어떤 것인지 정도를 들어주는 것이고, 그것이 어떻게 진행되어 오고 있는지를 공유하는 것을 받아주는 수준 정도이다. 이를 잘 활용하면 우리가 세워놓은 계획을 성실하게 실행해나가는데 도움이 된다. 다른 사람들로부터 받는 간단한 모니터링과 피드백은 나의 의지의 약함을 보완해주는 지지대와 같은 것이다. 그 과정을 통해서 마음이 새롭게 되기도 하고 새로운 마음과 에너지를 얻기도 한다.

마지막으로 특히 강조하고 싶은 부분은 바로 '세컨드second' 계획을 세워두는 것이다. 하나의 계획보다는 두 개의 계획이 훨씬 강력하다. 첫 번째 계획이 지켜지지 않았을 경우에 어떻게 할지에 대한 계획을 세워두는 것은 아주 중요하다. 공부를 쉽게 포기하는 사람들은 자신이 야심차게 세워둔 계획이 제대로 진행되지 않았을 때 '멘붕' 상태가 된다. 계획은 결과가 아닌데, 계획을 결과처럼 생각하고 낙담하기도 하고 과도한 스트레스를 받기도 한다. 사실 인생을 살다 보면 본래 계획보다는 차선 계획에 의해 인생이 살아지는 경우가 훨씬 많다. 따라서 계획이 잘 안되었을 때에 대한 계획을 세워두어야 한다. 이것은 전략적인 사고이다. 한 주간의 공부 계획을 세우면서 이 공부 계획이 잘 지켜지지 않았을 경우를 대비해 이를 보충할 수 있는 시간을 따로 잡아놓는 것이 한 가지 방법이다. 만약 예정한 계획대로 잘 실행을 했다면, 그 여분의 시간은 필요에 따라 휴식을 취할 수도 있고 운동을 할 수도 있다. 잘 실행이 되지 않은 경우에 이 시간을 통해서 보강을 하는 것이다. 본래 계획과 세컨드 계획을 손에 쥐고 공부하는 동안 그 둘 사이를 조율해가면서 실행을 해가는 것은 전략적인 유연성을 가져다 줄 뿐 아니라 실행의 지속가능성도 높일 수 있다.

고전과 논문을 읽어야 하는 이유

앞서 전술 부분에서 밝혔듯 나는 글을 쓰기 전 워밍업으로 고전을 필사하곤 한다. 고전은 한두 장만 읽어도 우리의 깊은 곳에 있는 지적 욕구를 예열시키는 힘이 있다. 고전古典이 최신 작품들이 비해 갖는 절대적 우위는 시간의 검증을 견디어 왔다는 것이다. 그 당시에 그 작품을 쓴 사람의 개인적 창작의 가치에 세월의 흐름과 도전 속에서 빚어진 가치가 더해진 것이 고전의 총 가치라고 말할 수 있다. 유럽의 에든버러, 베니스, 프라하, 파리 등 아름다운 도시들의 기품을 가진 건축물들은 그 당시 건축물들을 설계하고 만들어 낸 사람들만의 공功이 아니다. 수백 년 동안의 시간이 빚어낸 흉내 낼 수 없는 색채들이 덧입혀져 있다. 우리는 그런 도시의 건물 사이를 거닐며 고전의 아름다움과 경이를 즐긴다. 현대의 천편일률적인 아파트와 빌딩숲이 결코 흉내내거나 전달할 수 없는 가치가 그곳에는 있다. 고전을 읽으면서 우리는 수백 년 전 이 세상에 있었던 고민과 가치, 생각을 만나고 이것들이 화석으로 머물러 있는 것이 아니라 여전히 오늘 우리의 세상에도 유효하게 영향을 미치고 있다는 것을 발견하게 된다.

고전에 대해서는 몇 가지 오해나 선입견들이 있는데 그중 하나는, 고전은 어려운 책이라는 인식이다. 사실 '고전'이라는 태그가 붙었다고 해서 어렵다는 인식을 갖는 데에는 뚜렷한 근거가 없다. 현대를 사는 우리가 책을 써

내듯이 고전도 그 당시에 살았던 사람들에 의해서 쓰여진 것 뿐이다. 과거의 사람들이 오늘보다 더 어려운 주제를 고민하고 더 어려운 논리를 다루었을 리 없다. 또 다른 선입견은 고전에 있는 지식은 시대에 뒤떨어져 현재에는 적용하기 힘들다는 인식이다. 이런 선입견은 현대 사회와 인간이 과거에 비해서 월등히 성장해있으며 완전히 다른 종류의 고민을 하며 살아가고 있다는 근거없는 전제에 기반하고 있다. 그러나 과거나 현재나 여전히 인간은 인간일 뿐이고 그 인간들이 모여 있는 사회는 동일하거나 비슷한 고민과 욕망을 안고 살아가고 있다. 천년 전 인간의 고민과 욕망이 본질적으로는 오늘날 우리와 다르지 않다. 마지막으로, 고전은 일반인이 아니라 학자나 전문가를 위한 책이라는 생각이다. 학생이나 일반인들은 아리스토텔레스의『정치학』같은 고전을 직접 대면해서 읽어내기를 두려워한다. 그래서 고전에 대해 쉽게 풀어주는 책이나 강좌들이 인기리에 팔리기도 한다. 그러나 다른 사람이 소화해서 먹기 좋게 재생산된 지식에는 위험성이 있다. 본래 지식의 원천성Originality이 제대로 살려져 해석되었는지를 잘 모른다는 것이다. 부득이 다른 사람이 해석해놓은 간접 지식을 접해야 한다면 이 간접 지식을 습득한 후에는 꼭 이 간접 지식의 원천에 해당하는 지식과 직접 씨름을 해야 한다. 이 씨름이 우리의 공부를 더욱 성숙하게 하고 더 크고 뿌리깊은 성과를 만들어낸다.

고전만큼 우리가 꼭 읽어야 한다고 생각하는 것은 학술 논문이다. 학술 논문은 대개 석사 이상의 학위를 한 사람들만 읽는 것으로 인식되고 있다. 박사까지 마치고 나서도 학계에 계속 남아있지 않으면 사실 논문을 찾아보면서 공부를 하는 일은 거의 없다. 특정 주제에 대해 관심을 가지고 공부하기 시작했을 때 해당 분야의 책들을 찾아보는 것도 중요하지만 그 분야의 전문가들이 써놓은 학술 논문들을 읽는 것은 주제에 대한 심도 있는 관점과 지식을 확보할 수 있다. 논문은 학자들만을 위한 전유물이 아니다. 논문이 가지는 장점 중의 하나는 해당 분야 및 관련 연구에 대한 과거부터 현재까지의 문헌들에 대한 신뢰성 있는 정보를 쉽게 얻을 수 있다는 것이다. 모든 논문의 초반부는 항상 해당 분야에 대한 연구들의 역사를 요약하게 되어 있다. 선택한 논문을 읽고 나서 해당 논문에서 언급한 과거의 관련 논문들을 읽어보면서 해당 주제의 생각의 진화와 변화를 맛보는 것은 논문을 읽어갈 때만 경험할 수 있는 특권이다. 신문이나 방송에서 언급하며 다루었던 연구의 내용들이 만약 나의 관심 분야라면 신문이나 방송에서 요약해주는 연구의 내용뿐만 아니라 해당 연구의 결과물인 논문도 찾아서 읽어보는 습관은 공부의 깊이를 더해 줄 것이다.

해당 분야에 대해 인용도가 높은 논문이나 높게 평가받고 있는 교수의 논문들을 10편 정도 읽어보는 것은 관련 분야의 웬만한 책을 보는 것보다 훨씬 효과가 높다. 책에서는 접하기 힘든 연구 방법론도 접할 수 있을 뿐만 아니라 학자들이 문제를 바라보고 정의하는 관점을 자연스럽게 습득해갈 수 있다. 내가 인공지능을 가르치기 위해 공부하면서 가장 먼저 시작한 것 중의 하나는 인공지능 분야에서 유명한 학자들의 논문들을 찾아서 섭렵하는 것이었다. 최신 논문을 찾아서 보다 보면 자연스럽게 해당 분야의 연구 역사 쪽으로 옮겨가게 되고 과거에 쓰여진 저명한 논문들도 접하게 된다. 이 과정을 반복하면서 자연스럽게 쟁점 사항들을 발견하게 되고, 질문이 생기는 경우에는 주변의 다른 학자들이나 논문의 저자들에게 도움을 요청하는 것을 주저하지 않았다. 인공지능을 쉽게 설명해놓은 책들도 보았지만 이미 논문을 읽는 상황에서 그런 책들은 내용의 깊이에 있어 논문을 따라갈 수 없다는 것을 깨닫게 되었다. 이런 식으로 인공지능에 대한 논문 100여 편 정도를 읽어가는 시점이 되어가니 수업에서 무엇을 가르치고 무엇을 가지고 토론해야 할지가 머릿속에 그려졌다.

'오리지널리티Originality'는 '독자적이고 창조적으로 생각하는 능력'이라는 뜻인데, 한국말로 번역이 참 애매한 단어이다. 한국어로는 '독자성' 혹은 '독창성', '창작성'으로 보통 번역이 되어 있지만 원뜻을 모두 담긴 어렵다. '독자성'과 '독창성'을 합쳐놓으면 그 단어의 본래 의미에 더 다가서게 되지만, 그 둘 중 한 단어만으로는 좀처럼 충분히 표현되지 않는다. 고전과 논문을 읽는 것은 이 '오리지널리티'에 자신의 지성을 노출시키고 좀 더 본질적인 것과 씨름하도록 만드는 효과가 있다. 이 씨름을 통해서 우리의 지성의 근육은 더욱 단단해진다. 지성의 큰 근육이 성장할 뿐 아니라 잔근육도 성장한다.

'직접' 하는 것의 힘

선택지가 다양한 세상에서 우리는 모든 것에 직접 관여하는 것보다 간접적으로 관여하는 일들이 많다. 심리적 부담이나 책임을 줄이면서도 그 일의 효용을 누리고 싶은 마음이 있고, 직접 관여하면 시간을 많이 쓰게 될 것 같은 두려움도 반영된 것 같다.

프리미어리그 축구를 TV로 보는 것보다 공터에 가서 직접 축구공을 가지고 노는 게 정신적으로 육체적으로 훨씬 효용이 클 것 같은데, 밖으로 나가서 축구를 하는 것은 큰 결단을 필요로 한다. 우리가 현재 겪고 있는 간접경험을 직접 경험으로 하나씩 바꾼다면 어떤 일들이 벌어질까. 모든 것을 전부 직접 경험해 볼 수는 없겠지만, 책상에서만 해오던 것 중 몇 가지는 직접 경험해보는 것이 공부의 수준을 한층 높여줄 것이다. 예를 들면 이런 것들이다.

— 평생 책과 논문으로만 마케팅을 공부하고 가르쳐 온 교수라면 자신의 제품을 하나 론칭해서 마케팅해보는 것
— 중세 미술사에 관심이 많아서 늘 책으로만 공부해온 사람이라면 미술 클래스에 합류해서 직접 그림을 배워보는 것
— 클래식을 좋아해서 늘 공연장을 다니는 사람이라면 악기 하나를

선택해서 연주하는 것을 목표로 삼는 것

— 가방을 좋아해서 가방을 수집하는 취미가 있는 사람이라면 자신의 취향대로 가방을 디자인하고 만들어 보는 것

— 프리미어리그 축구 경기 보는 것을 좋아하는 사람이라면 조기 축구회에 가입하여 축구를 해보는 것

모든 것을 책상에서만 하는 것은 자신의 세계를 기형적으로 만들 수 있다. ET처럼 머리만 커지고 다리는 가늘어지는 모습이랄까. 하지만 '간접'을 '직접'으로 전환하는 작업은 생각보다 저항이 강하다. 왜냐하면 각기 전혀 다른 종류의 역량을 필요로 하기 때문이다. '간접'은 열린 마음과 이해력이 주로 필요하지만, '직접'은 '간접'을 위해 필요한 역량에 강력한 실행력과 의지도 함께 갖추어야 하기 때문이다.

배워서 알게 된 것을 행하지 않으면 아는 것의 무게에 짓눌린다. 미국의 교육에 막대한 영향을 끼친 교육심리학자 존 듀이는 "실제 경험의 프로세스와 교육 사이의 관계는 매우 긴밀하고 필수적이다."라고 말하며, '경험을 통한 학습'이라는 학습 방법의 이론적 토대를 마련하기도 했다. 즉, 직접 실행하게 하는 것이 가장 큰 학습 효과를 가져오는 것이다.

100권의 책을 읽은 사람은 아주 많다. 1,000권을 읽은 사람도 많다. 심지어

10,000권을 읽은 사람도 많다. 하지만 이 세상에는 '알기만 하고 행하지 않는' 사람들이 '알고 행동하는' 사람들보다 만 배는 많다. 그래서 여전히 세상에는 기회가 많다. 9,999명은 알고도 하지 않기 때문에 우리가 실제로 경쟁해야 할 사람들은 만 명 중 한 명 정도이다. 그래서 우리에게는 기회가 있고 그 기회를 잡기 위해 직접 실행한다면 기대치 못한 놀라운 성취를 경험할 수도 있다.

13 공부의 어떠함이 나의 어떠함을 만든다

톤킨의 슬픔 모델

사람들은 시간이 흐를수록 슬픔의 크기가 작아졌다고 믿는다.

실제로 일어난 일은 우리가 슬픔의 크기보다 더 크게 성장한 것이다.

톤킨의 슬픔모델 ©Lois Tonkin

우리는 살아가면서 걱정, 염려, 슬픔을 겪는다. 누구도 피해갈 수 없다. 좋을 때도 있지만 슬플 때도 있다. 슬픈 일이 있을 때 시간이 지나가면서 그 슬픔이 작아지고 사라진다고 생각을 한다. 그런데 1996년에 로이스 톤킨 Lois Tonkin 박사가 발표한 모델[68]은 그렇지 않다. 오히려 슬픔의 크기는 시간이 흘러도 그대로인데 슬픔이 작아지는 것처럼 느껴지는 이유는 우리 자신이 성장하기 때문이다. 그렇다면 이 성장은 어떻게 일어나는 것일까. 학습의 관점에서 보면 바로 독학을 통해서다. 시간이 지날수록 우리가 해야 하는 공부는 난이도가 쉬워지거나 양이 줄어들지 않는다. 더 어려워지고 더 많이 늘어난다. 자신이 주체가 되는 치열한 공부의 시간들이 쌓이고 쌓여 우리의 지적, 영적, 인격적 그릇의 크기가 성장해가는 것이다. 따라서 우리의 공부는 우리의 슬픔을 작게 만들기 위한 목적이 아니다. 우리의 공부는 그 슬픔을 극복하고 그것이 아무것도 아닌 것처럼 보일 때까지 스스로 커가기 위함이다.

헬스장에서 데드리프트Deadlift를 해본 사람은 경험을 했을 것이다. 내가 들어올리는 역기의 무게를 늘리기 위해서는 늘 몸과 마음이 견디기 힘들 정도의 무게를 버티는 과정이 필수적이다. 처음에는 10초 버티기도 힘들지

---

68 Lois Tonkin, 「Growing around grief—another way of looking at grief and recovery(1996)」, 『Bereavement Care』, Volume 15, 1996.

만, 나중에 30초, 1분 이런 식으로 늘어나게 된다. 그리고 마침내 그 버티는 무게가 몸과 마음에 익숙해진다. 역기의 무게가 가벼워지는 것이 아니라 우리의 몸과 마음이 커지는 것이다. 공부가 우리를 성장시킬 때도 원리는 비슷하다. 내가 잘 모르는 것을 반복하고, 너무 지루해서 그만두고 싶은 바로 그 순간을 버텨낼 때 우리의 공부는 성장하고 열매를 맺는다.

공부는 우리 삶의 어디쯤에 어떻게 자리 잡고 있는 것일까

지난 시간들을 생각해보면, 공부라는 것이 한두 번 시험 잘보면 끝나는 것으로 알 때도 있었고, 공부는 고3 때까지만 하고 대학부터는 대충하고 노는 것으로 알 때도 있었다. 여러 번 읽고 빈 종이를 '깜지'로 만들면서 암기하는 게 공부의 전부인 것처럼 알던 때도 있었고 미리 공부해두어야 한다는 학원의 권유에 선행 학습을 받는 것도 열심이었던 때가 있었다. 우리들은 늘 공부해왔지만 내가 무엇을 알고 무엇을 모르는지 늘 불분명했고 어디까지 알아야 다른 공부로 넘어갈 수 있는지도 모호했다. 시험을 보고 합격을 해야 대학도 들어가고 취업도 할 수 있으니 사회가 요구하는 '현실'대로 머릿속에 국어, 영어, 수학, 역사 등을 억지로 구겨 넣으면서 공부했던 것이 우리의 모습인지 모르겠다.

공부에서 자유로운 사람은 없다. 잘하는 사람은 잘하는 대로 못하는 사람은 못하는 대로 끝나지 않는다. 이상하게도 다른 무엇인가를 잘하는 것은 그리 부각되지 못하지만 공부 잘하는 것은 대대로 자랑이 될 듯이 사람들은 공부에 신경을 쓴다. 우리가 가지고 있는 공부에 대한 고민들은 사회적 관계로부터 나온다. 남들보다 잘해서 남들에게 인정을 받아야 하고, 좋은 대학에 입학해 자신을 증명해야 한다. 이런 공부에 대한 경쟁은 사실 과거 한국을 포함한 네 마리의 용들인 대만, 싱가포르, 홍콩의 경쟁력이기도 했었고 여전히 그렇다. 서른 살 혹은 그 이상까지 이런 식으로 공부를 해오다 보니 그 이후 정작 자신의 공부를 해야 할 때 어떻게 해야 할지를 모른다. 자신을 돌아보는 공부도 자신을 스스로 성장시키는 공부도 해본 적이 없으니 말이다. 나이가 마흔이 넘었는데 대학에서 박사 학위를 마치면서도 내가 정말 무엇을 좋아하는지 모르겠다고 자조하면서 여전히 미래를 불안해했던 한 선배의 모습이 잊히지가 않는다. 이것은 비단 이 선배만의 모습이 아니다. 누구나 공부와 씨름을 해오면서 이런 모습이 있을 것이다.

우리 공부에 대한 고민은 '무엇what'과 '어떻게how' 사이의 핑퐁 게임처럼 보인다. 그리고 오늘날 이 핑퐁 게임이 끝나는 대부분의 지점은 돈이 되는지 여부이다. '무엇'과 '어떻게'의 게임이 문제가 있다고는 할 수 없다. 그리고 이 결론의 끝이 돈이 되느냐 아니냐인 것도 중요한 기준 중의 하나일 수 있으므로 별 문제는 없다. 문제는 이것이 주요 아젠다라면 이 싸움에는 좀처럼 끝이 없다는 것이다. '무엇'과 '어떻게'의 싸움을 끝낼 때는 '왜why'에 대한 답을 찾는 순간이 필요하기 때문이다. 물론 이 '왜'도 한 번에 찾을 수 있는 것은 아니다. '왜'와 '무엇' 사이를 무수히 오가면서 발견하게 된다. 하지만 이 싸움에는 무엇과 어떻게 사이의 싸움보다 더 본질적이고 끝이 있는 싸움일 가능성이 많다.

세상의 가치가 다양해지면서 공부의 방식과 내용도 다양해졌다. 과거에는 학위나 자격증을 얻기 위해 해온 공부들이 중요했었지만 이제는 그런 것들로 증명되지 않아도 자신이 해온 공부의 내용을 입증할 수 있는 방법들이 다양해졌다. 그럼에도 불구하고 아직도 여전히 우리의 공부가 초보인 이유는 사실 삶을 위한 진짜 공부를 하지 않기 때문이다. 이제는 사회나 환경이 정해주는 공부가 아니라 자신이 스스로 반응하고 열망하는 공부를 시작할 때인 것 같다.

공부를 너무 해야 할 숙제처럼 해왔다

부러우면 지는건데 가장 부러운 사람 중의 하나는 공부를 재미로 할 수 있는 사람이다. 재미로 할 수 있다는 것은 먹고 사는 문제가 공부와 별로 관련이 없을 가능성이 크다. 그게 무슨 일을 통해서 일지는 모르지만 일단 그 일로 먹고 사는 문제는 걱정이 없기 때문에 자유롭게 내면이 원하는 공부를 이것저것 하는 것이다. 재미가 있을 수밖에 없다. '놀이'로서의 공부는 불가능한 것일까.

우리가 해온 공부가 늘 입학, 자격증, 취업 등과 같은 현실적인 목적이 중심이다 보니 우리가 공부라고 부르는 것들은 오랜 시간 동안 지엽적이고 초라했었다. 분명 호기심을 느끼고 좀 더 깊게 공부하고 싶은 분야가 있었을텐데 그런 공부는 늘 현실 앞에서 목적성이 명확한 공부에 의해 포기되거나 미루어져 왔다. 한국인의 공부는 소위 국어, 영어, 수학(이하 국영수) 이 세 과목에 최소 20년 이상은 매달려 있는 것 같다. 알고 지내던 지인이 마흔 살이 되어서 다니던 대기업을 그만두고 공무원 시험을 준비하기 위해 다시 국영수 책을 집어드는 것을 보고 만감이 교차했다.

국영수는 잘했는데 자신의 꿈은 발견하지도 못했고 발견했다 하더라도 한 발짝도 나아가지 못한 사람들이 주변에 많다. 국영수를 못해서 자신의 공부도 망했고 인생도 망했다고 말하는 사람들도 어렵지 않게 찾을 수 있다. 국영수라는 각개 '전투'를 열심히 치러냈지만 정작 중요한 자신을 발견하고 세상을 이해하고 목적을 이루는 '전쟁'에서는 지고 있을지도 모르겠다. 우리의 교육은 그동안 국영수 우등생들을 대량생산하기 위한 시스템에 가까웠다. 그런데 국영수 잘하는 학생들은 인도와 중국에서만 하더라도 수도 없이 배출된다. 한국의 교육 시스템이 우리들에게 시키는 공부가 여전히 이런 것이라면 개인이나 국가 차원에서 이들과 도저히 경쟁을 할 수가 없다. 이제는 단순히 국영수에서 높은 점수를 받게 하는 교육이 아니라 각 개인들이 공부의 주체로서 제대로 서도록 하는 교육을 해야 할 때가 된 것 같다.

IT 컨설팅 기업인 글로반트Globant는 2022년에 〈1000 Slides〉[69]와 〈Copy Paste〉[70]라는 유쾌한 광고들을 만들었는데, 그 풍자성과 현실성에 웃음을 참을 수가 없었다. 〈1000 Slides〉는 컨설팅 회사들이 최대한 많은 PPT 슬라이드를 만드는 일에만 몰입이 되어서 1,000장의 슬라이드를 만들어내는 모습을 풍자화했다. 〈Copy paste〉는 컨설팅 보고서를 만드는 데 키보드의 다른 키는 필요없고, Copy 버튼과 Paste 버튼만 있으면 된다는 메시지를 재미있게 전달했다. 이 광고들을 보면서 더욱 들었던 생각은 컨설팅 회사들이 하는 이런 비슷한 일들을 우리의 공부도 하고 있지 않나 싶었다. 직접 실행해 보지 않는 공부, 남의 이야기를 듣고 베끼기만 하는 공부, 양적으로만 어떤 목표에 도달하는 데 함몰되어 있는 공부 말이다.

---

69 "GLOBANT: 1000 Slides (Cannes 2023) (Film Silver Lion)", <Budding>, 2023.6.27., https://youtu.be/MZ7TanbCypw?si=AIoRuUojlXVsmIAQ

70 "Globant·Copy Paste", <Rebolucion>, https://vimeo.com/740164984.

자신을 알기가 좀처럼 쉽지 않다

저널리스트 크리스 존슨Kris Johnson은 『1%를 보는 눈』에서 '친밀도 격차'라는 개념을 소개했다. 우리가 좋아할 것이라고 예상한 것과, 실제로 우리가 좋아하는 것 사이의 괴리를 이르는 말로 나조차도 내가 무엇을 진짜 좋아하는지 잘 모른다는 개념이다.

해외 MBA 프로그램에는 다양한 커리어를 가진 사람들이 모인다. 모이는 학생들의 나이대도 각양각색이다. 유명 MBA 프로그램들은 대체로 입학을 위해 5년 이상의 직장 경력을 요구하기 때문에 20대 후반에서 30대 중반의 나이대가 가장 많은데 한국에서 온 학생들의 경우는 다니고 있는 회사에서 학비를 지원해주는 사내 장학 프로그램의 지원을 받아 오는 경우들이 많아 대체로 40대를 훌쩍 넘긴 학생들이 많은 편이다. 이렇게 40대를 넘겨서 온 한국 학생이 한 명 있었는데, 삼성을 다니다가 MBA 프로그램에 입학을 했었다. 새로운 커리어를 찾기 위해 이곳에서 공부를 했는데 졸업하고 나서 다시 찾은 커리어는 LG에 입사한 것이었다. 더욱이 삼성 다니던 때와 같은 직군이었다. 그 학생한테 궁금해서 왜 그랬냐고 물어봤는데, 돌아온 답은 2년 동안 이런 저런 공부를 해보기도 하고 생각도 많이 해보았는데, 도무지 내가 무슨 일을 좋아하는 사람이고 무엇을 잘할 수 있는 사람인지 모르겠다는 것이었다. 결국 졸업은 했고, 어쨌든 일은 해야 하니까 결국

재취업할 때 과거에 했던 직군의 분야에 다시 취업을 한 것이었다.

어린 나이에 자신이 무엇을 좋아하고 무엇을 잘하는지를 찾아 그 일만 평생하고 살면 갈등이 없을텐데 우리 대부분은 사실 그 답을 알지 못하고 살아간다. 그리고 탐험을 하다가도 시간과 돈이라는 현실의 벽 때문에 어느 순간 그 탐험을 멈추고, 적당한 일을 하며 살아간다. 어떻게 보면 우리의 인생은 스스로를 위해서 살아가는 것인데, 인간은 복잡다단한 존재이기에 스스로를 안다는 것은 쉽지 않다. 그렇기에 자신에 대한 공부는 비효율적일 수밖에 없고 시간이 오래 걸릴 수밖에 없다. 이 전제를 잊고 있으면 괴로움뿐이다. 나를 온전히 이해한다는 것은 종점이 있는 일이 아니기에 호흡을 길게 가져가야 한다. 그래서 우리의 공부에는 항상 나를 발견해가는 여정으로서의 공부를 기본으로 포함시켜야 한다.

하다 만 공부들은 쓸모없는 것일까

책장에는 한두 장만 읽은 책, 중간쯤 읽다가 흥미를 잃어버린 책, 심지어는 사놓고 읽지 않은 책들이 가득하다. 책의 마지막 장까지 읽은 책은 막상 얼마 되지 않는다. 이 읽다만 책들은 쓸모없는 것일까. 만약 약간의 쓸모라도 있는 것이라면 이것들은 어떤 의미가 있는 것일까. 세계적인 테니스 선수 로저 페더러Roger Federer는 어렸을 때부터 수영, 레슬링, 스키, 스케이트보드,

농구, 핸드볼, 축구 등 손을 대지 않은 스포츠가 없을 정도로 운동을 즐겼다. 독서하는 스타일로 본다면 다독을 하는 사람이다. 페더러는 결국 테니스 선수로 활동하고 있으니까, 다른 경험했던 운동들은 쓸모없는 것일까? 나는 하다 만 것들이 많아야 된다고 생각한다. 이것은 중도 포기를 많이 했다는 뜻이 아니라 많은 경험을 했다는 뜻이다. 선택과 집중 패러다임은 선택되지 못한 것들을 무용無用한 것으로 여기게 되는 치명적인 약점이 있다.

모든 창업자들은 연쇄 창업자들이다. 처음 시도한 사업이 한 번에 성공하는 경우는 이미 성공한 기업을 물려받는 금수저가 아니면 불가능하다고 말할 수 있다. 만약 그런 사람이 있다면 제대로 된 도전을 해본 적이 없기 때문이거나 고만고만하게 잘 된 경험을 한두 번 한 것에 불과하다. 한 조사에 따르면 기업가치 1,000억 원 이상의 기업을 만들어 본 적 있는 사람들은 평균 7~8번 정도의 실패를 겪는다고 한다. 그렇다면 성공하기까지 사전의 8번은 무용한 것인가? 아이템을 잘못 선정한 것인가? 그렇지 않다. 실패한 8번으로 인해 경험도 쌓이고, 인맥도 넓어지고 이를 통해 학습이 되면서, 소위 '내공'이 강해진 것이다. 이런 의미에서 '하다 만 것들'은 개인의 자산인 것이다.

나는 스타트업 창업을 꿈꾸는 사람들에게 아이템을 30개 정도는 검토해보라고 한다. 그리고 그중 하나를 선택하더라도 나머지 29개에 대해 늘 공부하고 도전할 준비를 하라고 한다. 그리고 시간 관리와 능력이 된다면 7~8개 사업을 동시에 해보라고도 한다. 어떤 것이 성공을 거둘지 모르기 때문이다. 현재 하나의 아이템을 가지고 사업을 하는 기업가들은 외적으로는 그 해당 아이템 하나만을 오랜 시간 동안 집중해온 것처럼 보이지만 사실은 여러 가지를 해보면서 선택하고, 결합하는 방식으로 현 시점까지 진화해온 경우가 절대적으로 많다. 가끔 신문기사를 보면 어떤 사람이 특정 분야에 외길 인생이라고 칭송하는 기사가 있는데 그런 내용들은 대부분 과장되었거나 그 사람 인생의 특정 단면만을 그런 관점으로 해석했기 때문에 나타나는 모습이라 생각한다. 일본의 경우는 심지어 몇 백년 동안 대를 이어서 가업을 이어받는 비즈니스들이 많다. 명문대를 졸업하고 대기업에 다니다가도 부모가 운영하는 식당을 이어받거나 해외 유학을 하고 나서도 가업을 잇기 위해 집안 대대로 하던 전통산업을 계승했다는 이야기는 일본에서 흔히 들을 수 있는 이야기이다. 2008년에 한국은행이 발간한 <일본기업의 장수 요인 및 시사점>이라는 보고서를 보면 200년 이상된 전세계 장수기업 5,586 기업 중 일본이 3,146개이다. 참고로, 우리나라에는 창업 200년 이상 기업은 존재하지 않으며 100년 이상 기업으로는 보고서 발간일을 기준으로 두산(1896년)과 동화약품공업(1897년) 단 두 곳에 불과하다고 한다. 우리는 일본기업의 장수 요인으로 장인 정신을 꼽는다. 장인 정신은 자칫 전통과 본업만을 중시하는 고리타분한 것으로 오해받을 수도 있지만 그 이면에는 끊임없는 '기술 혁신'이 있다. 장인 정신의 핵심은 단순히 부모의 가업을 이어받아서 가업의 지속성을 유지하는 것이 아니다. 가업을 잇기 전까지의 모든 경험과 배움을 녹여내고 더욱 다양하고 많은 공부와 연구를 통해서 그 가업의 경쟁력과 우수성을 유지하는 것이다. 전통과 변화 사이에서 끊임없는 밀고 당김 없이는 200년 이상 기업을 유지하는 것은 불가능하다. 모든 공부는 객체로서의 지식을 향하는 동시에 '나의 나됨'를 향하고 있다. 그리고 아직은 다 그려낼 수 없는 어떤 미래를 향하고 있다. 원했던 지식을 공부로 다 얻는 것은 부족할 수 있지만 공부를 하면서 인내심과 성실함이 생기고 인격을 다듬어가는 훈련이 된다. 그러면서 나의 의도와 상관없이 어떤 기회를 만나게 되고 그것이 내 삶의 길이 되어가기도 한다. 우리는 우리가 공부하는 책 '속에서' 모든 것을 찾을 수는 없지만, 그 책을 '통해서' 예상치 못했던 보석들을 만나게 된다. 그래서 우리는 하다 만 공부들의 쓸모에 대해서 고민할 필요가 없다. 우리가 하다 만 공부는 분명히 어떤 가치있는 것들의 '통로'가 이미 되었고, 앞으로도 그럴 것이기 때문이다. 공부의 가치는 공부의 대상 안에 있는 가치보다 그 대상을 통해 오는 가치가 비교할 수 없을 정도로 크다.

코피 날 정도로 공부하면 안된다

코피 날 정도로 공부했다는 말은 우리의 열심을 표현한다. 따라서 학창 시절에 공부를 하면서 코피가 난 것은 은근한 자랑(?)이자 뿌듯함이기도 했다. 우리는 은연중에 공부는 정신으로 하는 지적인 활동이고, 이 지적인 활동을 위해서 육체는 어느 정도 희생해도 된다고 생각하는 경향이 있다. 지적인 정신은 대부분의 경우 물리적 육체보다 더 가치가 높은 것으로 인식되어 왔다. 초·중·고 시절 중간고사나 기말고사를 앞두고, 체육 시간이 자율 학습 시간으로 변해버리는 것은 늘상 해왔던 경험이다. 유럽의 교육 선진국들은 체육 활동과 학생들의 정신 건강 및 학습 성과의 상관 관계를 기초로 한 정책 방향을 견지함으로써 체육 시간을 늘렸으면 늘렸지 줄이지 않는다. 영국 정부는 2013년 '체육 활동과 학업 능력의 상관 관계'에 대한 조사를 바탕으로 "남학생은 운동량이 17분 증가할 때마다, 여학생은 12분 증가할 때마다 학업 능력이 높아진다."는 발표를 내놓기도 했다. 그래서 학교에서 체육 활동 시간은 다른 어떤 과목과 견주어도 동등하게 시간이 보장된다.

데카르트는 '나는 생각한다, 그러므로 존재한다'고 했다. 얼핏 들으면 정말 멋진 말인데 이 말 때문에 데카르트는 정신적인 활동을 높이 사고, 몸은 오히려 이 정신 활동에 방해가 되는 것으로 인식하게 만드는 근대적 세계관을 형성시켰다. 데카르트는 이런 의도가 없었는데 후대에 해석한 사람들이 그렇게 해석을 한 것일 수도 있다. 이러한 세계관에 맞선 철학자가 있는데, 바로 모리스 메를로 퐁티Maurice Merleau-Ponty이다. 그는 바로 이러한 세계관에 맞서서 '몸'의 불가결한 근본성이 무엇인지를 보여준 철학자다. 그는 그의 책 『지각의 현상학』에서 "우리는 결코 무無 속에 머물러 있지 않다."고 했다. 그에 따르면, 우리는 항상 충만 속에, 존재 속에 있다. 의식은 아무런 내용도 가지지 않는 텅 빈 존재가 아니다. 우리의 삶은 아무런 내용으로도 오염되지 않은 순수한 텅 빈 의식 같은 데서 출발하지 않는다. 애초에 우리는 피할 수 없이 충만한 내용으로 가득 차 있다. 외부 대상이 우리에게 인식될 때 불가결하게 개입하는 조건인 이 충만한 것이 바로 우리의 '몸'이다. 우리는 언제나 우리 자신이라는 이 '몸'을 통해서만 세계에 연결된다. 몸은 세계와 나의 인식을 연결하는 선험적 조건이자 인터페이스Interface이다. 몸은 의식이 지각하는 대상이기 이전에, 몸 때문에 바로 외부 대상들이 우리에게 존재할 수 있게 되는 것이다.

철학자들의 몸과 인식에 대한 철학을 빌려와서 구구절절 설명했지만, 결국 하고 싶은 말은 코피 날 정도로 공부하면 안된다는 것이다. 만약 그런 학생이 있다면 칭찬하지 말고 혼내야 된다. 정신적 활동과 육체적 활동을 분리시켜서 어느 하나를 깎아내리는 접근법을 버려야 한다. 공부가 안될 때는 몸을 가만히 둔 채로 인스타그램이나 유튜브로 '숏츠'를 볼 게 아니라 오히려 헬스장에 가야 한다. 집중력이 떨어질 때 종종 헬스장에 가서 사이클에 올라타 페달을 밟으면서 공부한 내용을 떠올려보는 것은 건강에도 도움이 되고 두뇌가 새로운 활력을 얻는 데에도 큰 도움이 된다.

자신이 즐길 수 있는 방법이 최고의 공부법이다

새로운 것을 시작하는 것 자체가 우리를 흥분시킨다. 더욱이 호기심과 재미를 불러일으키는 일이라면 더욱 그렇다. 그런데 이것을 가급적 오래 유지시키고 유종의 미를 거둘 수 있을 만큼 꾸준히 해내는 데에는 새로운 기술이 필요하다. 그것은 오랫동안 그 일을 즐길 수 있도록 만드는 스스로의 방법을 찾는 것이다. 우리가 학창시절에 개념을 외우는 게 어려울 때 종종 했던 방법인 좋아하는 노래의 멜로디에 외워야 할 개념의 내용으로 가사를 만들어 붙여서 암기하는 것이 그 예다. 공부하고 있는 내용의 단어와 생각을 엮어 거미줄 구조의 마인드맵을 만들어 시각화하는 방법들도 사용해 본 적이 있을텐데, 나는 이 방법을 중국어를 배울 때 사용하곤 했다. 하루 종일 통상적으로 내가 하는 활동들을 시간대별, 그룹별로 단어와 활동들을 엮어내 일상에서 써야 하는 단어들과 문장들을 정리해가면서 공부하기도 했었다.

우리에게 주어지는 세상 대부분의 일과 공부는 좋아하는 것을 선택했다 하더라도 좋아하는 것만 할 수 있도록 우리를 놓아두지 않는다. 사실 대부분의 것들은 재미있기보다는 해야 하기 때문에 하는 것들이 많다. 운이 엄청나게 좋아서 인생 내내 재미있는 것만 공부할 수 있다면 좋겠지만 그런 일은 일어나지 않는다. 오히려 우리 인생 대부분의 일들은 재미없다고 기대수준을 낮추는 편이 좋다. 그럼에도 어떤 주제가 주어지든 호기심과 재미를 유지할 수 있는 방법이 있는데, 그것은 어떤 주제에 대해서도 자신만의 '재미있는' 방법들을 통해서 공부하는 방법이다. 공부하는 방법을 선택하는 것은 공부할 대상을 선택하는 것보다 통제 가능성이 높다. 부득이 재미없어 보이는 대상이나 주제를 공부해야 하는 상황은 우리의 선택이나 의지에 상관없이 찾아오기 마련이다. 이런 상황 속에서 주어진 공부의 대상들을 재미있게 공부하는 방법은 우리 자신의 창의성에 따라 얼마든지 개발과 선택이 가능하다. TED의 스피커였던 리디아 마코바Lýdia Machová는 7개의 외국어에 능숙한 언어 교육자이다. 그녀는 자신 스스로 언어 공부를 즐길 뿐만 아니라, 주변에 다국어에 능통한 사람들을 연구했던 적이 있는데, 그들의 한결같은 공통점은 자신이 새로운 외국어를 공부할 때 자신 스스로 '즐길 수 있는 방법'을 찾고 그것을 실행하는 것이었다. 공부를 하는 방법에는 정답이 없다. 만약 정답이 있다면 자신으로 하여금 가장 꾸준히 흥미를 유지시키며 앞으로 나아가게 하는 그 방법이 바로 정답이다.

삶에는 실전보다 공부의 순간이 더 많다

실전은 '결과'에 가깝다면 결과를 위한 과정은 바로 반복과 디테일이다. 이는 대체로 우아하지 못하고, 진이 빠지거나 지루하다. 반복에 대해 생각해 볼 때 단순히 무엇인가를 하고 또 하는 것이라면 공부의 성과 측면에서 별다른 진전을 가져다주지 않는다. 제대로 된 반복은 일단 반복해야 할 구간을 작게 쪼개야 한다. 그 반복 구간은 부족한 부분을 뜻한다. 악기를 연주하는 사람들이 특히 이것을 잘한다. 자신이 연주가 잘되지 않는 부분을 작게 쪼갠 후에 그 부분을 될 때까지 반복한다. 이런 식으로 부족한 부분을 인식해서, 작게 쪼개고 반복하는 것은 구체적인 공부 목표를 짜는 데 있어서 핵심적인 역할을 한다.

영어 공부를 예로 들어보자. 나의 현 상황을 고려한 뒤 아주 구체적인 목표를 세워보는 것이다. 나는 듣기는 어느 정도 가능하지만 말하기, 특히 발음에 자신이 없는 상태다. 따라서 앞으로 6주 동안 영어 발음에 관한 강의 영상을 확보해서 매일 30분씩 보면서 연습하고, 내가 관심 있는 분야에 대한 텍스트를 구해서 매일 10분씩 소리내어 읽어가되 이때 내가 읽는 것을 녹음을 해둔다. 매주 주말에는 주중에 읽었던 텍스트와 녹음 파일을 다시 들어보면서, 강의 영상에서 배웠던 발음이 개선되고 있는지를 스스로 모니터링 해본다. 이런 식으로 구체적인 행동 계획을 세우면 당장 오늘 해야 할 일이 명확해진다. 공부에서 무엇을 할지 정하고 이를 잘하고 싶다면 '정직한 태도'를 견지해야 한다. 사람들은 남이 하는 것에 대해서는 객관적일 수 있다. 그리고 그 '객관'이라는 이름으로 날카로운 매스를 들이대기를 주저하지 않는다. 그러나 자신이 하는 것에 대해서는 한없이 약하다. 객관보다는 주관이 강하고, 날카로운 매스보다는 따뜻한 이해로 자신을 대한다. 좀처럼 객관적으로 자신을 심사하지 않는다. 자신에게는 '연습 때는 못해도 너는 실전에서는 잘해낼 거야'라며 근거없는 위로를 남용한다. 공부를 할 때 다음 질문들을 스스로에게 해보자.

— 나는 내가 해야 한다고 생각하는 것을 실제로 공부하고 있는가?
— 나는 공부하고 있는 것을 실제로 이해하고 있으며 이를 통해 테스트를 통과할 수 있는가?

공부는 양도 양이지만, 질이 더욱 중요하다. 하지만 공부의 질을 우선순위에 둘 수 있을 때는 사실 공부할 수 있을 때 밖에 없다. 실전이나 시험에서는 공부할 때 습득했던 질의 수준을 넘어서기가 어렵기 때문이다. 그래서 공부할 때는 나의 이해의 질을 높이기 위해 할 수 있는 모든 것을 해봐야 한다. 단순히 양적으로 책을 몇 번 반복해서 봤는지는 큰 의미가 없다.

공부의 질을 높일 때 가장 효과적인 방법 중 하나는 공부의 속도를 늦추는 것이다. 빨리 가면서 별달리 배우는 게 없다면 차라리 늦게 가면서 많이 배우겠다고 생각해야 한다. 우리들의 공부는 늘 빨리 해야 한다는 강압을 받아왔다. 남이 한 번 볼 때, 나는 두 번 본다는 근거없는 경쟁에 익숙해져 있다. 속도 중심의 공부에서 한계를 느끼고 있다면 질적인 향상을 하겠다는 생각으로 공부해야 한다. 책의 한 챕터를 읽어보고 다음 챕터로 넘어가기 전에 관련 분야 다른 책들에서는 해당 챕터를 어떻게 설명하고 있는지 다양하게 살펴보는 식으로 속도를 늦춘다면 오히려 공부의 질이 확연히 달라질 수 있다.

공부할 때는 낙관적인 태도 또한 필요하다. 지금 당장 오늘 하고 있는 공부의 열매를 보려고 해서는 안된다. 당장은 아무것도 보지 못할 것이기 때문이다. 진전은 몇 주 혹은 몇 달에 걸쳐서 서서히 나타난다. 일반적으로는 결국 어디에도 도달하지 못했다고 생각하면서 하루의 공부를 별 성과 없이 마치는 날이 많을 것이다. 공부를 안하거나 못한 것이 아니고 아직 그 성과가 나타나지 않은 것일 뿐이다. 때가 되면 그 열매들은 반드시 나타난다. 나는 공부를 시작할 때 가끔 미국 메이저리그 보스턴 레드삭스의 모자를 쓴다. 그 모자가 별다른 게 있어서가 아니라 투구나 타격을 연습하는 야구 선수들이 연상이 되기 때문이다. 공부를 시작하기 전 흩어져 있는 마음을 공부에 집중시키는 데 효과적인 '의식'같은 것이다. 공부의 과정은 비관적으로 변하기 쉽기 때문에 스스로를 환기할 수 있게 해주는 재미의 요소를 일부러 공부의 과정 곳곳에 심어 놓아야 한다.

대부분의 기회는 '놓쳐서는 안되는', '대박을 터트리는', '일생일대의' 등과 같은 태그를 달고 우리에게 찾아오지 않는다. 비즈니스나 투자 제안서들을 보면 이런 태그들을 달고 오는 경우가 많은데 저런 말들은 마음을 끌기 위해 습관적으로 하는 말들이라고 생각하면 된다. 저런 기회들이 있다 하더라도 이미 여러 사람들과 경쟁사들에게 알려진 순간 모두 평범한 기회들이 된다. 대부분의 기회는 지나가는 바람처럼 소리없이 지나간다. 그래서 기회는 늘상 그 기회를 잡을 준비와 자세가 되어 있는 사람들의 그물망에 걸려들기 마련이다. 기회의 일상성과 보편성은 성실한 사람들을 위한 것이다.

공부의 기회도 마찬가지다. 어떤 일생일대의 사건이나 이벤트가 자신을 지속적인 공부와 배움의 길로 이끄는 것이 아니다. 어쩌다 한 번씩 그런 경우들이 있기는 하겠지만 그럴 확률보다는 평범한 기회들이 더 많은 역할을 할 가능성이 훨씬 높다. 평소에 공부하지 않는 학생이 시험 날짜가 임박해서 며칠 동안 밤새 했던 벼락치기 공부를 통해 한두 번은 좋은 성적을 받을 수 있을지 모르지만, 계속해서 좋은 성적을 받기가 힘든 것과 마찬가지다. 벼락치기는 장기적으로 절대 꾸준히 하는 사람을 절대 이길 수 없다. 우등생들은 평상시에도 규칙적으로 꾸준히 공부하는 학생들일 가능성이 압도적으로 많다.

편견과 편향이 삶을 지배하지 않도록

나이를 먹을수록 지혜로워진다는 이야기는 내가 오랫동안 가지고 있었던 큰 착각 중 하나였다. 오래 살았다는 것은 그동안 더 많은 경험을 했다는 것과는 양적으로 상관 관계가 있지만 이로 인해 더 지혜롭다거나 인격이 뛰어나게 된다는 것과는 다른 문제이다. 광고 카피라이터이자 여러 권의 베스트셀러를 출간한 박웅현 작가의 대표적인 카피인 '나이는 숫자에 불과하다'는 나이가 들어가도 그 나이에 구속받지 않고 청년처럼 무엇이든 도전할 수 있음을 말하기 위함일지 모르지만, 한편으로는 나이가 들어가도 정말로 나이의 '양'과는 상관없이 여전히 무지할 수밖에 없는 인간의 한계를 뜻하는 말로 적용하는 데도 손색이 없다.

왜 그럴까. 여러 이유가 있겠지만 '편견과 편향에 대한 고착화' 때문이 아닐까 싶다. 동물행동학의 대표적 학자인 콘라트 로렌츠Konrad Lorenz는 1935년에 오리와 거위 새끼에 관한 행동을 연구를 바탕으로 '각인 학습'이라는 개념을 발표했다. 새끼 새는 부화한 후 어미 또는 처음 본 대상을 따라다니는 각인 행동을 보이는데 이 시기를 '결정적인 시기'라고 한다. 이 시기에 새끼 새는 어미 새나 처음 본 대상에 대해 애착이 생기고 그들의 심리적 특성이나 행동을 배우게 된다는 이론이다. 이 조류의 각인 학습 행동은 사람에게도 동일하게 적용된다. 사람들이 특정 편견과 편향에 노출되어 그것에 헌신하면 얼마나 큰 영향을 받으면서 살게 되는지를 보면 어렵지 않게 유추가 가능하다.

먼 발치에서 한국 사회를 보고 있으면, 우리나라에 대해 조금 더 객관적으로 바라볼 수 있게 된다. 현재 우리 사회는 편견과 편향 사이의 충돌이 과하다. 이성과 합리는 온데간데없고 소모적 충돌, 냉소, 비웃음이 가득하다. 편견과 편향은 공기와 같기에 사실 이 땅에 발을 딛고 살고 있는 이상 우리는 편견과 편향으로부터 자유로울 수가 없다. 따라서 이것들을 없애는 것은 불가능하며 '있고 없고'의 문제가 아니라 '지배되느냐 안되느냐'의 문제라고 보는 것이 합리적이다. 우리가 특정 편견과 편향을 선택할 때에는 말 그대로 '선택'만 해야 하는데 이것에 자존심을 걸고 시간을 '헌신'한다. 일단 자존심이 개입되면 이야기가 달라진다. 자존심은 감정이기 때문이다. 사실의 경중과 사실 여부가 토론에 영향을 미치지 않을 정도로 그냥 내가 '헌신'

했기 때문에 무조건 이게 답이어야 한다는 비이상적인 태도를 취한다. 우리가 저지르는 가장 위험한 행동 중의 하나는 바뀌는 것이 정상인데, 이전의 사고를 스스로 신념화해 의견을 바꾼 이들을 줏대가 없다거나 배반하는 사람으로 여기는 것이다. 우리 인간은 처음부터 뭔가 대단한 것을 할 수 있는 존재들이 아니다. 예술가들이 만들어내는 작품들도 첫 작품이 대박을 치는 경우는 거의 없다. 대부분 수많은 수정과 변화, 진화를 겪으면서 걸작을 만들어낸다.

인텔Intel의 전 CEO였던 앤드류 그로브Andrew S. Grove는 1988년에 『편집광만이 살아남는다』를 출간했는데, 이 시기는 CPU, 반도체 등 정보 기술의 잠재력이 폭발해서 세상을 바꾸기 시작하는 시점이었다. 그는 이 책에서 '전략적 변곡점'이라는 개념을 소개했는데, 이것은 구조, 사업 방식, 경쟁 방식이 옛것에서 새것으로 전환되면서 힘의 균형이 이동할 때를 가리킨다. 근본적인 것들이 변화하기 시작하는 시점인 것이다. 역사적으로 보면 최근 50여 년 사이에 인터넷, 스마트폰, 비트코인 등의 기술 발전으로 인해 전략적 변곡점이었던 시기들이 몇 차례 있었는데, 최근 5년여간의 흐름은 인공지능으로 인해 다시 이 변화의 시기를 지나고 있는 것 같다. 그는 변곡점인 시기에 "규칙이 바뀌었음을 깨닫지 못했다는 것만이 아니었다. 새롭게 등장한 규칙이 무엇인지 모른다는 게 더 큰 문제였다."[71]고 말하며, 결국 이런 시기에서 생존하기 위해서는 편집광적인 태도로 현장에서 끊임없이 연구하고 먼저 행동하고 실험해보면서 그 새로운 규칙이 무엇인지를 알아가는 것 외에는 답이 없다고 했다.

하고 있는 일의 특성상, 스타트업을 시작했다가 팀이 분열되고 회사가 문을 닫는 경우들을 종종 본다. 분열되는 이유 중 단골 메뉴처럼 자주 등장하는 이유는 처음 시작할 때 가졌던 사업 아이디어에 대한 비전이나 전략이 상대방에 의해 지켜지지 않거나 왜곡되었다는 것이다. 대기업들도 수없이 비전과 전략을 수정하면서 변하는 판에 갓 시작한 스타트업들이 처음 시작했던 것과는 다른 길을 가는 것 같다고 몇 안되는 동업자들과 싸움이 나고 사업을 접게 된다. 처음에 어떤 아이디어나 비전과 전략을 가지고 시작했는지는 사실 별로 중요하지 않다. 처음 가졌던 생각은 팀을 모이게 한 작은 시작점에 불과하다. 그 작은 시작점을 몇 개월 후에도 같은 모습으로 유지할 수 있는 것은 거의 없을 뿐더러 만약 그렇게 할 수 있는 일이라면 그 일을 당장 그만두는 것이 낫다. 변화가 필요없는 일이거나 성장하지 않는 일일 것이기 때문이다. 세웠던 아이디어와 가정assumption들에 대해 실험해가며 바꿔가며 생존하고 성장해가야 한다. 그런 의미에서 공부하고 실험하는

71 앤드류 S.그로브 저, 유정식 역(2021), 『편집광만이 살아남는다』, 부키, 53p.

일을 업으로 삼지 않는 개인이나 조직은 생존 자체가 힘들어질 것이다.

나이가 들어가고 경험이 많아지면 잘 안되는 것 세 가지가 있다. 첫째는 잘못을 좀처럼 인정하지 않는다. "내가 잘못 판단했다. 미안하다."는 말 한마디면 모든 상황이 깔끔하게 정리되는데, 이 말을 못해서 온갖 지저분한 자기 합리화를 위한 변명들을 하느라 머리를 쓴다. 둘째는 새로운 방식의 시도를 좀처럼 하지 않는다. 20대나 30대의 창업자들은 역량이 40대나 50대의 경력자들보다 나을 수가 없다. 경험의 양도 적고, 배움의 양도 적을 것이다. 사업을 하는 데 필수적이라는 네트워크의 양도 당연히 적을 수밖에 없다. 그러나 설익고 어설픈듯한 그 젊은 20대, 30대들이 더 큰일을 이루어 내는 경우가 많다. 새로움을 받아들이는 데 과감하기 때문이다. 셋째는 방향을 좀처럼 바꾸지 않는다. '경험의 양'은 관성을 가지고 있다. 그 경험이 성공적인지 실패했는지, 효율적인지 비효율적인지, 이성적인지 비이성적인지 이전에 그 '양' 자체가 에너지를 가지고 밀어부치기 때문에 나이 많고 경험 많은 사람들은 이 관성 앞에서 속절없이 '해와서 익숙한' 것들을 선택하게 된다. 그리고 '동일한 경험'의 양만 또 늘리고야 만다.

우리는 끊임없이 틀을 깨고 반문하며 학습하지 않으면 보고 싶은 것만 보고 듣고 싶은 것만 듣고 해석하고 싶은 대로만 해석한다. 이 태도를 반복하게 된다면 나이가 들수록 바보가 되어 정말로 '나이는 숫자에 불과'해진다.

따라서 우리는 끊임없이 틀을 깨고 반문하며 스스로 학습해야 한다. 우리의 내면 안에 특정한 사고체계를 견고하게 하기 위해서는 남의 의견을 듣고 무조건 동조하는 것이 아니라 언제든 어떤 사고체계와도 토론할 수 있어야 한다. 또한 자신의 생각이 아니다 싶으면 언제든 쿨하게 바꿀 수 있는 오픈 플랫폼과 같은 열린 그릇이 되어야 한다. 그것이 독학의 목적이고 지혜가 아닐까 싶다.

AI 시대 우리에게 필요한 단 하나의 힘

독학력

초판 발행	2024년 7월 15일
지은이	고요엘
펴낸이	김희연
펴낸곳	㈜에이엠스토리(amStory)
편집	정지혜, 박예지
홍보·마케팅	㈜에이엠피알(amPR)
디자인	서하윤(Paperwork)
인쇄	㈜상지사P&B
출판 신고	2010년 1월 29일 제2011-000018호
주소	(04352) 서울특별시 용산구 한강대로 296(참빛빌딩) 602호
전화	(02) 779-6319
팩스	(02) 779-6317
홈페이지	www.amstory.co.kr
ISBN	979-11-85469-27-0(03320)